"十三五"国家重点图书出版规划项目

2018 年主题出版重点出版物

中国减贫与发展

1978~2018

POVERTY REDUCTION IN CHINA

吴国宝 等 / 著

社会科学文献出版社
SOCIAL SCIENCES ACADEMIC PRESS (CHINA)

出版者前言

习近平同志指出，改革开放是当代中国最鲜明的特色，是我们党在新的历史时期最鲜明的旗帜。改革开放是决定当代中国命运的关键抉择，是党和人民事业大踏步赶上时代的重要法宝。2018 年是中国改革开放 40 周年，社会各界都会举行一系列活动，隆重纪念改革开放的征程。对 40 年进行总结也是学术界和出版界面临的重要任务，可以反映 40 年来尤其是十八大以来中国改革开放和社会主义现代化建设的历史成就与发展经验，梳理和凝练中国经验与中国道路，面向全世界进行多角度、多介质的传播，讲述中国故事，提供中国方案。改革开放研究是新时代中国特色社会主义研究的重要组成部分，是应该长期坚持并具有长远意义的重大课题。

社会科学文献出版社成立于 1985 年，是直属于中国社会科学院的人文社会科学专业学术出版机构，依托于中国社会科学院和国内外人文社会科学界丰厚的学术和专家资源，坚持"创社科经典，出传世文献"的出版理念、"权威、前沿、原创"的产品定位以及出版成果专业化、数字化、国际化、市场化经营道路，为学术界、政策界和普通读者提供了大量优秀的出版物。社会科学文献出版社于 2008 年出版了改革开放研究丛书第一辑，内容涉及经济转型、政治治理、社会变迁、法治走向、教育发展、对外关系、西部减贫与可持续发展、民间组织、性与生殖健康九大方面，近百位学者参与，取得了很好的社会效益和经济效益。九种图书后来获得了国家社科基金中华学术外译项目资助和中共中央对外宣传办公室资助，由荷兰博睿出版社出版了英文版。图书的英文版已被哈佛大学、耶鲁大学、牛津大学、剑桥大学等世界著名大学收藏，进入了国外大学课堂，并得到诸多专家的积极评价。

从 2016 年底开始，社会科学文献出版社再次精心筹划改革开放研究丛书的出版。本次出版，以经济、政治、社会、文化、生态五大领域为抓手，以学科研究为基础，以中国社会科学院、北京大学、清华大学等高校科研机构的学者为支撑，以国际视野为导向，全面、系统、专题性展现改革开放 40 年来中国的发展变化、经验积累、政策变迁，并辅以多形式宣传、多介质传播和多语种呈现。现在展示在读者面前的是这套丛书的中文版，我们希望借着这种形式，向中国改革开放这一伟大的进程及其所开创的这一伟大时代致敬。

社会科学文献出版社

2018 年 2 月 10 日

主要作者简介

　　吴国宝　经济学博士，现任中国社会科学院农村发展研究所研究员，中国社会科学院贫困问题研究中心主任，中国社会科学院创新工程项目——"精准扶贫政策有效性研究"首席研究员，中国社会科学院研究生院博士生导师，享受国务院政府特殊津贴专家，国务院扶贫开发领导小组专家咨询委员会委员，主要研究领域为扶贫、小额信贷、农村发展和农民福祉。曾任亚洲开发银行驻华代表处高级扶贫顾问以及世界银行、联合国开发计划署、国际农业发展基金、英国国际发展部、澳发署等国际多边和双边机构的咨询顾问。

内容提要

    1978 年改革开放以来，中国政府致力于通过改革开放和发展实现国家的全面振兴与中华民族的伟大复兴，始终将减贫作为国家发展和民族复兴的一项关键战略目标。从 20 世纪 80 年代中期开始，中国在全国范围内持续开展了有计划有组织的大规模扶贫开发，建立了专门的扶贫开发组织和管理体系，安排了专门的扶贫资源，先后实施了《国家八七扶贫攻坚计划（1994—2000年）》《中国农村扶贫开发纲要（2001—2010 年）》《中国农村扶贫开发纲要（2011—2020 年）》《"十三五"脱贫攻坚规划》等中长期扶贫规划，有力地推进了国家农村扶贫开发的进程。

    改革开放 40 年以来中国农村扶贫开发取得了举世公认的成就，使 7 亿多农村贫困人口摆脱了贫困，显著改善了农民的生活质量，有效遏制和缩小了农村地区间的发展差距，增强了贫困人口的信心和发展能力。中国农村扶贫开发，既内含着特定的时空因素和中国独特的政治制度与治理体系的影响，也形成了一些可与其他国家分享的大规模减贫的经验。中国农村扶贫的基本做法和经验是：通过实行亲贫的发展战略、开发式扶贫和建立社会保障制度减少贫困人口；综合运用多种政策工具，通过改善社区基础设施和公共服务、实行产业扶贫、就业转移培训、易地搬迁扶贫等，提升贫困地区和贫困人口自我发展能力；不断探索精准扶贫的实现方式，提高扶贫的效率和质量；根据贫困性质和特点、扶贫形势与任务、国家扶贫能力的变化，借鉴国内外扶贫的新知识、经验和教训，不断调整和创新扶贫的战略、治理结构、政策与干预方式，保证和提高扶贫的有效性和适应性；发挥党和政府在扶贫规划、资源动员、组织与监督管理中的领导作用，发挥贫困地区基层组织和群众在扶贫中的主体作用，积极动员和支持多方面的社会力量参与扶贫开发，形成全社会协力扶贫的格局；将减贫作为国家的长期目标和任务，持续和不间断地开展扶贫。中国农村扶贫开发，加速了全球减贫的进程，创造了大规模减贫和精准扶贫的中国经验，用事实证明了发展中国家可以依靠自己的努力摆脱贫困。

目录

第一章　中国减贫经验及其意义

改革开放以来，中国的扶贫开发取得了举世公认的巨大成就，7 亿多农民摆脱了贫困，创造了世界减贫史上的一大奇迹，被国际社会广泛视为人类社会扶贫的一个成功样板。与此同时，扶贫开发，也成为中国道路、中国经验和中国发展模式的重要组成部分。

中国改革开放 40 年以来取得的巨大减贫成就，既内含着特定的时空因素和中国独特的政治制度与治理体系的影响，也形成了一些可与其他国家分享的实践经验和理论体系。中国减贫做法和经验中可复制、可分享和可持续的部分，应该成为中国未来减贫和社会治理以及世界减贫事业的重要知识财富。本书通过对改革开放 40 年中国减贫与发展实践和经验数据的回顾与分析，尽可能全面系统地研究和总结中国减贫的主要做法和经验，讨论和提炼中国减贫可供借鉴和共享的经验。

一　中国减贫的经验

中国改革开放 40 年基本消除了现行标准下的农村绝对贫困，在扶贫开发的过程中，探索并形成了大规模减贫的中国经验。中国扶贫的基本经验是：通过发展减贫，提升贫困地区和贫困人口自我发展能力，实行精准扶贫，坚持扶贫创新，坚持党和政府领导、群众主体、社会参与的基本扶贫制度，坚持持续扶贫。

（一）通过发展减贫

通过发展解决贫困问题，将扶贫寓于发展之中，这是中国扶贫开发的一个重要经验。

中国通过发展减贫的经验，体现在通过包容性的经济发展、社会事业发展和结合生态环境改善实现减贫三个方面。

1. 实行包容性的经济发展

中国通过建立社会主义市场经济制度，选择基于中国比较优势的经济发展方式，适时调控宏观经济，实现了经济的持续、高速增长，保证经济增长在较长时期内惠及贫困和低收入人群。据可比资料，1980~2012 年全国农民人均纯收入年均增长 6.6%。同期底层 20%、40%、60% 和 80% 农户人均纯收入年均分别增长 4.5%、5.4%、5.9% 和 6.3%（见图 1-1）。这一结果充分表明

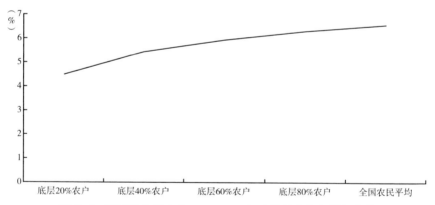

图 1-1 不同收入组农户 1980~2012 年人均纯收入年均增长率 [1]

资料来源：作者根据《2010 中国农村住户调查年鉴》和国家统计局网站的农民五等份家庭基本情况（http://data.stats.gov.cn/easyquery.htm?cn=C01）数据计算。

---

[1] 该图实为 1980~2012 年农民收入增长曲线（growth incidence curve）。

中国的经济发展具有较好的包容性，在长时间内推动了低收入农户收入水平的整体提升。这也能够为改革开放以来中国农村大规模减贫事实提供合理的解释和支持。

中国的包容性经济发展，是在体制和发展模式转换期和特殊的土地制度下，通过选择合适的改革路径和发展模式，实行包容性增长与共享性惠农政策，使国家的经济发展惠及农村的贫困和低收入人群。

中国包容性经济发展的主要做法是：选用合适的改革路径和发展模式最大化经济增长的就业创造功能，实现就业减贫；充分发挥农业在农村减贫中的重要作用；通过实行支农惠农政策减缓贫困。

2. 实行包容性的社会事业发展

改革开放以来，中国政府总体上按照"保基本、全覆盖"的原则，推进基础教育、基本医疗和社会保障等社会事业的发展，促进逐步实现基本公共服务均等化。这样的社会事业发展政策，具有明显的包容性，对于提高全体居民的教育、医疗和社会保障水平具有至关重要的影响，进而对提高贫困人群的福祉、素质和发展能力发挥着重要的作用。

3. 结合生态环境改善扶贫

中国的贫困地区多数也是生态脆弱地区，部分地区的贫困甚至是由于对生态环境的破坏造成的。中国在生态环境修复、改善中，将扶贫有机地结合进来。一方面，生态环境改善促进和支持了扶贫开发，既改善贫困地区和相关贫困人口的生存和发展条件，改善生态环境的工程和项目也为贫困人口提供了就业、补贴以及新的创收机会；另一方面，通过将生态脆弱地区的贫困人口搬迁移民到其他地方，减轻了生态环境压力，为改善生态环境创造了更有利的条件。此外，中国还通过提高生态补偿标准、安排生态公益岗位等方式，协调生态环境保护与扶贫的关系。

（二）不断提高贫困地区和贫困人口的自我发展能力

中国主要通过实行目标瞄准型开发扶贫，提高贫困地区和贫困人口的自我发展能力。中国在提高贫困地区和贫困人口自我发展能力上，主要的做法包括：通过优惠政策向贫困地区和贫困人口让利、改善贫困地区的物质基础设施和公共服务、提高贫困人口的自我发展能力三个方面。

1. 实行优惠政策，提升贫困地区竞争能力

中国政府通过提供优惠政策，使贫困县获得特殊的发展条件以减轻或部分抵消其自然条件和发展落后施加于地方发展的限制，在局部形成政策优势，在不同阶段，先后给予贫困地区不同的优惠政策，如土地政策、进出口政策、减免农业税，出让部分中央政府和地方政府的收益给贫困地区和贫困户，或者改善其发展环境、提高其竞争和发展能力，或者直接增加其福祉。

2. 改善贫困地区和贫困人口基础设施和公共服务

改善基础设施和公共服务，既是扶贫的必要内容，也是贫困地区和贫困人口脱贫致富的重要条件。中国政府主要通过国家基础设施和公共服务发展规划和投资向贫困地区倾斜及在贫困地区实施专项扶贫开发计划，来改善贫困地区的基础设施和公共服务。自"八七"扶贫攻坚计划实施以来，中国政府一直鼓励和实行国家基础设施和公共服务的投资向贫困地区倾斜的政策。通过将交通、水利、能源和环境基础设施投资向贫困人口集中的中西部地区倾斜，极大地改善了制约贫困地区发展的区域性基础设施状况。通过实施"贫困地区义务教育工程"、优先在贫困地区试行义务教育学杂费减免等措施，显著改善了贫困地区的公共服务。

改善贫困地区基础设施和公共服务，一直是中国专项扶贫开发工作的优先和重点领域。据国家统计局对贫困县扶贫资金投向的监测调查，在基础设施和公共服务设施方面的投入，一直占外部到达贫困县扶贫资金的50%以上。[1]财政扶贫资金的80%左右也主要用于改善贫困地区的基础设施和公共服务。其中以工代赈项目在改善贫困地区基础设施方面持续发挥了重要的作用。

---

[1] 资料来源于国家统计局2000年以来出版的《中国农村贫困监测报告》中有关贫困县扶贫资金来源及用途数据。

易地移民扶贫，是中国改善贫困人口生产生活环境与条件所采取的一种特殊形式。将生产生活条件差或者生态环境脆弱地区的贫困人口，迁移到城镇或其他条件更好的农村，一方面通过易地建设的方式改善受益人群和地区的基础设施和公共服务，同时也相应降低了政府在这些方面投入的建设成本；另一方面通过改变生存环境和提供配套的就业、创收服务，增强了搬迁贫困人口的持续生计能力。

3. 提高贫困人口的自我发展能力

除了通过实行前述包容性发展提升贫困人口的素质以外，中国政府还通过开发式扶贫干预，帮助贫困人口获得金融服务、技能培训、产业发展等机会，提高其自我发展能力。

（1）改善贫困户信贷服务可获得性。中国政府从 1986 年以来一直以财政贴息的方式通过承贷金融机构向贫困地区提供专项扶贫贷款，以改善贫困地区和贫困农户的信贷服务。到 2015 年专项扶贫贷款累计已发放超过 3000 亿元。[1]2015 年以来中国金融机构给扶贫对象发放精准扶贫贷款，进一步提高了扶贫资金到户的比例和规模，贫困户获得贷款比重达到了 29%，户均获得精准扶贫贷款近 4 万元。[2]

（2）提升贫困劳动力的技能。通过技能培训提高贫困地区劳动力外出就业的技能和适应性，增加贫困劳动力外出就业机会、报酬率和稳定性，是中国政府为改善贫困地区在经济发展中的利益边缘化状况、增加贫困地区农民从经济增长中受益的途径而采取的一项战略举措。中国政府为贫困劳动力提供技能培训主要有三种途径：一是短期的贫困劳动力外出就业技能和适应能力培训；二是贫困劳动力职业技能培训；三是贫困户子女职业学校教育培训。

---

① 国务院扶贫开发领导小组办公室：《中国扶贫开发年鉴 2016》，团结出版社，2016。
② 刘永富：《国务院关于脱贫攻坚工作情况的报告——在第十二届全国人民代表大会常务委员会第二十九次会议上》，2017 年 8 月 29 日，http://www.npc.gov.cn/npc/xinwen/2017-08/29/content_2027584.htm。

（3）帮助贫困农户改善其农业生产经营环境。通过农业产业化扶贫，支持贫困地区依托当地资源、服务或带动当地贫困和低收入农户增收的龙头企业、合作社、生产基地的发展，来帮助纾解贫困地区小规模农业生产发展面临的技术、市场、信息和资金约束，提高其农业生产效率和经济效益，一直是中国农村扶贫开发的重要方式。农业产业化扶贫，帮助贫困小农户实现了与现代农业的有效衔接，有力地推动了贫困农户依靠农业发展脱贫。

（三）实行精准扶贫

自 1986 年开始开发式扶贫以来，中国政府在政策层面一直提倡要将有限的扶贫资源有效地用来帮助真正的贫困地区和贫困户改善生产生活条件、提高自我发展能力，实行精准扶贫。扶贫开发各参与主体，也一直在不断探索改进精准扶贫有效性的方式和方法，尝试过小额信贷扶贫、互助资金扶贫、整村推进扶贫、产业扶贫等多种到户扶贫模式。从国际上目标瞄准型扶贫实践来看，精准扶贫通常会面临目标贫困人群信息缺失和不对称、扶贫资源动员和筹集引起政治与社会成本增加、项目监督管理困难以及适用的扶贫方式缺乏等问题。[①] 针对这些制约精准扶贫的因素，2013 年以来，中国政府及相关部门密集出台了一系列新的政策和措施，创新和建立起精准扶贫、精准脱贫的政策和干预体系，较好地解决了精准扶贫、精准脱贫的落地问题。

（四）坚持扶贫创新

中国在多年农村扶贫过程中，一直根据贫困特点、扶贫形势、国家发展战略与政府财政支持能力的变化，不断试验和创新，完善和调整扶贫战略、

---

① 〔美〕威廉·伊斯特利:《白人的负担——为什么西方的援助收效甚微》，崔新钰译，中信出版社，2008，第 30~47 页；Collier, P., Dollar, D., "Development Effectiveness: What Have We Learnt?", *Economic Journal*, 2004, 114 (496): 244–271; David Coady, Margaret Grosh, Hoddinott John, *Targeting of Transfers in Developing Countries: Review of Lessons and Experience*, World Bank, 2004。

治理结构、资金管理和扶贫方式等，提高扶贫的有效性和扶贫资源利用的效率。坚持扶贫创新，使中国农村扶贫开发战略和方式能够适应不断变化的扶贫形势，长期保持较高的扶贫效率。

1. 扶贫战略的创新

中国农村扶贫战略在过去 40 年经历了几次重大的调整。

第一，从不含具体扶贫目标的经济增长引致减贫的战略向目标瞄准型开发扶贫战略转变。1978~1985 年，中国农村扶贫主要通过经济增长的"涓滴效应"实现，并没有确定任何特定的扶贫对象，也没有制定具体的瞄准型扶贫措施。1986 年针对农村居民内部收入差距拉大以及各地区贫困人口分布集中度不同的状况，开始实行以区域瞄准为主的有计划的农村扶贫开发。

第二，从救济性扶贫向开发式扶贫转变，并从 2007 年开始向社会保障扶贫与开发式扶贫相结合的战略转变。1986 年之前中国政府对农村弱势群体的扶持主要是提供应急性的政策性救济。1986 年以后中国农村扶贫是以开发式扶贫为主配以临时性的政策性救济。这一战略从 2007 年开始又被开发式扶贫与制度化的社会保障扶贫相结合的战略所取代，其重点是农村最低生活保障制度取代了过去临时性的政策性救济。

第三，从扶持贫困大区向扶持贫困县继而转向重点扶持贫困村的战略，并在 2011 年开始转向贫困大区域开发与扶贫进村到户相结合的战略。中国农村扶贫最初将全国 18 个连片贫困区域作为扶持的重点，但很快片区扶贫的思想因难以操作和协调被放弃，转而将贫困县作为扶贫的基本单元。由于贫困县内存在差别容易导致扶贫资源外溢和项目安排不当，从 2002 年开始在保持贫困县作为扶贫管理单位的同时，将扶贫规划和项目安排的重点进一步下移到贫困村。但是过分强调微观层面的减贫，又不能从根本上解决制约农户贫困形成的区域和环境因素，从 2011 年开始转向贫困大区域开发与扶贫进村到户相结合。

第四，从单一项目扶贫向综合扶贫的战略转变。基于对贫困成因的认识以及受投入规模和管理部门协调等因素的限制，自 1986 年中国政府启动有计划的农村扶贫以来，在相当长的一段时期内，主要实行单一项目扶贫。在这种方式下，虽然受益的区域比较大，但由于投入分散和干预内容单一，当贫困成因渐趋复杂时，其减贫效果不够显著。从 2002 年开始，中国农村扶贫逐渐摒弃单一项目扶贫的战略，更多地采取整合资源、整村推进的综合扶贫方式。

第五，从不精准扶贫向精准扶贫战略转变。根据贫困人口分布、脱贫形势的变化，中国政府从 2013 年底开始调整原来的扶贫开发战略，实行真正意义上的精准扶贫。

2. 治理结构创新

中国在扶贫过程中不断探索扶贫治理结构的创新，以改善扶贫的效率和有效性。主要的创新包括三个方面。第一，扶贫计划和项目的决策权不断下移。1986～1995 年中国农村扶贫计划和资源分配的权力，主要集中于中央扶贫开发领导小组；从 1996 年开始中国政府实行扶贫"四到省"的政策，将农村扶贫的资源、任务、权力和责任全部下放到省，在一定程度上弱化了中央在扶贫决策中的权力；随后绝大多数省区都将扶贫的任务、资金、责任和项目决策权分解、下放到县，省级只保留了一定规模以上的投资和跨区域项目的决策权，这种治理结构一直保持至今。随着 2002 年以后整村推进规划扶贫方式的推广，扶贫规划、实施的权力事实上进一步下放到扶贫工作重点村，从而在较大程度上实现了扶贫决策从自上而下到自下而上的转变。第二，向贫困村派驻扶贫第一书记和扶贫工作队，打通扶贫政策和帮扶工作落地的"最后一公里"。精准扶贫政策实施以来，中国政府根据脱贫攻坚的需要和原有扶贫治理体系中村级组织相对薄弱的现状，向所有贫困村派出了扶贫第一书记和驻村工作队，与贫困村"两委"一起承担精准扶贫、精准脱贫的有关工作，从而打通了扶贫政策和帮扶工作落地的最后一公里。第三，从完全的政府主导向政府主导、社会组织参与进而向政府主导、社会组织和受益群体参与的转变。在政策扶贫决策权下放的同时，政府也逐步与其他社会组织分享扶贫决策方面的权利。1996 年以前扶贫项目基本上由政府主导，其他组织和贫困人口很少有发言权。1996 年启动的社会扶贫，在一定程度上赋予参与扶贫的社会组织合法合规的权利。这是中国农村扶贫领域发生的一个重大转变。2002 年以后整村规划扶贫的推进，增强了农村社区组织和贫困人口在扶贫中的主体地位，形成了政府、社会组织和受益群体参与相结合的治理结构。

3. 扶贫资金管理方面的创新

由于资金扶持始终是农村扶贫的中心环节，中国在扶贫资金管理方面的试验和创新较多。财政扶贫资金管理方面的创新主要有：第一，地区间财政扶贫资金分配由模糊分配改为主要按要素法进行分配；第二，财政扶贫资金实行专户管理、报账制；第三，建立财政扶贫资金监测信息系统对资金进行监管；第四，建立财政扶贫资金绩效考评机制和资金分配、使用公开公示制度；第五，建立审计、财政、业务部门、社会舆论等各方面参与的多元化的监管机制。

信贷扶贫资金管理方面主要的创新有：第一，借款主体的创新，先后试验了直接贷款到户、扶持经济实体、支持地方主导产业和龙头企业以及直接贷款到户与委托帮扶贷款相结合等方式；第二，贷款方式创新，1986 年以来试验了政府信用下的经济实体贷款、依托社会信用的小额贷款、以抵押和担保为基础的企业或政府贷款等；第三，贴息方式创新，试验了贴息给承贷银行、贴息给借款人等方式；第四，承贷机构选择，先后试验了商业银行承贷、政策银行承贷、地方政府选择等方式。

（五）坚持"党和政府领导、群众主体、社会参与"的基本扶贫制度

中国的扶贫开发，一直是在党和政府的领导和组织与社会的参与下以贫困地区和贫困人群为主体进行的。"党和政府领导、群众主体、社会参与"的扶贫体制，是中国扶贫开发的基本特点，也是中国扶贫取得成功的基本制度保障。

1. 党和政府领导扶贫开发

中国的扶贫开发是由党和政府领导和组织开展的。党和政府在中国扶贫

开发中的领导作用主要表现在以下方面：第一，将扶贫置于国家改革和发展之中进行设计和调控，将减贫寓于改革和发展整个过程中，通过改革和发展为减贫创造了有利的环境和条件；第二，通过建立扶贫领导和协调组织体系、将扶贫整合到国家的经济社会发展计划之中，使扶贫成为党和政府工作的重要内容，保证了扶贫所需要的组织支持；第三，利用其行政体系和资源，动员和安排扶贫资源，保证了必要的扶贫投入；第四，政府根据扶贫的需要，调整相关的政策或者制定必要的法规和制度，为扶贫工作的有序开展提供了制度保障。

2. 以贫困群众和基层组织为主体实现脱贫

中国在自改革开放以来的减贫进程中，贫困人群和基层组织事实上一直居于主体的地位。政府和社会主要通过创造有利于减贫的宏观经济社会环境、改善贫困地区和贫困人群自我发展的条件和能力以及制定激励贫困地区和贫困人群脱贫致富的政策，来帮助贫困人群依靠自身的努力实现脱贫致富。从1978年以来，中国已经脱贫的7亿多农村人口，大多数是通过自身的努力并且利用了国家改革开放和扶贫开发所创造的有利条件摆脱了贫困。贫困人口脱贫致富的动力和不懈努力，推动了中国农村的大规模减贫。在扶贫开发过程中，贫困地区基层组织，根据当地的实际情况和扶贫实践的经验教训，不断探索和完善扶贫方式，推动我国农村扶贫开发不断取得新的进步。

3. 社会参与扶贫

社会扶贫是具有中国特色的一种扶贫方式。自20世纪90年代中期开始，社会扶贫一直是中国扶贫的重要组成部分。中国的社会扶贫是具有中国特色的广义的社会扶贫概念。中国社会扶贫大体可划分为三种主要类型：第一种是政府组织和协调的带有再分配性质的社会扶贫，包括各级机关事业单位开展的定点扶贫、东西协作扶贫以及军队、武警部队扶贫；第二种是由企业为主体基于社会责任、参与企业与贫困地区互利的企业扶贫；第三种是由非营利的社会组织和个人为主进行的纯粹的扶贫活动。由这三种社会扶贫方式构成的中国社会扶贫，在过去 20 年通过动员社会和所在组织的资源、组织和实施扶贫项目、开展扶贫创新等形式，为中国减贫做出了重要的贡献。

（六）坚持持续扶贫

中国从自身制度和理想信念出发，始终把减贫当作发展的目标和重要内容。1986 年以来，中国政府通过 7 个连续的五年国家发展计（规）划，对扶贫开发保持不懈努力，使各项扶贫目标和方式得以延续与不断完善，最终达到了基本消除现行标准下的绝对贫困人口的目标。

二　中国减贫成效及其对世界的贡献

（一）减贫成效

1. 贫困人口持续减少

1978 年以来，中国在减少贫困人口、提高居民生活质量方面取得了重大的进步。按照 2010 年价格农民年人均纯收入 2300 元扶贫标准，农村贫困人口，从 1978 年的 7.7 亿人减少到 2015 年的 3046 万人，减少了 73993 万人；同期农村贫困发生率，从 97.5% 下降到 3.1%，降低了 94.4 个百分点（见表 1–1）。按照世界银行 2011 年 1 人 1 天 1.9 美元购买力平价的贫困标准，中国贫困人口从 1981 年的 87780 万人，减少到 2015 年的 1001 万人，减少了 86779 万人；同期贫困发生率从 88.32% 降低到 0.73%，降低了 87.59 个百分点。中国改革开放 40 年，在减缓贫困方面取得了历史上数千年都没有取得的巨大成就，这样的减贫成就在人类发展的历史上也是十分罕见的。这既是中华民族进步的重要标志，也是对改善人类生存权和发展权的卓越贡献。

表 1-1 1978~2017 年中国农村贫困变化（按 2010 年贫困标准）

年份	农村贫困人口（万人）	贫困发生率（%）
1978	77039	97.5
1980	76542	96.2
1985	66101	78.3
1990	65849	73.5
1995	55463	60.5
2000	46224	49.8
2005	28662	30.2
2010	16567	17.2
2011	12238	12.7
2012	9899	10.2
2013	8249	8.5
2014	7017	7.2
2015	5575	5.7
2016	4335	4.5
2017	3046	3.1

资料来源：国家统计局住户调查办公室：《2017 中国农村贫困监测报告》，中国统计出版社，2017。

当然，我们也应该清醒地看到，中国现行贫困标准还仅仅略高于世界银行 2011 年购买力平价 1 人 1 天 1.9 美元的低贫困标准。如果使用适合中低收入国家的 1 人 1 天 3.2 美元（2011 年 PPP）的贫困标准，到 2015 年中国农村还有 12.8% 的人口处于贫困状况；按适合中高收入国家 1 人 1 天 5.5 美元（2011 年 PPP）的标准，2015 年中国农村有 43.2% 的人口生活在贫困中。

2. 生活质量改善

（1）物质生活条件。中国通过实行国家整体发展规划和大规模瞄准贫困地区的专项扶贫开发，在改善包括贫困地区在内的全国农村交通、通信、用电、住房、安全饮水等物质生活条件方面，取得了十分显著的进步，基本物质生活条件贫困状况得到缓解。

（2）基本公共服务。改革开放以来，中国农村居民教育、医疗、社会保障等基本公共服务的可及性、便利性和经济可承受性都有了明显的改善，初步实现了义务教育保障和基本医疗保障。

（二）中国对全球贫困人口减少和福祉提高的贡献

1. 中国对全球贫困人口减少的贡献

按照 2011 年购买力平价 1 人 1 天 1.9 美元的贫困标准，1981~2013 年全球贫困人口减少了 12.3 亿人，同期中国贫困人口减少了 8.5 亿人（见表 1-2）。在这期间中国减少的贫困人口占到全球减少全部贫困人口的 69.4%。换言之，如果没有中国在这 31 年间取得的巨大减贫成就，全球贫困人口的数量要比实际多很多。

表 1-2　中国对全球 1981~2013 年贫困人口（2011 年 PPP 1 人 1 天 1.9 美元）减少的贡献

项目		世界	中国
贫困人口（万人）	1981 年	199728	87780
	1990 年	195857	75581
	1999 年	175145	50786
	2010 年	111975	14956
	2013 年	76851	2511
1990~2013 年贫困人口减少（万人）		119006	73070
中国贡献率（%）		61.4	
1981~2013 年贫困人口减少（万人）		122877	85269
中国贡献率（%）		69.4	

资料来源：作者根据世界银行数据计算，http://iresearch.worldbank.org/PovcalNet/index.htm?2。

1990~2012 年，全球贫困人口减少了 54.2%，提前 3 年完成了千年发展目标确定的极贫人口减半的目标。在 1990~2012 年全球减少的贫困人口中，中国贡献了 63%。不包括中国在内，其他国家在 1990~2012 年只减少了其 1990 年贫困人口的 32.7%。也就是说，没有中国的突出贡献，千年发展目标就不可能完成其最重要的极贫人口减半的目标。因此，在这个意义上说，中国对于推进人类反贫困事业进步和千年发展目标实现，发挥了举足轻重的作用。

2. 中国对全球人类福祉提高的贡献

除了减少贫困人口以外，中国在改善全球人类发展其他一些重要方面，也做出了杰出的贡献。下面从人类发展指数、饮水安全和出生时期望寿命三个方面[①]，分析中国对全球人类发展的贡献。

（1）中国对人类发展指数值提高的贡献。中国的人类发展指数（HDI）在 1990 年为 0.501，到 2014 年提高到 0.728，提高了 0.227（见表 1-3）。同期使用国家人口加权全球平均人类发展指数[②]，提高了 0.14；如果不包括中国在内，全球其他国家平均的人类发展指数，在此期间提高了 0.114。中国对全球人类发展指数在 1990~2014 年提高的贡献率为 18.3%。如果没有中国的贡献，2014 年全球人类发展指数还处于 2012 年前的实际水平。据此推断，由于中国的贡献，全球人类发展指数提前了年多达到 2014 年的水平。

（2）中国对全球使用改良的饮用水源人口比例提高的贡献。饮用改良的饮用水源[③]的水，是人类健康生存的一个基本要求。中国政府高度重视居民

---

① 之所以选择这三个方面，一是由于它们是人类发展的重要方面，二是由于缺乏各国分年龄组和性别资料无法分析诸如儿童和孕产妇死亡率等重要指标，而这些指标都可以用国家人口总量加权。
② 只有 143 个国家具有完整的人类发展指数和人口资料，此计算结果只包括有完整资料的 143 个国家。
③ 世界卫生组织和联合国儿童基金会（UNICEF）为千年发展目标监测定义的改良的饮用水源包括：管道供水、管井、有保护的井水和泉水、收集的雨水和瓶装水。

的饮水安全问题，过去 20 年中央和地方政府投入超过 3000 亿元用于农村饮水安全工程建设，使农村 93% 的人口可以饮用改良水源的水，比 1990 年提高了 37 个百分点。由于农村饮水安全问题的解决，到 2014 年中国 95% 的人口已经饮用改良水源的水。这个比例比全球平均水平高 4.4 个百分点。中国在饮水安全方面所做出的巨大努力，不仅显著改善了本国居民的安全饮水问题，也加速了全球饮水安全问题解决的进程。中国使全球使用改良的饮用水源人口比例在 1990~2014 年多增加了 4.23 个百分点，也就是说，中国贡献了 1990~2014 年全球使用改良的饮用水源人口增量的 45.6%（见表 1-4）。

表 1-3　中国对全球人类发展指数提高的贡献

项目	1990 年	1995 年	2000 年	2005 年	2010 年	2012 年	2014 年
全部有数据国家平均 HDI	0.560	0.586	0.614	0.648	0.684	0.694	0.700
不包括中国其他有数据国家平均 HDI	0.579	0.598	0.622	0.650	0.679	0.688	0.692
中国 HDI	0.501	0.545	0.588	0.641	0.699	0.718	0.728
1990~2014 年全球 HDI 提高	0.139						
1990~2014 年不包括中国全球 HDI 提高	0.114						
中国对 1990~2014 年 HDI 提高的贡献率（%）	18.3%						

资料来源：作者根据联合国开发计划署 HDR（http://hdr.undp.org/en/data）资料计算，包括 143 个具有完整资料的国家，这些国家的总人口占世界总人口的 93%。

表 1-4　中国对 1990~2014 年全球使用改良的饮用水源人口增加的贡献

指标	1990 年	2000 年	2010 年	2014 年
全球实际使用改良的饮用水源人口比例（%）	77.2	83.3	88.8	90.6
不包括中国全球实际使用改良的饮用水源人口比例（%）	80.3	84.3	88.2	89.5
中国使用改良的饮用水源人口比例（%）	67	80	91	95
中国农村使用改良的饮用水源人口比例（%）	56	71	87	93

续表

指标	1990 年	2000 年	2010 年	2014 年
1990~2014 年全球使用改良的饮用水源人口比例平均增加（百分点）		13.49		
不包括中国全球使用改良的饮用水源人口比例增加（百分点）		9.26		
中国的贡献（百分点）		4.23		
中国的贡献（%）		45.6		

资料来源：作者利用 http://mdgs.un.org/unsd/mdg/Data.aspx 资料计算。数据包括 159 个资料完整的国家（占世界总人口的 93.8%），全球平均数利用国家人口数加权。

（3）中国对人类健康水平提高的贡献。中国从 20 世纪 60 年代开始，通过普及农村合作医疗，并借助深入民间的传统医疗知识和药物的帮助等，国民的健康水平一直高于经济发展所处的位置。1990 年中国人均 GDP 在全球 181 个国家中排名第 112 位，而人口出生时期望寿命和 5 岁以下儿童死亡率分别排第 58 位和 72 位，分别比人均 GDP 排名高出 54 位和 40 位。1981 年中国人口普查统计人口出生时期望寿命达到 67.9 岁、婴儿死亡率为 34.7‰[①]，大体相当于 2000 年多数发展中国家的水平。即使与经济发达国家相比，中国健康水平的相对超前性也同样明显。中国 2013 年的人口出生时期望寿命为 75.6 岁，与美、英、德 1990 年的水平相当，但按 2011 年购买力平价计算，中国在 2013 年人均 GDP 仅分别为美、英、德 1990 年人均 GDP 的 31%、43% 和 36%。从可比数据来看，中国人口出生时期望寿命 1990 年为 69 岁，比全球平均水平高 3.6 岁；到 2014 年中国人口出生时期望寿命提高到 75.8 岁，比全球平均水平高 4.3 岁。中国在提高人口期望寿命方面的努力，使全球平均的人口期望寿命多了 1 岁（表 1-5）。

---

① 国家卫计委：《2013 中国卫生和计划生育统计年鉴》，中国协和医科大学出版社，2013。

表 1-5 中国对全球人口健康的贡献

项目	1990 年	2000 年	2010 年	2014 年
中国人口出生时期望寿命（岁）	69	71.7	75	75.8
全球人口实际平均出生时期望寿命（岁）	65.4	67.6	70.5	71.5
不包括中国全球人口平均出生时期望寿命（岁）	64.3	66.5	69.4	70.5
中国对全球期望寿命的贡献（岁）	1.1	1.1	1.1	1
中国 5 岁以下儿童死亡率（‰）	53.9	36.9	15.8	12.7
全球实际 5 岁以下儿童死亡率（‰）	74.0	57.1	38.0	33.9
不包括中国全球 5 岁以下儿童死亡率（‰）	79.7	62.6	43.5	39.0
中国对 5 岁以下儿童死亡率减少的贡献（%）	7.8	9.6	14.6	15.3

资料来源：作者利用 http://mdgs.un.org/unsd/mdg/Data.aspx 资料计算。期望寿命数据包括 181 个国家（占世界总人口的 97.9%）；5 岁以下儿童死亡率包括 184 个国家（在期望寿命数据包含国家外增加了阿根廷、古巴和叙利亚），由于没有 5 岁以下儿童人口资料，直接使用国家总人口加权，这会导致结果出现一定的偏差。

中国 5 岁以下儿童死亡率，1990 年以来一直约比全球平均水平[1]低 2 个百分点。由于中国在降低 5 岁以下儿童死亡率方面取得的进步，全球平均的 5 岁以下儿童死亡率得以多低 5 个千分点，中国对全球平均 5 岁以下儿童死亡率减少的贡献率在 10% 左右，1990 年中国的贡献率为 7.8%，到 2014 年中国的贡献率提高到 15.3%。

综合上述分析，可以清楚看出中国在减少全球贫困人口、改善安全饮水和居民健康水平等人类生活质量方面，为人类福祉改善和全球人权进步都做出了卓越的贡献。

---

[1] 由于没有 5 岁以下儿童人口资料，计算全球平均 5 岁以下儿童死亡率时使用国家总人口加权。由于各国的人口年龄结构差异，世界各国 5 岁以下儿童人数占比存在差异，由此计算出的全球平均 5 岁以下儿童死亡率肯定存在一定的偏差。但是总体上，占世界总人口较大比例的发展中国家 5 岁以下儿童占比高于世界平均水平，根据各国总人口加权的 5 岁以下人口死亡率可能存在一定的低估，但不影响本报告的判断和结论。

三 中国减贫的重要意义

（一）中国减贫的特点

改革开放以来，中国保持了贫困人口的持续减少（见图1-2）。按现行扶贫标准，1978~2017年每年平均减少1897万农村贫困人口。虽然不同时期贫困人口减少的规模有着很大的差异，但40年间各个时期贫困人口都有减少，这无疑是一个值得骄傲的巨大成就。

40年来中国的减贫，具有三个基本的特点：第一，减贫规模大，按中国现行扶贫标准年均减贫人数达到1897万人；第二，持续减贫时间长，在各个历史时期贫困人口都有所减少；第三，收入贫困和能力贫困同时得到了显著的改善，既全面提升了低收入人群的生活质量，也提高了低收入人群的自我发展能力。

（二）中国减贫的重要意义

中国改革开放40年所取得的减贫成就，对世界减贫与发展同样具有重要的意义。

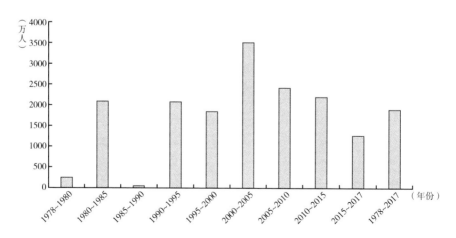

图1-2 改革开放以来中国不同时期年均减少贫困人口

1. 加速了全球减贫的进程

中国在 40 年时间内，减少了 7 亿多贫困人口，占到 1981 年以来世界贫困人口减少总数的近 70%，有力地推进和加快了全球减贫的进程。

2. 创造了大规模减贫和精准扶贫的中国经验

改革开放以来，中国在 40 年时间内将一个人口规模超过 10 亿人的大国的贫困发生率降低到 3% 以下，创造了人类减贫史上的一大奇迹。据历史资料，世界上的经济发达国家，如美国、德国、英国、日本、意大利、澳大利亚等将贫困发生率减少到 10% 都经历了 100 年以上的时间。[①] 将贫困发生率从 10% 降低到 3% 以下，这些国家除了日本只用了 10 年左右时间以外其他都耗时 30 年至 70 年。另据对世界银行世界发展指标（World Development Indicators）中 137 个数据完整国家 1981 年以来贫困变动的统计分析，在 137 个国家中，按照 2011 年购买力平价 1 人 1 天 1.9 美元的标准，只有 29 个国家贫困发生率一直低于 3%；有 65 个国家贫困发生率一直高于 10%；有 21 个国家虽然贫困发生率降到过 10% 以下，但没有稳定降到 3% 以下；只有 22 个国家完成了从贫困发生率 10% 降到 3% 以下的跳跃，但多数也都耗费 10 年以上的时间。与其他国家尤其是大国相比，中国在 40 年内脱贫无疑是一大奇迹。

中国在过去 40 年减贫实践中，创造了大规模减贫和精准扶贫的中国经验和中国智慧。

3. 用事实证明了发展中国家可以依靠自己的努力摆脱贫困

中国减贫的历史和事实，向世界上众多的发展中国家雄辩地证明了发展中国家可以依靠自己的不懈努力摆脱贫困，实现国家的振兴。

---

① Franc Ois Bourguignon and Christian Morrisson, "Inequality Among World Citizens: 1820-1992", *American Economic Review*, September, 2002.

第二章　中国减贫的历程

　　1949 年新中国成立后，特别是 1978 年实行改革开放政策以来，中国政府在致力于通过经济和社会全面发展推动减贫的进程中，从 20 世纪 80 年代中期开始，在全国范围内开展了有计划有组织的大规模开发式扶贫，先后实施了《国家八七扶贫攻坚计划》（以下简称"八七扶贫攻坚计划"）《中国农村扶贫开发纲要（2001—2010 年）》《中国农村扶贫开发纲要（2011—2020 年）》等中长期扶贫规划，有力地推进了我国农村扶贫开发的进程。

　　党的十八大以来，党中央把扶贫开发摆到治国理政的重要位置，提升到事关全面建成小康社会、实现第一个百年奋斗目标的新高度，纳入"五位一体"总体布局和"四个全面"战略布局进行决策部署，并提出精准扶贫、精准脱贫的基本方略，将我国扶贫开发推进到一个全新的阶段。

一　改革前和1978~1985年的中国农村减贫

1. 改革前的中国农村减贫

由于受长期的战争破坏、土地相对集中造成很大部分农民没有或只有很少的土地以及技术落后等因素的影响①，新中国成立之初，农村处于普遍性的贫困状况之中。为了尽快扭转这种情形，减缓贫困成为政府制度和政策安排的优先领域，先后采取了土地改革、合作化、人民公社化等一系列旨在缩小资源占有、收入占有差异的运动。虽然在改革开放前中国没有提出扶贫计划，但众多的制度安排和政策、规划都直接或间接地围绕着减缓和消除大面积存在的农村贫困现象和两极分化而展开。

1949 年至改革开放前，中国政府在减少农村贫困方面主要采取了以下重大措施。

（1）增加和改善农民对土地（自然资源）的占有和使用权。在 1949 年新中国成立以前，中国农村的土地占有情况是相当不均的。据估计，在 1934 年，占农户总数 4% 的地主占有 50% 的可耕地，而占农村户数 70% 的贫雇农只拥有 17% 的可耕地。②1949 年后，中国在全国范围内开展了土地改革，无偿剥夺地主拥有的土地，分配给广大少地、无地的贫雇农。土地改革让全体农民获得了土地所有权，到 1952 年，中国农村原来不同阶级间土地分配不均的状况基本得到解决③，基本消除了无地这一在其他发展中国家形成农村贫困主要因素的影响，为后来中国农村扶贫开发的成功奠定了一个有利的财产制度基础。从 20 世纪 50 年代中后期开始，农民对土地的占有转变为合作社所有，后来又演变成人民公社时期的三级所有。虽然在农村生产关系变革的过程中，农民对土地的控制、管理和收益权发生过多次变化，但在法律意义上，农民仍是其所在集体所有的土地的共同所有者。

（2）改善农村基础设施。从 20 世纪 50 年代到 70 年代中期，中国政府通过其对资源的有效控制以及"三级所有、队为基础"的集体所有制在土地占

---

① 中国扶贫开发历程部分中，部分文字和数据引自吴国宝《中国农村扶贫》，张晓山、李周主编《中国农村发展道路》，经济管理出版社，2014，第 403~431 页。
② 章有义：《中国近代农业史资料》，农业出版社，1957。
③ 国家统计局：《我国农民生活的巨大变化》，中国统计出版社，1984。

用和劳动力使用方面的优势，在全国范围开展了大规模的农村基础设施建设，改善农村的水利设施和交通条件，在此期间，全国公路通车里程增加了9倍，灌溉面积增加了125%。

（3）改善农民的基础教育和基本医疗服务条件。从1949年至1978年，中国的小学数量增加了1.6倍，中学数量增加了28倍，小学入学率从不到50%提高到96%；建立了以"赤脚医生"为主体的农村合作医疗保障体系，改善和建立了5万多个乡级医院、60多万个村级诊所，覆盖了全国农村总村数的68.8%，在经济很落后的情况下，极大地普及了传染病、地方病、职业病、寄生虫病等各种疾病的预防、控制工作，极大地改善了农村缺医少药的状况，提高了农村人口的健康水平。[①]

（4）建立以当时农村集体经济为基础的社会保障体系。建立以当时农村集体经济为基础的农村社会保障体系——"五保户"保障制度，为农村人口中丧失劳动能力的人口提供最基本的社会保障，并确立了由政府财政为遭受严重自然灾害或因其他特殊原因导致的生活极端困难的农民提供生活救济的制度。另外，生产队对半劳力或残疾人、弱劳力家庭有生产上的照顾，安排一些相对轻松的劳动岗位，以保障其基本的生活需求。虽然当时社会保障的水平很低、保障面也很小，但对于减缓农村贫困和饥饿程度，稳定社会秩序，起了重要的作用。

（5）建立农业技术推广网络，推广农业技术。在这期间，中国在全国农村建立了直接延伸到村（当时的生产大队）的农业技术推广网络，在一定范围内推广了包括良种、化肥、农药、土壤改良和农机在内的新技术，促进了农业生产力水平的提高。1978年中国粮食单位面积产量比1949年提高了1.46倍。

此外，建立全国性农村信用合作社、供销合作社网络、实行计划生育等

[①] 联合国妇女儿童基金会在1980~1981年年报中认为中国的"赤脚医生"制度在落后的农村地区提供了初级护理服务，为不发达国家提高医疗卫生水平提供了样本。世界银行和世界卫生组织把我国农村的合作医疗称为"发展中国家解决卫生经费的唯一典范"。

政策，也对改革前农村扶贫起了重要的作用。

由于上述重大政策和措施的实施，从 1949 年到 1978 年，中国粮食总产量增加了 1.69 倍[1]，农村人口摄入的热量平均增加了 20%[2]，不得温饱的农村人口比重从 80% 降低到 30%；[3] 婴儿死亡率下降了 3/4，人口预期寿命提高了近 30 岁[4]，农村居民的生存状况有了比较明显的改善。但是，如果按照现在的贫困标准（2010 年价格农民人均纯收入 2300 元），1978 年中国农村有贫困人口 7.7 亿人，贫困发生率高达 97.5%。[5]

专栏 1 中国农村贫困标准及其变化

中国自 1978 年以来，中央政府共采用过三条不同生活水平的贫困标准。分别是"1984 年标准"、"2008 年标准"和"2010 年标准"。

"1984 年标准"，是 1986 年国务院贫困地区经济开发领导小组提出的按 1984 年价格农民年人均纯收入 200 元的贫困标准。这是一条低水平的生存标准，是保证每人每天 2100 千卡热

---

① 国家统计局，http://data.stats.gov.cn/easyquery.htm?cn=C01。

② 周彬彬：《中国人民公社时期的贫困问题》，《经济开发论坛》1993 年第 6 期。

③ 1992 年中国政府确定以 1984 年价格农民人均纯收入 200 元作为贫困标准，这个标准同时也被视为温饱标准。

④ 数据来自 1973~1975 年全国三年肿瘤死亡回顾调查，中华人民共和国卫生部《中国卫生统计年鉴（2013）》。

⑤ 国家统计局住户调查办公室：《2015 中国农村贫困监测报告》，中国统计出版社，2015。

量的食物支出，食物支出比重约为85%。基于测算时的农村实际情况，基本食物需求质量较差，比如主食中粗粮比重较高，副食中肉蛋比重很低，且标准中的食物支出比重过高，因而只能勉强果腹。

"2008年标准"，实际上是从2000年开始使用的，当时称为低收入标准，在2008年国家正式将其作为扶贫标准使用，因而也称"2008年标准"。按2000年价格每人每年865元，这是一条基本温饱标准，保证每人每天2100千卡热量的食物支出，是在"1984年标准"基础上，适当增加非食物部分，将食物支出比重降低到60%。可基本保证实现"有吃、有穿"，基本满足温饱。

"2010年标准"，即现行农村贫困标准，是2011年提出的按2010年不变价农民年人均纯收入2300元的标准，按2014年和2015年价格分别为2800元和2855元，这是结合"两不愁、三保障"测定的基本稳定温饱标准。根据对全国居民家庭的直接调查结果测算，在义务教育、基本医疗和住房安全有保障（即三保障）的情况下，现行贫困标准包括的食物支出，可按农村住户农产品出售和购买综合平均价，每天消费1斤米面、1斤蔬菜和1两肉或1个鸡蛋，获得每天2100千卡热量和60克左右的蛋白质，以满足基本维持稳定温饱的需要，同时，现行贫困标准中还包括较高的非食物支出，2014年实际食物支出比重为53.5%。此外，在实际测算过程中，对高寒地区采用1.1倍贫困线。

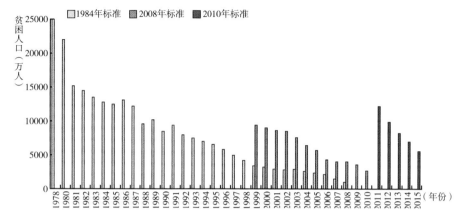

注：浅灰色立柱代表以 1984 年标准衡量的贫困人口，从 1978 年的 2.5 亿人下降到 2007 年的 1479 万人。深灰色立柱代表以 2008 年标准衡量的贫困人口，从 2000 年的 9422 万人下降到 2010 年的 2688 万人。黑色立柱代表的是以 2010 年标准衡量的贫困人口，2015 年尚有 5575 万人。

资料来源：鲜祖德、王萍萍、吴伟：《中国农村贫困标准与贫困监测》，《统计研究》2016 年第 9 期。

2. 1978~1985 年农村经济体制改革推动的农村减贫

在这个阶段，中国完成了以家庭联产承包责任制为中心的农村经营体制改革，使过去受体制束缚的农民获得了自己家庭承包地、劳动力和主要收益的支配权，从而大大调动了农民在自己承包地上投劳、投资和加强管理的积极性，1978~1985 年全国农用化肥施用量翻了一番，农业机械总动力增加了78%，粮食单位面积产量提高了 40%，农业劳动生产率提高了 40.3%。[1] 农业劳动生产率的提高，限制劳动力使用的制度约束取消以及国家对农村种养结构和市场控制放松，也使部分生产剩余和农业剩余劳动力转向发展乡镇企业，全国农村从事非农业经营的劳动力，在这期间增加了4150万人[2]，占到当时乡

---

① 国家统计局：《中国农村统计年鉴（1999）》，中国统计出版社，1999。

② 国家统计局人口和社会科技统计司、劳动和社会保障部财务司：《中国劳动统计年鉴（2003）》，中国统计出版社，2003。

村劳动力的 11%，成为农民收入的另一个增长点。

在这个阶段，中国政府还通过提高农产品价格、放宽统购以外农产品流通管制等措施，改善了农产品的交易条件。从 1978 年到 1985 年，中国农产品综合收购价格指数提高了 66.8%，远高于同期农民生活消费价格指数的增幅。相对价格提高增加的收入占农民新增收入的 15.5%。在上述因素的共同作用下，中国农民人均纯收入增加了 132%。全国农民人均热量摄取量，从 1978 年的 2300 千卡/（人·日），增加到 1985 年的 2454 千卡/（人·日），按当时标准[1]，有 50% 未解决温饱的农村人口在这期间解决了温饱问题。按 2010 年扶贫标准，有超过 1 亿农村人口在这期间摆脱了贫困，贫困发生率降低到 78.3%。[2]

这一时期农村贫困减缓，主要是通过制度改革和农产品价格调整推动农业劳动生产率提高、非农就业增加实现的。尽管不同区域和条件的农户都不同程度地从改革驱动的效率提高中受益，但因地理区位、资源禀赋和家庭条件的差异，农户之间的收入差距开始拉大，农民收入分配的基尼系数从 1978 年的 0.21 增大到 1985 年的 0.28。在部分地区出现"万元户"的同时，还有相当数量的农民处于"食不果腹，衣不蔽体，住不避风寒"的境况。

作为对农村体制改革过程中出现的极端贫困区域分布变化的一个回应，中国政府 1982 年在甘肃省的定西、河西和宁夏回族自治区的西海固地区（以下简称"三西"地区）开始了以农业开发方式解决区域性极端贫困的"'三西'地区农业建设项目"，从而启动了中国通过对特定区域采取资源开发的方式扶贫的序幕，为后来全国大规模扶贫开发规划的实施，探索了不少有益的经验。[3]1984 年中共中央、国务院发布《关于帮助贫困地区尽快改变面貌的通知》，明确改变贫困地区面貌的根本途径是依靠当地人民自己的力量，按照当地的特点，发展商品生产，增强本地区经济的内部活力；提出了

---

[1] 国家统计局：《中国农村住户调查年鉴（2000）》，中国统计出版社，2000。
[2] 国家统计局住户调查办公室：《2014 中国农村贫困监测报告》，中国统计出版社，2015。
[3] "三西"地区农业建设项目试验的开发式扶贫、建档立卡、帮扶到户、资金项目管理、吊庄移民等做法，在后来的全国扶贫开发中得到继承和发展。

集中力量解决连片贫困地区问题、各部门下达到县的建设经费由县政府统筹安排等设想。这个通知实际上成为 1986 年开始的全国大规模扶贫开发的发端和政策起点。

二 1986~1993年中国农村扶贫开发

从 1984 年开始，中国的体制改革中心从农村转入城市。在不断地试验及总结经验和教训的基础上，中国逐步探索并初步建立起中国特色的社会主义市场经济体制，确立了以改革、开放和发展为主线的国家整体战略，快速推进了国家的工业化和城镇化。1986~1993 年中国人均国内生产总值年均增长 8%，国民收入中非农业增加值占比每年提高 1 个百分点，非农业就业人数增加了 1 亿人，为中国的减贫创造了良好机遇。与此同时，针对农村从全面的制度约束导致的贫困向区域性条件约束贫困和农户能力约束贫困转变的特点，中国政府从 1986 年开始启动了中国历史上规模最大的农村专项反贫困计划。此计划的目标是采取特殊的政策和措施，促进贫困人口和贫困地区自我发展能力的提高和推动区域经济发展来稳定减缓和消除贫困。

1. 主要政策和措施

1986~1993 年中国农村扶贫采取的主要措施包括以下几个方面。

第一，建立从中央到县一级的扶贫开发专门机构，即贫困地区经济开发领导小组（1994 年"八七扶贫攻坚计划"时改为扶贫开发领导小组）及其办公室，负责制定扶贫政策、确定扶贫对象、制订中期和年度扶贫计划、分配扶贫资金和项目、协调与相关部门的关系、对扶贫项目进行监督检查等工作。

第二，确定了开发式扶贫的基本方针，从以救济式扶贫为主改为以扶持贫困地区发展的开发式扶贫为主。

第三，确定了扶贫开发的主要对象，1986 年中央划分了 18 个片区，确定了 331 个国家级贫困县，各省区另外确定了 368 个省级贫困县。制定国家贫困标准，明确以 1984 年农民人均纯收入 200 元为贫困线。

专栏 2　中国贫困县名称和内涵的变迁

　　在中国的扶贫开发中，县一直作为重要的工作对象和具体实施单位。但是贫困县的名称和内涵发生过多次变化。1986 年以前中国有经济困难县的提法，但并没有具体的划分标准。1986 年国务院贫困地区经济开发领导小组成立后，以县农民人均纯收入为基本依据，将农民年人均纯收入 150 元以下的县列为贫困县，同时针对重点革命老区和少数民族地区县将标准放宽到 200 元，特别的放宽到 250 元，并允许各省根据条件在国家确定的贫困县外自行确定贫困县。于是就形成了国家级贫困县和省级贫困县。到 1992 年底确定的国家级贫困县有 331 个，省定贫困县有 368 个。

　　1994 年《国家八七扶贫攻坚计划》启动以后，中央政府决定东部的广东、福建、浙江、江苏、山东、辽宁 6 省原来的国家级贫困县由省负责，同时根据 "4 进 7 出"（即原来的国家级贫困县农民人均纯收入超过 700 元的退出，其他县农民人均纯收入低于 400 元的进来）的原则，重新确定了国家级贫困县，总计有 592 个。

　　2001 年《中国农村扶贫开发纲要（2001—2010 年）》出台后，中央将国家级重点县改称为国家扶贫开发工作重点县（简称重点县），还调整了重点县名单，最后确定的重点县仍为 592 个。

　　2011 年《中国农村扶贫开发纲要（2011—2020 年）》出台后，中央一方面再次调整了重点县名单，重点县数量维持 592 个不变；另一方面根据地理上的连片性、致贫原因和资源条件类似性的原则，在全国划定了 11 片连片特殊困难地区（简称片区），加上西藏全境、南疆三地州和云南、四川、青海和甘肃 4 省涉藏地区，总计 14 片，包括 680 个县（简

称片区县），其中有 440 个县同时又是重点县。因此，2011 年后片区县
和重点县又统称为贫困县。

（作者根据国务院扶贫办相关文件整理）

第四，安排专项扶贫资金，增加对贫困地区的资金投入。在此期间中央
政府主要安排了 3 项扶贫专项资金，包括支援不发达地区发展资金（以下简
称发展资金）、以工代赈资金和扶贫贴息专项贷款。8 年间中央政府累计安排
专项扶贫资金 416 亿元，其中财政无偿资金（包括发展资金和以工代赈资金）
170 亿元，扶贫贴息贷款 246 亿元。

第五，出台了一系列其他的优惠措施，包括核减粮食合同定购任务、酌
量减免农业税、免征贫困地区新办开发性企业所得税、对贫困县实行财政定
额、专项和困难补助、开展定点扶贫等。[①]

总体来看，在这期间实行的农村扶贫开发，采取的基本上属于区域扶
贫开发的战略。但在具体的扶贫方式上，尚处于摸索前行的阶段。在这期
间不少地方尝试过将扶贫贷款给经济实体间接扶贫的方式，也尝试过直接
贷款到农户的方式，但始终未能解决贷款到达农户的比重低和还款率低并
存的问题；在扶贫的内容上也尝试过基础设施改善、农田水利建设等不同
的方面。

2. 主要成效

经过 8 年的扶贫开发，农村绝对贫困人口数量有了较大规模的减少。按

[①]　国务院贫困地区经济开发领导小组办公室:《中国贫困地区经济开发概要》，中国农业出版
社，1989。

1984 年贫困标准，中国农村未解决温饱的人口①从 1985 年的 1.25 亿人减少到 1993 年的 7500 万人，平均每年减少了 625 万人。

三 1994~2000年"八七"扶贫攻坚计划期间的农村扶贫开发

经过前八年的扶贫开发，中国农村贫困人口的数量进一步减少，但同时减贫的难度也在不断加大。如果不采取特别的措施，就可能难以实现"七五"计划提出的到 2000 年基本解决温饱问题的目标。在这种情况下，1994 年中国政府出台了旨在到 2000 年基本解决剩余农村贫困人口温饱问题的《国家八七扶贫攻坚计划》，力争用 7 年左右的时间（1994~2000 年），基本解决当时全国农村 8000 万贫困人口的温饱问题。这是中国历史上第一个具有明确目标的扶贫计划。在"八七"扶贫攻坚计划期间，中共中央在 1996 年召开了中央扶贫工作会议，会后发布了《中共中央国务院关于尽快解决农村贫困人口温饱问题的决定》。这个决定确定了一系列对中国扶贫开发具有深远影响的重大扶贫政策。

1. 主要政策和措施

在"八七"扶贫攻坚计划实施期间，为了如期完成计划设定的目标，中国政府采取了一系列新的扶贫政策和措施。②

第一，重新调整了贫困县。针对前一阶段确定的部分贫困县经过八年扶持后贫困状况有明显减缓，同时又有部分未纳入国家扶持的县（市）农民依然比较贫困的现实，中国政府在 1994 年重新确定了选择贫困县的标准，并按新的标准在全国确定了 592 个国家级贫困县。贫困县的调整，在一定程度上扩大了贫困人口集中地区从国家扶贫政策优惠中受益的范围。

第二，较大幅度地增加国家的扶贫投入。从 1994 年到 2000 年，中央

---

① 中国政府用于测量 1978~2008 年农村人口贫困的标准很低，在这个标准上，农户食品消费支出占其家庭消费支出的 85%，属于严格意义上的温饱标准。

② 国务院扶贫开发领导小组办公室编《中国农村扶贫开发概要》，中国财政经济出版社，2003。

政府通过发展资金、以工代赈资金和扶贫贴息贷款形式提供的扶贫资金累计1130亿元，年均188.3亿元，比1986~1993年平均增加近110亿元，其中财政扶贫资金年均增加55.3亿元①，增长3.4倍。

第三，进一步加大科技扶贫的力度。通过制定科技扶贫规划纲要、选派科技干部和人员到贫困地区任职、安排"星火计划"科技扶贫贷款、实施科技扶贫示范项目（温饱工程）、支持农业产业化等措施，向贫困地区推广农业实用技术，提高贫困地区农民的农业技术水平和科技在贫困地区农业发展中的贡献率。

第四，动员社会力量进行社会扶贫。通过组织政府部门、科研院校和大中型企业与贫困地区的对口扶贫、东西合作扶贫以及鼓励非政府组织和国际机构参与扶贫等方式，动员社会力量和社会资源参与和支持扶贫事业，一方面增加扶贫资源的投入，推进扶贫方式的创新；另一方面也让更多的机构和人民了解和支持贫困地区和扶贫。据不完全统计，从1994年至2000年社会扶贫投入约300亿元。

第五，逐步调整扶贫对象，在扶贫中更加关注对贫困户的直接扶持。为了帮助贫困农户增收、尽快摆脱贫困，从1996年以后中国农村扶贫资金的投入逐步向贫困农户倾斜，扶贫贷款的一半左右直接投向农户。

在这期间，中国政府除了出台上述专门的扶贫政策和措施以外，各级政府有关部门还出台了其他让贫困地区和贫困农户受益的政策、措施。比如，实施的贫困地区义务教育工程、交通扶贫、文化扶贫，以及受益范围包括贫困地区的农村交通、电力、广播、电视等行业发展政策。它们都在不同程度上对这一阶段的农村扶贫开发起了重要的作用。从1998年开始实施的西部大开发战略、退耕还林政策，虽然不仅针对贫困地区和贫困农户，但由于其受益区域多数为贫困人口比较集中的区域，也在相当程度上对减缓农村贫困起了重要的作用。

2. 主要成效

第一，贫困地区经济实现较快增长，与全国农民平均收入的差距有所缩

---

① 从1994年开始以工代赈每年安排了40亿元，比1986~1993年年均多安排了27亿元。

小。全国 592 个国定贫困县农民人均纯收入从 1993 年的 483.7 元增加到 2000 年的 1338 元，增长了 176.6%。贫困县农民人均纯收入相当于全国平均水平的比例从 1993 年的 48.8% 提高到 2000 年的 59.4%。贫困县人均财政收入从 1993 年的 70.15 元增加到 2000 年的 124.33 元，增长了 77.2%。地方财政收入的增长幅度高于农民收入和地区经济增长的幅度。

第二，贫困地区的基础设施条件得到了比较明显的改善。2000 年全国贫困县通电村、通电话村、通邮村、通公路村、能饮用安全饮水村所占比重分别达到 95.4%、72.2%、75.6%、91.9% 和 73.4%，都比 1993 年时有了比较明显的提高。

第三，贫困地区社会服务事业有了较大发展，贫困地区与全国平均水平之间在一些社会发展指标方面的差距有所缩小。1993 年之后，贫困地区的教育、医疗和文化落后状况有了一定的改善。到 2000 年底，贫困县内 89% 的行政村有小学，26% 的村开办了幼儿园，能接收电视节目的行政村达到 95%，93% 的行政村有医务室或乡村医生，都较 7 年前有了明显的改观。

第四，贫困人口的规模缩小和贫困发生率降低。从 1993 年到 2000 年，按 1984 年贫困标准，全国未解决温饱的农村人口减少到 3209 万人，贫困发生率下降到 3.4%，基本实现了"八七"扶贫攻坚计划的目标。

四　2001~2010年的农村扶贫开发

在这一时期，中国经历了加入世贸组织、中国特色社会主义市场经济体制改革深化、对外开放的深度和广度不断加大的重大宏观经济环境变化。在区域政策上，出台并实施了西部大开发政策。在农村，中央出台了以"四减免、四补贴"[①] 为代表的一系列支农、惠农政策。在全国建立了农村最低生活保障制度、农村新型合作医疗、农村新型社会养老保险制度，实行了农村义

---

① 减免农业特产税、牧业税、农业税和屠宰税；提供粮食直补、综合直补、粮种补贴和农机具购置补贴。

务教育免交学费政策等。在扶贫开发方面，2001 年中共中央、国务院出台了《中国农村扶贫开发纲要（2001—2010 年）》（以下简称《纲要 1》），从而将中国农村扶贫开发推入一个新的阶段。

1. 主要政策和措施

第一，调整扶贫开发的战略目标。《纲要 1》确定的中国农村扶贫开发的战略目标是："尽快解决极少数贫困人口温饱问题；进一步改善贫困地区的基本生产生活条件，巩固温饱成果；提高贫困人口的生活质量和综合素质，加强贫困乡村的基础设施建设，改善生态环境，逐步改变贫困地区社会、经济、文化的落后状态，为达到小康水平创造条件。"

第二，调整贫困县和扶贫标准。2001 年中央将国家级贫困县改称为国家扶贫开发重点县，还调整了重点县，将东部 6 省的 33 个县及西藏的贫困县指标收归中央，重新分配给中西部其他省区；西藏作为集中连片贫困地区给予整体扶持，东部 6 省则不再由国家统一进行减贫的工作部署。

中国政府在 2008 年将扶贫标准从年人均纯收入 895 元提高到 1196 元，提高了 1/3 强。扶贫标准提高，使可享受扶贫政策优惠的扶贫对象增加了3000 万。

第三，完善扶贫开发战略和方式。在此期间，中国政府仍将引导贫困地区农民在国家的帮助和扶持下，开发当地资源，发展生产力，提高贫困农户自我积累、自我发展能力，继续作为当时农村扶贫开发的战略方针。在总结 1986 年以来中国扶贫开发经验和教训的基础上，中国政府进一步完善了农村开发式扶贫的政策和战略，在《纲要 1》中确定了后来被概括为"政府主导、社会参与、自力更生、开发扶贫、全面发展"的农村扶贫开发方针。较 1986~2000 年比较强调开发式扶贫的政策，这一方针更加全面和系统。最关键的是将社会参与和全面发展两个重要的理念纳入新的扶贫开发战略中来，从战略高度确定了社会参与在中国农村扶贫开发中的地位和作用，突破了单一的增收导向的扶贫思路，将贫困地区水利、交通、电力、通信等基础设施建设和科技、教育、卫生、文化等社会事业的发展，纳入开发式扶贫的范畴。

在延续"八七扶贫攻坚计划"时期主要扶贫开发政策和措施的基础上，2001 年以后，中国农村扶贫开发确定了整村推进、贫困地区劳动力转移培训和产业化扶贫三个重点扶贫方式。这三个重点扶贫方式与之前业已开始的移民扶贫、科技扶贫和社会扶贫共同构成了这一阶段农村扶贫开发的基本干预框架。

第四，建立全国农村最低生活保障制度（以下简称低保），将低保标准以下的农村贫困人口纳入低保，事实上对此前片面强调开发式扶贫的做法进行了矫正。2007 年在全国范围内，建立了农村最低生活保障制度。到 2010 年底，全国有 5214 万农村人口享受了低保，占全国农村户籍人口的 5.4%。2010 年全国农村低保受益人口平均资助 840 元[1]，相当于当年国家农村扶贫标准的 66%。农村低保制度的建立，为农村因丧失劳动能力或遭受意外事件而陷入极端贫困的农民，提供了最后的生活保障；同时也有力地促进了贫困人口的减少。

低保制度出台以后，中国政府积极开展农村最低生活保障制度和扶贫开发政策两项制度有效衔接的试点（即建档立卡工作）。2009 年试点，2010 年铺开。通过两项衔接试点，确定了近 3000 万贫困户和 9000 万贫困人口。

2. 主要成效

在这 10 年，由于政府在扶贫开发方面进行的持续努力以及经济持续增长和一系列惠农政策实施的影响，中国农村扶贫开发取得了比较明显的成效。突出表现在以下四个方面。

第一，农村贫困人口减少。[2] 从 2000 年到 2010 年按 2008 年贫困标准，全国农村贫困人口从 9422 万人减少到 2688 万人，绝大多数具有劳动能力和生存条件的贫困人口解决了温饱问题；按 2010 年标准（2010 年价格农民人均

---

[1] 民政部：《2010 年 12 月份全国县以上农村低保情况》，http://files2.mca.gov.cn/cws/201107/20110711152301813.htm。

[2] 国家统计局农村社会经济调查总队：《2003 中国农村贫困监测报告》，中国统计出版社，2003；国家统计局农村社会经济调查司：《2007 中国农村贫困监测报告》，中国统计出版社，2007。

纯收入2300元）全国农村贫困人口减少了29657万人①，年均减少2965.7万人，是1978年以来我国减贫速度最快的一个时期。

第二，重点扶贫工作县的农民收入实现了较快增长。2001~2010年重点县农民人均纯收入增长了1.57倍（未扣除物价因素），比同期全国平均数高6.5个百分点。其间重点县农民家庭经营收入，比全国平均增长速度高更多，这在一定程度上说明政府在推进贫困地区尤其是农民收入增长方面取得了比较明显的效果。

第三，重点县外出务工劳动力数量有了一定的增长。从2001年到2010年重点县外出务工劳动力比重增长了9个百分点，只比同期全国农村平均少增1个百分点。表明此间贫困地区基本上同步分享了我国工业化城镇化带来的就业机会。

第四，重点县和重点村的基础设施和社会服务条件得到了比较明显的改善。与全国平均相比，2001~2010年重点县在公路、供电、教育、卫生等方面的改善程度都要快得多。2001~2010年重点县通公路、通电、通电话和通广播电视行政村所占比重分别提高了7.5个、2.8个、25.9个和2.9个百分点，学龄儿童在校率提高了4个百分点。这些方面指标基本接近全国农村平均水平。这在一定程度上说明整村推进扶贫在改善受益重点村的基础设施和公共服务条件方面，产生了积极和显著的效果。

五 2011~2013年农村扶贫开发

2011年中国政府发布《中国农村扶贫开发纲要（2011—2020年）》（以下简称《纲要2》），提出了新的扶贫目标和扶贫战略。在《纲要2》实施的同时，2014年1月25日中共中央办公厅、国务院办公厅公开印发《关于创新机制扎实推进农村扶贫开发工作的意见》，将中国农村扶贫推进到一个以"精准

---

① 2006年贫困人口系作者自己利用2006年住户调查20等份分组数据推算。

扶贫、精准脱贫"为中心的新的历史时期。因此，2011 年以来的中国农村扶贫，包括 2011~2013 年和 2014 年以来两个相关的历史阶段。在 2011~2013 年中国农村扶贫开发主要实施了《纲要 2》制定的方针和政策，而这些方针政策在 2014 年以后也在继续实施。所以将《纲要 2》包含的扶贫战略和政策单独介绍，然后再进行分阶段分析。

1. 《中国农村扶贫开发纲要（2011—2020 年）》包含的扶贫战略和主要政策

（1）调整扶贫战略目标。《纲要 2》提出 2011~2020 年中国农村扶贫的战略目标是：到 2020 年，稳定实现扶贫对象不愁吃、不愁穿，保障其义务教育、基本医疗和住房。贫困地区农民人均纯收入增长幅度高于全国平均水平，基本公共服务主要领域指标接近全国平均水平，扭转发展差距扩大趋势。《纲要 2》确定的战略目标包含了中国扶贫的三个重大转变：一是从解决温饱问题向综合解决农民的生存和发展需求转变；二是从侧重满足农民的物质需求向同时满足农民的物质需求和社会服务基本需求转变；三是将扭转发展差距扩大直接纳入了扶贫的战略目标中。

（2）将连片特困地区作为扶贫开发的主战场。根据区域发展环境对微观减贫制约增大、少数民族贫困人口所占比重上升的形势，《纲要 2》将六盘山区等 14 片连片特困地区，确定为这 10 年全国农村扶贫开发的主战场。

虽然《纲要 2》同时提出了"片为重点、工作到村、扶贫到户的工作机制"，但确定将连片特困地区作为扶贫开发的主战场的战略，表明中国的开发式扶贫再次回归到在 1986 年启动大规模开发式扶贫计划时所确定的区域开发扶贫的路上。这种战略调整，一方面表明中国政府进一步重视贫困人口所在区域发展的作用，另一方面也表明在扶贫开发中更加注重区域内跨县干预措施的规划和协调。

（3）增加和调整贫困县，扩大扶贫政策受益范围。根据新的扶贫战略要求，国家确定了 680 个连片特困地区县（简称片区县），其中包括 440 个扶贫工作重点县。同时按照"高出低进、出一进一、自主调整、总量控制"的原则对原来的 592 个重点县进行了再一次大范围调整，调出 38 个，调进 38 个。680 个片区县和 152 个片区外重点县总共 832 个贫困县成为国家农村扶贫开发的重点对象。

（4）适应扶贫开发战略目标调整需要，大幅度提高农村扶贫标准。2011 年中国政府将按 2010 年价格表示的扶贫标准从原来的 1274 元提高到 2300 元，提高了 80.5%。扶贫标准提高以后，低保标准与扶贫标准之间的收入距离拉大了，为开发式扶贫留出了必要的工作空间；同时也使得可以享受扶贫政策的农村贫困人口增加了 1 亿人。

（5）明确实行专项扶贫、行业扶贫和社会扶贫相结合的政策，构筑综合扶贫的格局。《纲要 2》首次明确提出将行业扶贫与专业扶贫、社会扶贫一起，列为中国农村扶贫的三个基本方式，从而构筑起新的综合扶贫的大格局。在三大扶贫中，专项扶贫即专项开发式扶贫，自 1986 年以来就作为中国扶贫的一项重要创新和基本战略，一直在实施；社会扶贫，从 20 世纪 80 年代定点扶贫开始，到"八七"扶贫攻坚计划时期尤其是 1996 年以后，也一直被作为政府主导的开发扶贫的一个重要补充在发挥积极作用；行业扶贫在《纲要 2》中首次被作为与专项扶贫、社会扶贫并列的重要扶贫战略明确提出来，对于引导和促进行业部门的投资和项目向贫困地区倾斜，具有积极的意义。

2. 2011~2013 年农村扶贫开发主要成效

《纲要 2》出台以后，中央安排了各片区中央牵头部门，牵头部门会同相关中央部委和相关片区的地方政府，陆续制定了片区扶贫开发规划，并开始实施规划。按照《纲要 2》确定的扶贫战略，除了中央增加了扶贫开发投入以外，中央部门的资金和项目也明显向片区倾斜，有力地推动了全国农村的扶贫开发。2011~2013 年，中国在减少贫困人口、增加扶贫工作重点县的收入和改善贫困地区的基础设施等方面，取得了新的进展。

（1）农村贫困人口减少速度加快，低保的减贫作用初步显现。《纲要 2》有关政策的有效实施，加上中央加大支农惠农政策力度、低保和养老等社保标准提高以及经济增长等因素的综合作用，2011~2013 年中国农村贫困人口继续减少。2010~2013 年现行标准农村贫困人口减少了 8318 万人，每年减少农村贫困人口 2727.7 万人。

（2）贫困县农民收入增长较快，与全国平均水平的相对差距有所缩小。在此期间贫困县农民收入增长较快，农民人均收入与全国平均水平的相对差距明显缩小，贫困县与全国农民人均收入的比例（以全国为 100），从 2011 年的 53.7% 提高到 2013 年的 71%。①

（3）贫困地区的基础设施和社会服务条件得到进一步改善，与全国农村在发展条件方面的差距有所减小。2011 年以来贫困地区的道路、供电、通信和文化基础设施条件，得到了进一步的改善，与全国农村平均水平之间的差距继续缩小。②

六 2013年以后的农村扶贫开发

从 2013 年底开始，中国农村扶贫开发全方位转入精准扶贫、精准脱贫模式，实行从扶贫对象识别到项目安排、资金使用、帮扶措施、帮扶责任人和脱贫考核全过程精准扶贫。中央和政府及其部门密集出台了一系列新的政策和措施。这些政策和措施初步构成了精准扶贫、精准脱贫的政策和干预体系。在某种意义上说，精准扶贫是扶贫领域甚至是贫困地区农村发展过程中的一次革命。它不仅改变和创新了扶贫方式，而且在治理结构、资源的整合、配置和使用、监督和考核等多个方面带来了革命性的变化。

精准扶贫政策的实施，在经济增长对减贫作用弱化的条件下，依然使贫困人口每年减少超过了 1000 万人。

---

① 2011 年以后扶贫工作重点县有所调整，但调整幅度不大，总体上具有可比性。另外，2013 年开始国家统计局公布的全国城乡居民收支调查和统计指标和口径发生了变化，农民可支配收入取代了农民纯收入。不过虽然两个指标的绝对量存在一定的差异，但计算的比值结果仍具有可比性。

② 有关贫困地区基础设施和公共服务的具体变化，将在后文详细介绍。

第三章　中国的发展减贫

贫困和摆脱贫困，是中国改革和发展路径选择的起点和动力来源。改革开放初期，中国整体上是一个贫困的国家。当时全国农村人口中，按 2010 年不变价格人均纯收入 2300 元的标准，贫困人口占 97.5%。在当时的条件下，除了实现国家经济发展，任何其他的扶贫方式，都无法解决规模如此巨大的人群的贫困问题。从这个意义上说，在改革开放初期，中国实行发展减贫战略是历史的选择。中国共产党和政府从"贫穷不是社会主义"理念出发，坚持"发展是硬道理"，把摆脱贫困作为中国社会主义改革和发展的题中应有之义，坚持主要通过发展解决中国的贫困问题，将通过改革和发展摆脱贫困、实现国家现代化和中华民族的崛起，作为治国理政的第一要务。改革和发展的路径选择，使整个国家的改革和发展历程天然地带有扶贫的性质；而中国改革和发展能够持续地对减贫产生积极作用，则与中国共产党的执政理念和理想追求有关，与中国在改革前建立起来的土地集体所有的制度有关，与中国特定的政治、经济制度和行政管理体制有关，与中国共产党和政府对扶贫的管控能力有关。

中国一直以发展的名义、发展的方式，解决贫困问题，将扶贫寓于发展之中，在发展中解决贫困问题。这是中国扶贫开发的一个主要做法，也是理解中国扶贫道路的基本方法论。

中国通过发展减贫的经验，体现在通过包容性的经济发展、社会事业发展和结合生态环境改善减贫三个方面。

一 经济发展支持和促进贫困的减缓

中国通过建立社会主义市场经济制度，选择适合基于中国比较优势的经济发展方式，适时调控宏观经济，实现了国民经济的持续、高速增长，保证经济增长在较长时期内惠及贫困和低收入人群。

世界上贫困发生率高的发展中国家，多数也都采取通过经济发展促进减贫的战略，但是从实施时间长度、增长速度、增长平稳性和减贫强度来看，大都不及中国。究其原因，一方面与中国双重转型、人口和国土大国的条件有关；另一方面也与中国政府的执政理念、执政能力、执政效率有关。

（一）中国经济发展与减缓贫困

中国的经济发展过程与贫困人口的减少过程基本上同步。经济发展构成贫困人口减少的重要来源。从 1978 年至 2017 年中国人均国内生产总值年均增长8.4%，年均减少现行标准下的农村贫困人口 1910 万人。从 1978 年以来不同时期中国经济增长速度与贫困人口减少的规模来看，二者之间存在较强的相关关系（相关系数为 0.67）。在经济增长速度低于 7% 的时期，年均减少贫困人口都明显少于其他时期（见表 3-1），这在一定意义上表明：在没有其他干预的情况下，人均国内生产总值低于一定的增长速度，会影响贫困人口减少的速率。从二者变化轨迹来看，显然经济增长是影响贫困人口减少的一个重要因素。经济增长方式、增长收益的分配、国民收入分配格局等，都会对贫困人口减少产生影响。

与世界上其他发展中国家相比，中国在从 1978 年以来的近 40 年时间内保持了更高更可持续的增长速度。据可比资料统计，从 1990 年至 2012 年，中国国民收入保持了年均近 13% 的增长速度，同期中国以外的其他发展中国家国民收入年均增速为 6.35%，中国比其他发展中国家平均高出 1 倍多（见表 3-2）。

表 3-1 中国经济增长与减缓贫困

指标	1978~1980年	1980~1985年	1985~1990年	1990~1995年	1995~2000年	2000~2005年	2005~2010年	2010~2015年	2015~2017年	1978~2017年
贫困人口年均减少（万人）	249	2088	50	2077	1848	3512	2419	2198	1265	1910
人均国内生产总值年均增长率（%）	6.3	9.2	6.3	11.0	7.6	9.1	10.7	7.3	6.2	8.4
第一产业增加值年均增长率（%）	2.3	8.2	4.2	4.1	3.4	3.8	4.3	4.1	3.6	4.4
非农就业人数年均增长率（%）	5.8	7.2	6.6	4.7	2.1	2.7	3.2	2.9	2.1	4.2

资料来源：作者根据国家统计局相关数据计算，其中：贫困人口数据来自国家统计局住户办公室：《2015中国农村贫困监测报告》，中国统计出版社，2015；其他数据来自 http://data.stats.gov.cn/easyquery.htm?cn=C01。

在此期间，中国每增加1万美元（2011年购买力平价）平均可减少4.8个贫困人口，而其他发展中国家平均只能减少1.5人，中国单位国民收入增长减贫人数相当于其他发展中国家的3倍多。中国凭借在长时间内以比其他发展中国家更高的经济增长速度和高得多的减贫效率，实现了贫困人口的大幅度减少。

表 3-2 中国和其他发展中国家的增长和减贫

	世界	中国	发展中国家	中国以外的发展中国家
国民收入增长率（%）				
1990~1999年	5.21	12.73	5.67	4.48
1999~2012年	6.37	12.50	8.83	7.66
1990~2012年	5.89	12.59	7.53	6.35
每增加1万美元国民收入减少贫困人口（人）				
1990~1999年	1.5	11.5	3.2	-0.9
1999~2012年	0.8	3.6	2.5	2.0
1990~2012年	0.9	4.8	1.0	1.5

注：作者利用 World Bank Open Data 的人均国民收入（2011年购买力平价）、人口和贫困人口数（2011年购买力平价1人1天1.9美元标准）计算。其中贫困人口数据源自 PovcalNet: The On-line Tool for Poverty Measurement Developed by the Development Research Group of the World Bank，http://iresearch.worldbank.org/PovcalNet/index.htm?1；发展中国家指世界上高收入国家以外的所有国家。

中国在经济发展过程中，较长时期存在经济增长、收入不平等扩大和贫困减缓并存的局面。虽然伴随着发展而来的收入不平等扩大备受诟病，但不可否认发展在中国减贫中的重要作用。从1980年至2012年的32年间，中国农民人均纯收入年均增长6.58%，底层20%低收入组农户人均纯收入也实现了年均4.49%的增长，底层80%收入组农户（这个收入组在1980年按现行标准全部属于贫困人口）年均增长6.31%[①]（见表3-3）。另据国家统计局住户调查数据，从1980年到2011年中国农村居民收入分配的基尼系数，从0.241提高到0.39，扩大了62%。这一组数据说明中国在30多年时间内保持了全国农民收入平均以较快速度增长，虽然农民收入分配差距在扩大，但底层不同收入组农户的收入都有了相当程度的提升，这样的发展一方面导致了中国农村贫困人口的大幅度减少，另一方面也使得收入差距扩大没有引起农村社会的激烈动荡。当然，如果收入差距扩大的势头不能得到遏制，当平均收入增长速度降低到一定程度，底层低收入人群的收入有可能出现绝对水平降低，最后会影响到减贫的进程。

表3-3 中国不同收入组农户1980~2012年人均收入和消费增长

单位：%

农民收入和消费	底层10%低收入组农户	底层20%低收入组农户	底层40%收入组农户	底层60%收入组农户	底层80%收入组农户	全国农民平均
1980~2009年农民人均纯收入年均增长	3.17	3.97	4.90	5.59	6.27	6.20
1985~2009年农民人均纯收入年均增长	2.21	3.05	4.09	4.80	5.60	5.39
1980~2012年农民人均纯收入年均增长	—	4.49	5.44	5.94	6.31	6.58
1980~2009年农民人均消费支出年均增长	5.77	5.44	5.49	5.66	5.94	5.82

---

① 由于所用数据不是面板数据，按照这种方法计算的底层收入组农户收入增长，事实上会低估原来低收入农户的实际收入增长。

续表

农民收入和消费	底层 10% 低收入组 农户	底层 20% 低收入组 农户	底层 40% 收入组 农户	底层 60% 收入组 农户	底层 80% 收入组 农户	全国农民平均
1985~2009 年农民人均消费支出年均增长	4.87	4.57	4.66	4.84	5.21	5.01
1980~2012 年农民人均消费支出年均增长	—	6.10	6.09	6.11	6.16	6.17

注：在利用 20 等份分组数据计算分组农户收入和消费时，如果出现农户比例加总与组间距不一致的情况时，假定交叉组内农民收入、消费水平相同，会在一定程度上高估低收入组农户的收入和消费水平；由于国家统计局提供的农户分组资料是以农民人均纯收入为基础的，计算的不同组农民人均消费支出实际上是相关收入组农民的消费支出，不应理解为按人均消费支出分组的结果；与各收入组采用农民生活消费价格指数调整现价收入和消费支出不同，全国农民人均纯收入直接使用了国家统计局的人均纯收入指数计算增长速度。

资料来源：作者根据国家统计局农民收入调查 20 等份分组数据（国家统计局住户调查办公室：《2010 中国农村住户调查年鉴》，中国统计出版社）和全国农村生活消费价格指数（http://data.stats.gov.cn/easyquery.htm?cn=C01）计算，其中 2002~2012 年的 5 等份数据来自国家统计局网站，http://data.stats.gov.cn/easyquery.htm?cn=C01。

（二）协调区域发展，促进减贫

中国政府将协调区域发展，作为增强国家经济持续发展动力和减缓区域性贫困的重要战略。自 2000 年以来，通过调整基础设施、环境建设、产业和社会发展投资的区域配置（见表 3-4），支持经济相对落后、贫困人口比较集中的西部地区的加速发展（见图 3-1），显著缩小了地区发展差距。2000~2016 年，人均国内生产总值最高与最低省的比值（以最低省为 1），从 10.8：1 缩小到 4.3：1；最高 6 省人均国内生产总值与最低 6 省的比值（以最低 6 省为 1），从 4.2：1 缩小到 3：1（见图 3-2）。一方面改善了经济发展的区域协调性，控制和缩小了省域尤其是西部地区和东部地区之间的发展差距（见图 3-3）；另一方面国家用于西部大开发的不少政策和措施，对减缓贫困也产生了直接的效果。如国家增加在西部的基础设施建设投资为包括贫困农民在内的西部农村劳动力直接和间接提供了大量的就业机会①，退耕还林等生态环境改善项目本身就具有明显的扶贫效果。据国家统计局对贫困县扶贫资金来源监测数据，2002~2014 年贫困县农民得到退耕还林还草工程补助约 700 亿元，相当于同期中央财政全部财政扶贫资金的 1/4，可能比中央财政同期财政扶贫资金中到户资金的总量还要大。

表 3-4　2003~2014 年东中西部地区固定资产投资（不含农户）占比变化

单位：百分点

指标	东部地区占比	中部地区占比	西部地区占比
固定资产投资	−11.40	6.95	4.45
交通运输、仓储和邮政基础设施投资	−3.39	−4.17	7.56
电力、燃气及水的生产和供应业固定资产投资	−9.39	−3.80	13.19
水利、环境和公共设施管理业固定资产投资	−16.95	11.14	5.81

　　注：东部地区包括京、津、冀、沪、辽、苏、浙、闽、鲁、粤、琼 11 省市；中部地区包括黑、吉、晋、豫、皖、赣、鄂、湘 8 省；西部地区包括蒙、陕、甘、青、宁、新、桂、渝、川、藏、云、贵 12 省区市。

　　资料来源：作者根据国家统计局网站提供数据计算。国家统计局，http://data.stats.gov.cn/easyquery.htm?cn=E0103。

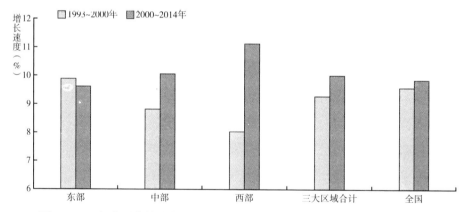

图 3-1　西部大开发战略实施前后三大区域地区生产总值年均增长速度差异

　　资料来源：作者根据国家统计局网站提供数据计算。国家统计局，http://data.stats.gov.cn/easyquery.htm?cn=E0103。

---

①　据国家统计局农民工监测调查，西部地区 2009 年在省内就业的比例为 37%，到 2017 年提高到 49%。

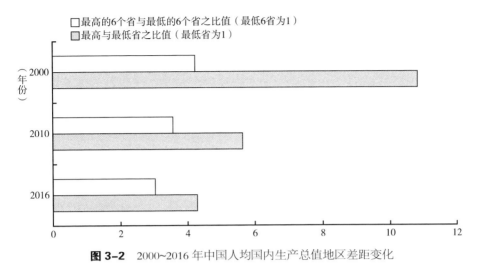

图 3-2 2000~2016 年中国人均国内生产总值地区差距变化

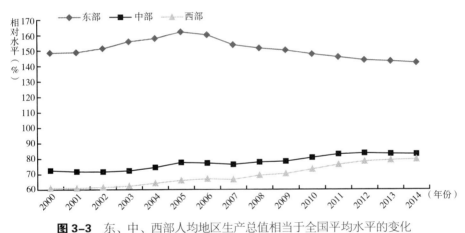

图 3-3 东、中、西部人均地区生产总值相当于全国平均水平的变化

资料来源：作者根据国家统计局网站提供数据计算。国家统计局，http://data.stats.gov.cn/easyquery.htm?cn=E0103。

2011 年开始实行的连片特殊困难地区（以下简称片区）的扶贫开发战略，实际上也属于通过协调区域发展来加强经济发展和贫困减缓的一种特殊举措。

（三）选择合适的经济体制改革模式，保障了贫困的持续减缓

中国在从计划经济向市场经济体制转型中，选择了不同于东欧国家和苏联的休克疗法的渐进式改革方式以及从农村改革开始然后转向城市的改

革路径，避免了体制改革导致的经济发展和贫困状况出现大的震荡，而且保持了贫困的平稳和持续减缓。在苏联和东欧实行"休克疗法"的转型期国家中，多数国家都曾不同程度出现过贫困发生率上升的情况[①]，其中的部分国家在遭受 1998 年的经济危机后甚至陷入了持续的贫困。与之相比，中国在体制转型过程中没有出现贫困状况大幅度的震荡，不仅农村贫困人口持续减少，城镇人口的贫困发生率也一直呈下降的走势。[②] 究其原因，中国选择了渐进式改革方式和农村包围城市的改革路径是关键所在。在经济体制改革中实现增量改革，使中国在体制转型期，一直保持着就业和居民收入的持续增长，这样不仅可以积蓄改革能量，也可以实现贫困的持续减缓，从而为改革创造了有利的社会环境，形成了改革和减贫双向促进的良性循环。

（四）选择合适的改革和发展路径，最大化经济发展对减贫的作用

从 1978 年开始改革开放以来，中国政府根据改革的难易程度和对居民生活影响的差异，选择了首先放开劳动力市场，然后再开放资本和土地市场的要素改革路线图，最大限度利用了劳动力市场上的就业创造功能（见图 3-4），既促进了经济的增长，也通过持续增加就业机会对减少农村贫困人口发挥了十分重要的作用。1978~2015 年中国非农就业人数增加了 42588 万人、增长了 3.6 倍，同期全国就业总人数中非农业就业人数占比从 29% 上升到 70%。

[①] Dirk J. Bezemer, "Poverty in Transition Countries", *Journal of Economics and Business*, 2006 No. 1；从世界银行提供的各国贫困状况时间系列数据，也可清楚地看出这些变化，请参见 PovcalNet: The Online Tool for Poverty Measurement Developed by the Development Research Group of the World Bank，http://iresearch.worldbank.org/PovcalNet/index.htm?1。

[②] 中国没有制定城镇贫困标准，使用世界银行国际比较的贫困标准，中国城镇人口贫困发生率从 1981 年以来一直在下降，PovcalNet: The Online Tool for Poverty Measurement Developed by the Development Research Group of the World Bank，http://iresearch.worldbank.org/PovcalNet/index.htm?1。

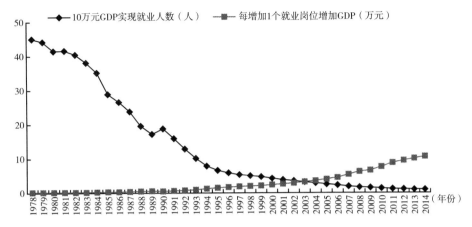

图 3-4　中国经济增长与就业

资料来源：根据国家统计局数据计算。国家统计局，http://data.stats.gov.cn/easyquery.htm?cn=C01。

　　全国非农就业人数的增加主要来自农业劳动力转移。1980~2015 年，农业转移劳动力（包括乡镇内非农就业人数和外出务工 6 个月以上劳动力），从 2714 万人增加到 27747 万人。[①] 农业转移劳动力占同期全国新增非农就业人数的 67%。[②] 令人高兴的是贫困人口相对集中的贫困地区在农村劳动力非农化过程中没有被抛弃。据国家统计局贫困监测数据，贫困地区农村劳动力中外出劳动力比重略低于全国平均水平，但仅从 1997~2010 年外出劳动力占比变化来看，贫困地区农民工数量的增速与全国平均水平基本持平（见图 3-5、图 3-6）。上述非农就业变化的图景，展示了中国二元经济转换中就业结构所发生的变化，这个历史性的变化同时也改变了包括贫困地区在内的全国农村劳动力的就业版图，释放出大规模农村贫困人口减少的基础能量。

[①]　1980 年农业转移劳动力数据来自国家统计局，http://data.stats.gov.cn/easyquery.thm?cn=Co1；2015 年数据来自国家统计局住户调查办公室：《2015 农民工监测报告》。

[②]　根据国家统计局数据，1980~2015 年全国非农就业人数增加 41184 万人。

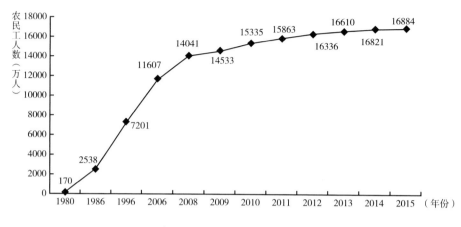

图 3-5 中国外出 6 个月以上农民工人数变化

资料来源：国家统计局：《2016 年农民工监测调查报告》。

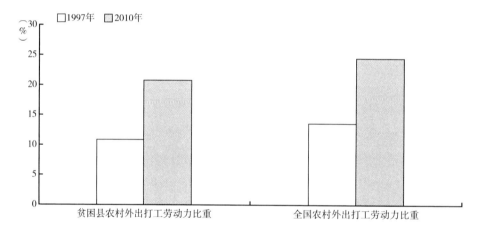

图 3-6 贫困县农村和全国农村外出打工劳动力比重变化

资料来源：《2009 中国农村贫困监测报告》《2010 中国农村贫困监测报告》。

在全国就业结构非农化过程中，中国职工平均工资率基本上按照劳动力市场供求关系的变化实现了适度增长。据国家统计局数据计算，2001~2015年城镇职工平均工资年均真实增长 11%，同期农民工工资年均真实增长

8.7%。① 从某种意义上说，中国政府在较长时期内选择让市场决定工资率而没有出于政治考量人为地拉大工资率增长，事实上对非农就业人数增加起到了积极作用。②

除了私人部门就业增长以外，中国政府通过在较长时期内保持政府对基础设施建设投资的较高增长速度。2002~2016 年中国在交通、通信、能源、环境基础设施的投资以年均 20% 的速度增长。基础设施建设投资的持续高速增长，一方面较好地发挥了基建投资在稳定和加快国民经济增长的积极作用，另一方面也为包括贫困地区和贫困人口在内的地区和人群改善了生产生活条件、提高了社会生产率、增加了大量就业机会。其中建筑业就业对减贫起了重要的作用。中国农民工在建筑业的就业一直占其就业总数的 20% 左右，大大高于建筑业就业人数在全国就业总人数中的占比③，而贫困地区农民工在建筑业就业比重还高于全国农民工。

非农就业人数增长和工资率的提高，提高了中国农村居民的收入，形成了农村贫困人口减少最重要的源泉。1985~2012 年全国农民人均纯收入年均真实增长 5.6%，同期农民工资性收入年均真实增长 15%，比同期农民人均纯收入年均增速高出 9.4 个百分点；工资性收入占农民纯收入的比重，从 1985 年的 18% 提高到 2012 年的 43%。国家统计局的调查数据显示，从 2002 年到 2012 年，底层 20% 低收入农户来自工资性纯收入占其纯收入的比重，从 26% 提高到 43%（见图 3-7），与全国平均水平持平。这说明低收入农户也同步从国家的工业化和城镇化进程中实现的就业增长中受益。

---

① 全国城镇职工平均工资数据来自国家统计局网站；农民工工资数据来自国家统计局相关年份农民工监测报告。

② 有关中国是否需要更早实行最低工资制度在国内外学术界存在不少争议，但是从减缓贫困的角度来看，政府选择在较长时期内由市场决定工资的做法，客观上起到了推动贫困劳动力就业和减少贫困的积极作用。

③ 据国家统计局农民工监测报告，农民工在建筑业的就业人数 2008~2012 年占 17% 左右；2013~2015 年都在 21% 以上。从 2008 年至 2015 年全国城镇就业人数中建筑业人数占比平均为 12% 左右。

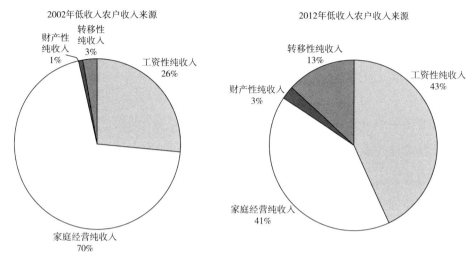

图 3-7 2002 年和 2012 年底层 20% 收入组农户收入来源

资料来源：国家统计局，http://data.stats.gov.cn/easyquery.htm?cn=C01。

（五）依托土地制度支撑农村减贫

中国在 20 世纪 50 年代初通过土地改革建立的农村土地制度，在改革开放以后的减贫中发挥了特殊的作用。首先，基本上所有农户都有地的状况，使绝大多数农村人口都能从农村经营制度改革中受益，使一半左右的农村人口在 1978~1985 年解决了温饱，部分农民摆脱了贫困；其次，土地作为绝大多数农户可用的人口流动的缓冲器和减压阀，在中国农村人口向城镇流动过程中，帮助受影响农村人口承受短期就业不稳定、流动中人户分离等问题对家庭基本生活消费的过大冲击，也帮助减少和避免了农村贫困人口向大城市的集中，无论是对国家城镇化的平稳推进还是对减小城镇化进程中受影响农户的生活消费水平的波动，都起着重要的作用；最后，作为财产的土地，还能通过转租、入股、抵押、转让等形式，增加农村贫困人口的收入。

（六）通过支农惠农政策减缓贫困

从 2002 年开始，中国政府陆续出台了一系列增加农民收入、减少农民支出的支农惠农政策，直接增加农民的收入，对减少农村贫困产生了重要的作用。据统计，2004~2014 年"四项补贴"（良种补贴、种粮补贴、农机购置补贴和农资综合补贴），从 146 亿元增加到 1683 亿元。[①] 研究表明这些以"多予少取"为取向的支农惠农政策，具有较好的益贫效果，对农村减贫发挥了积极作用[②]，贡献了按当时贫困标准估计的重点县贫困人口减少的 15.8%。

二　社会事业发展减贫

教育、医疗和社会安全等社会事业的发展，本身就是减缓贫困的重要内容，同时又通过提升人力资本和社会资本对减少收入贫困发挥积极作用。自新中国成立以来，政府对农村的教育、医疗、社会保障等社会事业一直都比较关注，并形成了有中国特色的农村社会事业发展方式。

1949 年新中国成立以后到改革开放前，中国的经济发展处于相对落后的状况，但是依托当时人民公社化所建立的"三级所有，队为基础"的体制和国家当时的社会发展政策，农村的基础教育、基本医疗保障和养老等社会事业的发展取得了不错的成绩。1980 年中国人口的平均受教育水平、期望寿命和婴儿死亡率等指标在国际上的排名都远远高于当时中国人均收入的排名。[③] 改革开放以后中国农村经济能够实现快速发展，除了农村经济体制改革所产

---

① 2014 年数据来自财政部：http://yss.mof.gov.cn/2014czys/201507/t20150709_1269855.html。2002 年数据来自《中国财政年鉴 2003》。

② 吴国宝、关冰、谭清香：《"多予少取"政策对贫困地区农民增收和减贫的直接影响》，国家统计局农村社会经济调查司：《2010 中国农村贫困监测报告》，中国统计出版社，2011。

③ 根据联合国国别可比数据排名，1980 年中国人均排第 156 位，而人口期望寿命排第 83 位、人均受教育年限排第 85 位，http://hdr.undp.org/en/data。

生的重要作用以外，不得不承认改革前中国农村教育、医疗改善也起了一定的作用。

（一）实现普遍教育和定向教育支持政策，提高贫困地区人口素质

中国通过实行全国普及义务教育和定向支持困难地区、困难人群教育结合的方式，来发展包容性的教育，提高包括贫困地区和贫困人群在内的全体人民的教育水平，阻断贫困通过教育机会剥夺进行的代际传递。

1. 普及义务教育

在 1995 年之前，中国政府主要实行普惠性的教育发展政策。1986 年中国颁布了《中华人民共和国义务教育法》，随后 10 年中国义务教育获得了长足的发展，全国小学升学率超过 92%。2000 年，中国如期实现了"基本普及九年义务教育、基本扫除青壮年文盲"的目标。到 2005 年底，中国初中阶段毛入学率达到 95%，全国小学学龄儿童入学率达到 99.2%（见图 3-8）。中国仅用了 10 年多时间就实现了许多国家从基本普及小学教育到普及初中教育要用 30 年甚至更长时间才能完成的这一跨越。

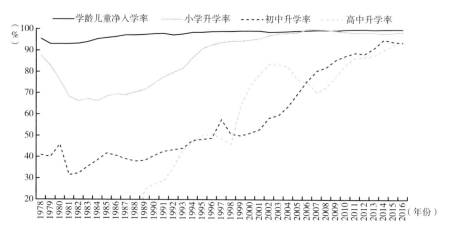

图 3-8 1978~2014 年中国基础教育发展

资料来源：国家统计局，http://data.stats.gov.cn/easyquery.htm?cn=C01。

2006 年修订的《中华人民共和国义务教育法》，进一步明确了义务教育公平公正均衡发展的思想，强化了义务教育的公共保障机制，从法律层面保障了所有居民公平接受义务教育的权利和机会。

2. 支持贫困地区教育发展

为了帮助贫困地区同步完成义务教育发展目标，中国政府从 1995 年开始在中西部贫困地区实施了为期 10 年的两期"贫困地区义务教育工程"，显著改善了贫困地区义务教育办学条件，提高了贫困地区教师的教学水平，优化了贫困地区中小学布局。2013 年中国政府又推动实施了教育扶贫工程，2016 年教育部、国家发展改革委和财政部三部门出台全面改善贫困地区义务教育薄弱学校基本办学条件的计划，同年《教育脱贫攻坚"十三五"规划》发布。这些力度更大更具针对性的教育扶贫政策和措施的实施，进一步改善了贫困地区的教学条件和教育可及性。据国家统计局监测数据，到 2017 年贫困地区 84.7% 的农户所在自然村幼儿可以便利上幼儿园，88.0% 的农户所在自然村的儿童可便利上小学。

3. 对贫困人群和其他弱势群体进行教育扶贫

在改善贫困地区教学条件和教育可及性的同时，中国政府还采取了一系列的举措，减轻贫困人群和其他弱势人群子女的教育负担，减少和尽量避免因上学而致贫。相关的措施包括：率先在贫困农村地区实行义务教育"两免一补"（免学杂费、免教科书费、寄宿生生活补助），贫困农村地区义务教育阶段学生营养改善计划，对建档立卡贫困户子女实行中等职业教育实施免学费和国家助学金政策，普通高中免除建档立卡等家庭经济困难学生学杂费并实施国家助学金政策等，减轻了贫困户子女上学的经济负担。

通过上述三个层次的制度和政策支持，贫困地区和贫困人口的教育情况得到明显改善。根据国家统计局贫困监测数据，重点县 7~15 岁儿童入学率从 1997 年的 92.6% 提高到 2010 年的 97.7%。到 2010 年中国重点县 7~15 岁儿童平均入学率已接近全国农村平均水平，而且男童与女童之间入学率没有显著差异（见表 3-5）。

表3-5　2002~2010 年全国农村和贫困地区学龄儿童入学率

单位：%

年份	全国农村平均			重点县平均		
	7~15 岁	7~15 岁		7~15 岁	7~15 岁	
		男童	女童		男童	女童
2002	94.4	95.2	93.5	91.0	92.5	89.2
2003	95.8	96.2	95.3	92.2	93.3	91.0
2004	97.3	97.5	97.1	93.5	94.1	92.8
2005	97.2	97.3	97.1	94.6	95.1	94.1
2006	98.3	98.3	98.4	95.3	95.4	95.1
2007	97.4	97.8	96.9	96.4	96.4	96.3
2008	97.6	97.5	97.7	97.0	97.3	96.7
2009	97.9	97.8	97.9	97.4	97.6	97.2
2010	98.0	97.9	98.1	97.7	97.8	97.6

资料来源：国家统计局农村社会经济调查司：《2011 中国农村贫困监测报告》，中国统计出版社，2011。

　　贫困地区教育的发展，改善了其劳动力的文化素质。贫困地区劳动力文盲、半文盲人数占比，从 1997 年的 20% 降低到 2016 年的 5.2%，同期初中及以上劳动力比例提高了 27 个百分点（见图 3-9）。无疑贫困地区劳动力文化素质的提高，对于增强它们通过外出就业分享国家改革和发展的成果，具有重要的作用。这也从另一个角度，支持了前一部分分析的非农就业减贫的作用机理。

（二）发展农村医疗卫生和公共卫生，提高贫困人口的健康水平

　　发展农村医疗卫生事业、提高包括贫困人口在内的农村人口的健康水平，是中国开展社会事业减贫的重要方面。在改革开放以后比较长的时期内，中国农村基层医疗服务，主要依靠此前建立的乡村医疗体系支撑。2002 年《中共中央　国务院关于进一步加强农村卫生工作的决定》发布以后，中国政府

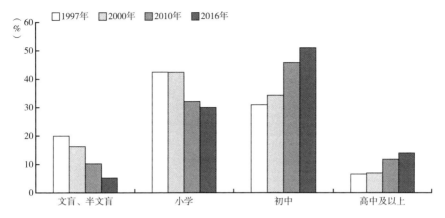

图 3–9　1997~2016 年中国贫困地区劳动力文化程度变化

资料来源：国家统计局农村社会经济调查司：《2010 中国农村贫困监测报告》，中国统计出版社，2011；国家统计局住户调查办公室：《2017 中国农村贫困监测报告》，中国统计出版社，2017。

加大了对农村医疗卫生的投资和政策支持。从 2002 年到 2014 年农村人均卫生费用增长了 4.44 倍，比城镇多增长了 71%，使城乡人均卫生费用之比（农村为 1）从 3.8：1 降到 2.5：1。农村医疗服务的可及性和服务能力有所加强。到 2015 年全国农村 93.3% 的行政村设立了卫生室，万人卫生技术员数提高到 39 人，比 1985 年时有了比较明显的提高（见图 3–10）。

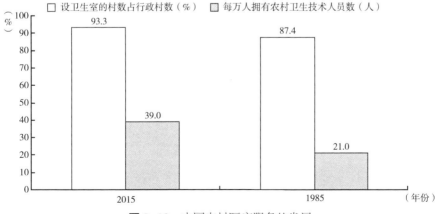

图 3–10　中国农村医疗服务的发展

资料来源：国家统计局，http://data.stats.gov.cn/easyquery.htm?cn=C01。

从 2003 年开始，新型农村合作医疗制度逐渐在中国农村建立起来。到 2012 年已实现了新型农村合作医疗全覆盖，2014 年人均合作医疗报销补偿受益 2.24 次（见图 3-11），在降低农民医疗支出的同时，进一步改善了农民的医疗服务。

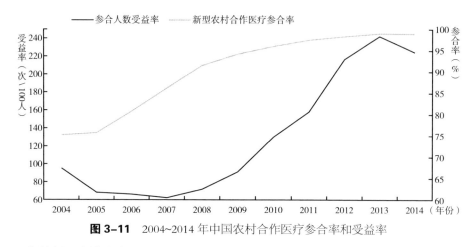

图 3-11 2004~2014 年中国农村合作医疗参合率和受益率

资料来源：国家统计局，http://data.stats.gov.cn/easyquery.htm?cn=C01。

在发展普惠性农村医疗的同时，政府对贫困地区和贫困人口的医疗服务和医疗救助也实行了一些定向干预。除了通过开发式扶贫项目在贫困村改善村卫生室条件以外，还通过一些特殊的政策和规划[①]，加大了对贫困地区医疗卫生发展的支持力度。尤其是 2015 年以来实行的健康扶贫系列行动计划，通过大幅度提高建档立卡扶贫对象医疗费报销比例和实行"三个一批"行动计划（大病集中救治一批、慢病签约服务管理一批、重病兜底保障一批），极大地提高了贫困患者的治疗康复水平，减轻了其家庭的医疗负担，在较大程度上减小和抑制了因病致贫和因病返贫。

在公共卫生方面，中国政府通过加强传染病、地方病防治以及实施农村改水、改厕计划，提高了包括贫困地区在内的全国农村的公共卫生水平。

据国家统计局贫困监测数据，到 2017 年，全国贫困地区农村拥有合法行

---

① 如 2012 年卫生部发布了《"十二五"期间卫生扶贫工作指导意见》。

医证医生或卫生员的行政村比重为 92.0%，92.2% 的户所在自然村有卫生站，拥有畜禽集中饲养区的行政村比重为 28.4%，61.4% 的户所在自然村垃圾能集中处理，比 2013 年提高 31.5 个百分点。[①]

（三）发展农村社会保障事业，完善农村扶贫体系

除了前面提到的新型农村合作医疗制度，中国政府从 2007 年开始，先后建立了农村最低生活保障制度、新型农村养老保险制度、社会救助制度等，并完善了农村"五保户"制度，初步形成了农村社会保障网络。这些农村社会保障制度虽然多为普惠性制度，但是由于它们瞄准的多为贫困人口集中的低收入农户、老年人口和患病人群，客观上起着一定的扶贫作用，成为中国农村扶贫体系的重要组成部分。

三　结合生态环境改善扶贫

中国的贫困地区多数地处生态脆弱区。从这个意义上说，中国的生态扶贫，不仅是一种生态建设和保护直接扶贫的方式，而且要将土地可持续管理、适应气候变化和环境友好发展的理念，贯穿到扶贫开发过程中，协调贫困地区的经济社会发展与生态环境改善，实现绿色减贫。

中国的生态脆弱区与贫困地区存在高度的重合。据环保部 2008 年 9 月发布的《全国生态脆弱区保护规划纲要》，当时全国 80% 以上国家扶贫重点县和 95% 的绝对贫困人口分布在生态环境脆弱地区。后来的研究也发现 14 个连片特困区平均生态脆弱性指数与贫困指数之间存在很强的相关性，相关系数（R^2）达到 0.817，且通过显著性检验。[②]

[①]　国家统计局住户调查办公室：《扶贫开发成就举世瞩目　脱贫攻坚取得决定性进展》，http://www.stats.gov.cn/ztjc/ztfx/ggkf40n/201809/t20180903_1620407.html。

[②]　曹诗颂、王艳慧、段福洲、赵文吉、王志恒、房娜：《中国贫困地区生态环境脆弱性与经济贫困的耦合关系》，《应用生态学报》2016 年第 8 期，第 2614~2622 页。

自 1986 年，中国政府开展了大规模的扶贫开发，同时在部分地区开展了治理水土流失等生态建设活动。但是在相当长时期内，生态建设和扶贫是相互分离的。1999 年以后，尤其是退耕还林还草工程大规模推开以后，中国政府开始有意识地将生态建设保护与扶贫开发结合起来，实现生态与扶贫的协调推进。

中国在实践中探索和形成了环境友好型产业发展、贫困人口参与生态保护建设和维护、生态补偿和生态移民等主要生态扶贫形式。

（一）环境友好型产业发展扶贫

在贫困地区发展环境友好型产业，增加贫困人口的收入，是生态扶贫的一种重要形式。自 1986 年中国开展大规模有计划扶贫以来，开展依托当地资源环境友好的产业扶贫，一直被作为重要的扶贫增收形式。在中国 30 多年的扶贫开发中，各地都探索和开展了切合当地生态环境条件的具有较高经济回报的产业和产品，包括林果种植、养殖、特种种养业、生态旅游等，成为贫困农户脱贫致富的重要收入来源。

（二）生态修复扶贫

中国贫困地区多属于水土流失严重的生态脆弱地区或严格禁止开发的生态功能区。生态修复和建设是国家整体经济社会发展和国家安全赋予这些地区的重要责任。自 20 世纪 90 年代末期以来，中国政府实施了三北等防护林体系建设、天然林资源保护、退耕还林还草、京津风沙源治理、岩溶地区石漠化治理、青海三江源保护、水土保持等重点生态工程，以控制水土流失、遏制贫困地区土壤沙化退化趋势、缓解土地荒漠化和石漠化。据国家林业局统计，1998~2014 年天然林资源保护工程、退耕还林还草工程、京津风沙源治理工程和"三北"及长江流域等重点防护林工程，累计投资超过 5000 亿元，累计造林 850 万公顷。在生态修复建设过程中，各地的贫困地区探索和总结出了生态环境改善与扶贫协同推进的扶贫方式。这些主要包括：在生态治理中建设基本农田；组织动员贫困人口参与生态保护建设工程；结合国家重大生态工程建设，因地制宜发展舍饲圈养和设施农业，大力发展具有经济效益的生态林业产业。

中国在扶贫开发中，一直将结合生态修复建设基本农田当作重要的扶贫措施。据统计，截至2013年，全国累计综合治理小流域7万多条，实施封育80多万平方公里。全国水土流失面积由2000年的356万平方公里下降到2011年的294.91万平方公里，减少了17%。通过综合治理，大量坡耕地被改造为梯田，并配套农田道路和水利设施，有效地提高了土地生产力。到2013年全国共修筑梯田1800余万公顷，累计增产粮食3000多亿千克。[①]

通过民工建勤的方式开展生态治理是自1950年以来一直采取的方式。1984年以后的很长时期内，主要利用以工代赈项目的方式支持农村贫困地区的生态修复。在生态修复过程中，贫困地区的农民参与生态保护建设工程，获取劳务报酬，在一定程度上增加了其收入。随着1999年以后退耕还林还草等重点生态工程在全国的实施，贫困地区有更多的劳动力通过参加生态保护建设工程，获得了更多的劳务收入。《"十三五"脱贫攻坚规划》要求退耕还林还草等生态工程计划分配向贫困地区倾斜，并且较大幅度提高劳务报酬比例，将进一步增加扶贫对象参与生态保护建设工程的收益。

结合生态修复，发展具有较高经济效益的生态产业，是生态修复扶贫的重要方式。据统计，过去60年全国水土保持措施，累计实现林产品及饲草等效益约5600亿元。在水土流失治理过程中，各地把治理水土流失与当地特色产业发展紧密结合起来。近十年，水土流失治理区已建成上百个水土保持生态建设大示范区，培育了一大批水土保持产业基地，江西赣南的脐橙、晋陕峡谷的红枣和甘肃定西的土豆等，都已成为当地群众脱贫致富的重要支撑，群众在治理水土流失、保护生态与环境的同时，取得了明显的经济效益，从而进一步激发其治理水土流失的积极性。近十年来全国水土保持治理区人均

---

① 《全国水土保持规划（2015—2030年）》，http://www.gov.cn/zhengce/content/2015-10/17/content_10232.htm。

纯收入普遍比未治理区高出 30%~50%，有 1.5 亿群众直接受益，2000 多万山丘区群众的生计问题得到解决。

（三）生态保护扶贫

生态保护区内的农民，为了保护生态环境被迫放弃许多正常的生产和创收活动，其对自然资源和劳动力资源的利用受到很多的限制，成为生态保护区内不少农民的主要致贫原因。通过生态补偿、提供公益岗位等方式，在一定程度上补偿保护区内农民所遭受的损失，增加就业收入，近期已成为相关贫困农户脱贫的重要方式。

2005 年 10 月，中共十六届五中全会公报首次要求政府"按照谁开发谁保护、谁受益谁补偿的原则，加快建立生态补偿机制"。2006 年，生态补偿作为重要内容纳入国家"十一五"规划。2016 年国务院办公厅发布《关于健全生态保护补偿机制的意见》，逐步建立了生态保护补偿机制。

中国根据不同生态保护类型，确定了不同的生态补偿政策。森林生态补偿，主要是完善以政府购买服务为主的公益林管护机制。据统计，2001~2015年中央累计安排森林生态效益补偿资金 986 亿元。全国有 27 个省（自治区、直辖市）建立了省级财政森林生态效益补偿基金，用于支持国家级公益林和地方公益林保护，资金规模达 51 亿元。

草原生态补偿，主要是提高退牧还草工程补助标准和逐步加大对人工饲草地和牲畜棚圈建设的支持力度，提高禁牧补助和草畜平衡奖励标准。2011~2015 年中央安排草原奖补资金 773 亿元。地方政府筹集和安排了数量不等的奖补配套资金。2010 年，青海省在三江源试验区率先开展草原生态管护公益岗位试点，从业人员 3 万多人，每人每年补助 1.2 万元。

湿地生态补偿，率先在国家级湿地自然保护区、国际重要湿地、国家重要湿地开展试点。2014~2015 年中央财政累计安排湿地生态效益补偿试点资金10 亿元。

探索生态保护脱贫，2016 年以来安排 28 万建档立卡贫困人口走上护林员岗位。但是对生态补偿政策减贫效果的实证研究还比较少。杜洪燕和武晋基于农户异质性视角，采用均值回归和分位数回归方法，发现现金型生态补偿项目能够显著提高中等收入农户的家庭收入，岗位型生态补偿项目能够显著提高极端贫困户的家庭收入。[1] 孔令英等研究发现生态补偿项目的实施能够显著增加贫困牧民收入或就业机会、改善贫困地区的发展环境以及促进贫困地区替代产业和新生产业的发展。[2]

（四）生态移民

生态移民是应对贫困地区脆弱生态环境人口承受能力低、建设和维护成本高的情况而采取的一种特殊生态扶贫形式。从 2001 年开始，国家发展改革委安排专项资金，在全国范围内陆续组织开展了以生态移民为主的易地扶贫搬迁工程。

---

[1]　杜洪燕、武晋:《生态补偿项目对缓解贫困的影响分析——基于农户异质性的视角》,《北京社会科学》2016 年第 1 期，第 121~127 页。

[2]　孔令英、段少敏、张洪星:《新疆生态补偿缓解贫困效应研究》,《林业经济》2014 年第 3 期，第 108~111 页。

第四章　中国的开发式扶贫

开发式扶贫是中国扶贫开发的基本方针。自 1986 年以来，中国根据开发式扶贫思想和目标的要求，建立和完善了一整套开发式扶贫的组织、管理制度和政策体系，有力地保障和支持了全国农村扶贫开发战略规划和计划的顺利执行。中国通过开发式扶贫解决大规模贫困问题的做法和经验，构成了中国特色扶贫理论和智慧的重要基础。

一　中国开发式扶贫的内涵与基本特征

（一）内涵

关于开发式扶贫内涵的第一次全面表述，出现在 1986 年 5 月 14 日国务院贫困地区经济开发领导小组第一次全体会议事后发布的会议纪要中，这就是"要认真总结经验教训，从改革入手，从发展着眼，彻底改变过去那种单纯救济的扶贫办法，改变不适宜贫困地区发展的生产方针，实行新的经济开发方式，充分调动贫困地区广大干部、群众的积极性，发扬自力更生精神，克服小农经济思想，在国家必要的扶持下，利用地上地下丰富的自然资源，进行开发性的生产建设，发展商品经济，启动贫困地区内部的经济活力，走依靠自己脱贫致富的道路"①。从中可以看出中国的开发式扶贫的基本内涵包括:第一,开发式扶贫是对过去单纯救济扶贫方式的扬弃,即后来被概括出的"从输血式扶贫向造血式扶贫转变";第二,开发式扶贫,是贫困地区干部、群众依靠自己的努力实现脱贫致富,而不是依赖国家的转移支付脱贫;第三,国家对扶贫提供必要的支持,主要用于帮助更好地利用贫困地区的资源,进行开发性生产建设;第四,国家支持调动贫困地区干部群众的积极性,发扬自力更生精神,启动贫困地区内部的经济活力,这包含了现在被称为激发贫困地区和人群内生动力的含义。

《国家八七扶贫攻坚计划》对"开发式扶贫"的基本含义做了进一步的完善,即"鼓励贫困地区广大干部、群众发扬自力更生、艰苦奋斗的精神,在国家的扶持下,以市场需求为导向,依靠科技进步,开发利用当地资源,发展商品生产,解决温饱进而脱贫致富"。此后,《中国农村扶贫开发纲要(2001—2010年)》对开发式扶贫的基本含义做了进一步扩展与完善,即"以经济建设为中心,引导贫困地区群众在国家必要的帮助和扶持下,以市场为导向,调整经济结构,开发当地资源,发展商品生产,改善生产条件,走出一条符合实际的、有自己特色的发展道路。通过发展生产力,提高贫困农户自我积累、自我发展能力"。由此可见,开发式扶贫的实质是针对那些依靠自身力量无法摆脱贫困的特别薄弱地区和有劳动能力但缺乏就业技能、就业门路的特别贫困群众,通过经济开发,使贫困地区和贫困人口在生产中实现脱贫致富。②随着科学发展观的提出和扶贫实践的不断推进,开发式扶贫在原有基础上被赋予新的时代内涵:①综合开发当地的自然资源、人文资源和人力资源;②对自然资源的开发已非传统意义上的最大限度开发,而是适度开发与合理利用,注重资源的保护和永续利用,并强调扶贫开发与生态建设、环境保护相结合;③贫困农户发展商品生产、增加收入的渠道不断拓宽,既涉

---

① 国务院办公厅:《国务院贫困地区经济开发领导小组第一次全体会议纪要》(国办发〔1986〕45号),1986年6月10日。
② 左停:《开发式扶贫与低保之衔接互嵌》,《中国经济报告》2016年第10期,第34~36页。

及种植业、养殖业和二、三产业，也囊括易地开发扶贫、搬迁扶贫、进城务工经商以及迁入小城镇定居就业等；④开发式扶贫的重要内容包含促进经济发展，推进贫困地区社会发展和基本公共服务均等化，以及以加强扶贫对象能力为目的开展的科技、教育、文化、卫生等社会事业。

（二）基本特征

开发式扶贫主要有六个特点：一是将贫困人口集中区域作为扶贫的基本操作单位和工作对象，1986 年全国约有 70% 的贫困人口分布在国定和省定贫困县；二是强调通过实现贫困地区的经济增长来缓解贫困；三是强调主要通过开发贫困地区的资源来实现区域经济增长；四是倡导和鼓励自力更生、艰苦奋斗的精神，重视提高贫困人口的素质，挖掘、增强他们的自身潜能和"造血"能力，改善基础设施和加强应用科学技术的作用；五是考虑到在缺乏基本生存条件的地区实行人口迁移和劳务输出的作用；六是与水土保持、环境保护、生态建设等紧密结合，实施可持续发展战略，增强贫困地区和贫困农户的发展后劲。[①]

相比传统救济式扶贫，开发式扶贫有以下转变：在扶贫方式上，改变单纯依靠生活救济的办法，致力于在贫困地区进行基础设施建设，改造生产条件，帮助贫困地区形成新的生产能力；在扶贫主体上，强调调动贫困地区干部群众发展经济的积极性，扬长避短，发挥优势，增强自我发展能力；在扶贫资源的管理体制上，改变单纯由财政渠道拨款救济，扶贫资金无偿使用的方式，转向以财政支付和银行贷款相结合，无偿与有偿相结合的扶贫资金投放方式；在扶贫资源的分配与使用上，改变平均分散使用资金的方式，并强调把通过各种渠道发放的扶贫资金捆起来，统筹安排，按项目效益分配，以集中人力、物力、财力，逐片改变连片贫困地区的面貌；在扶贫途径上，把扶贫作为一个系统工程，在引入市场机制的基础上，采取区域开发、信贷扶贫、以工代赈、科

---

① 龚冰：《论我国开发式扶贫的拓展与完善》，《经济与社会发展》2007 年第 11 期，第 45~47 页。

技扶贫、教育培训等综合性措施，消除贫困地区和贫困人口脱贫致富的资金、技术、物资、培训、基础设施以及配套服务等方面的制约因素。[①]

二　中国开发式扶贫的演变

（一）开发式扶贫探索阶段（1982~1985 年）

1982 年底，"三西"地区农业建设项目启动，提出了把救济同长远建设结合起来的思路，确定了就地开发、移民和恢复生态平衡结合的方针和"统筹兼顾、全面发展和综合治理"的原则。"三西"建设项目初步显露出中国政府开始探索开发式扶贫的明确意图，启动了我国开发式扶贫的探索旅程。

1984 年 9 月，中共中央、国务院下发了在我国扶贫开发史上具有里程碑意义的文件——《关于帮助贫困地区尽快改变面貌的通知》。该文件明确提出要纠正单纯救济观点，依靠当地人民自己的力量，按照本地的特点，发展商品生产，增强本地区经济的内部活力。这标志着我国开发式扶贫思想在政策上被确定下来了。

（二）大规模区域开发扶贫阶段（1986~2012 年）

中国从 1986 年实行大规模有计划有组织的扶贫开发。虽然从一开始就确定了解决农村人口贫困和促进贫困地区开发的双重目标，但是由于没有很好解决扶贫对象识别、到户扶贫的方式和有效组织、监管等方面的原因，在这个阶段中国的扶贫开发实际上主要采取区域开发扶贫的形式，即通过优惠的政策和特殊的措施支持选择的贫困地区的发展，并据此实行间接的扶贫。

从 1986 年至 2012 年，中国政府在连续 6 个国家五年发展计（规）划中列入了扶贫的内容，并制定和实施了《国家八七扶贫攻坚计划》《中国农村扶贫开发纲要（2001—2010 年）》《中国农村扶贫开发纲要（2011—2020 年）》等专

[①] 李莎：《从救济式到开发式：中国扶贫思想的转变》，《三峡大学学报》（人文社会科学版）2007 年第 7 期，第 106~107 页。

门的扶贫开发规划，确定了不同阶段的扶贫开发目标和重点。

1986 年中国政府确定了在"七五"期间解决大多数贫困地区人民的温饱问题的扶贫目标。1993 年中国政府制定了旨在利用 7 年时间解决剩余 8000 万农村贫困人口温饱问题的"八七"扶贫攻坚计划；2001 年的《中国农村扶贫开发纲要（2001—2010 年）》将中国农村扶贫开发的战略目标调整为："尽快解决极少数贫困人口温饱问题；进一步改善贫困地区的基本生产生活条件，巩固温饱成果"，创造达到小康水平的条件。2011 年出台的《中国农村扶贫开发纲要（2011—2020 年）》将扶贫开发的战略目标确定为：到 2020 年，稳定实现扶贫对象不愁吃、不愁穿，保障其义务教育、基本医疗和住房；贫困地区农民人均纯收入增长幅度高于全国平均水平，基本公共服务主要领域指标接近全国平均水平，扭转发展差距扩大趋势。

为了保证不同阶段扶贫开发目标和任务的实现，中国政府出台和完善了一系列的扶贫开发政策与措施，来支持和保障扶贫计划与规划的实施。

（三）精准开发扶贫阶段（2013 年至今）

在区域开发扶贫阶段，虽然也一再强调扶贫到村到户，但是由于缺乏到户扶贫的信息、组织、制度和可行方式，一直收效不佳。存在的诸多问题如，贫困人口底数不清，扶贫对象常由基层干部"推估"；扶贫资金"撒胡椒粉"，以致"年年扶贫年年贫"；贫困县拒绝"脱贫摘帽"，数字弄虚作假，浪费、挤占乃至侵吞国家扶贫资源；人情扶贫、关系扶贫和权力扶贫蔓延，造成应扶未扶、扶农不扶贫、扶富不扶穷等社会不公，甚至滋生腐败。为解决此前扶贫开发工作中存在的瞄准目标偏离和精英捕获问题（溢出效应），中央在 2013 年底推出了精准扶贫战略，并以之作为中国扶贫系统的新工作机制和工作目标。[①] 在此阶段，中国举全社会之力，以精准扶贫精准脱贫为基本方略，提出"发展生产脱贫一批、易地扶贫搬迁脱贫一批、生态补偿脱贫一批、发

---

① 左停等：《精准扶贫：技术影响、理论解析和现实挑战》，《贵州社会科学》2015 年第 8 期，第 157 页。

展教育脱贫一批、社会保障兜底一批""五个一批"的实现途径，按照"扶持对象精准、项目安排精准、资金使用精准、措施到户精准、因村派人精准、脱贫成效精准"的要求，从扶贫对象、扶贫方式和扶贫内容三个维度调整扶贫开发工作，实现"漫灌式"粗放帮扶、"输血式"外向帮扶、"经济性"物质减贫向"滴灌式"精准帮扶、"造血式"内生自扶以及"观念化"精神脱贫转变。

三　政策与干预

（一）主要政策

20 世纪 80 年代中期，中国农村扶贫战略发生了根本性转折，即从过去通过经济增长来增加贫困人口收入为主，辅以适当救济的反贫困战略，转变为实行以促进贫困人口自我发展能力提高与推动区域经济发展来实现稳定减贫和消除贫困为目标的战略。围绕上述开发扶贫战略，逐步形成了一系列开发式扶贫的政策措施。

1. 组织保障

在规章制度层面，1984 年以来，国家不断出台开发式扶贫相关办法、措施等，创造了诸多"造血机制"，尤其是"贫困县"的确定，成为政府扶贫政策的一条"主线"。例如，1984 年《关于帮助贫困地区尽快改变面貌的通知》、1994 年《国家八七扶贫攻坚计划》、2000 年《财政扶贫资金管理办法》、2001 年《中国农村扶贫开发纲要（2001—2010 年）》、2005 年《财政扶贫资金绩效考评试行办法》以及 2011 年《中国农村扶贫开发纲要（2011—2020 年）》等指导性文件，为开发式扶贫建立了制度框架。在组织实施层面，1986 年成立了国务院贫困地区经济开发领导小组及其办公室，标志着中国扶贫工作的组织系统正式确立，按照统一部署，地方各级政府分别建立负责当地贫困地区经济开发工作的组织机构和领导小组，由此形成跨部门的扶贫开发组织管理体系（见图 4-1）。

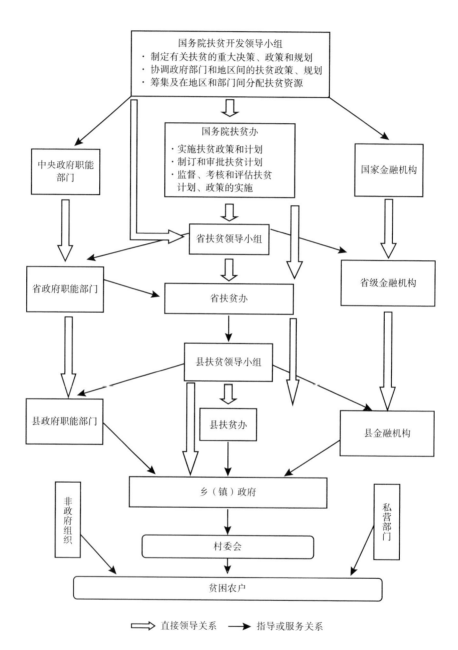

图 4-1　中国扶贫开发组织结构

2. 目标瞄准政策

为有效治理贫困，必须预先确定瞄准范围。1982 年，中国政府实施第一个区域性反贫困计划，专项拨款 20 亿元用于"三西"（甘肃定西中部干旱地区、河西地区和宁夏西海固地区）农业综合治理与大规模开发建设。1986 年，区域开发扶贫战略开始以贫困县为瞄准单位，并划定了 328 个国家级贫困县，到 1994 年，列入《国家八七扶贫攻坚计划》的贫困县（即国定贫困县）数量为 592 个。2011 年根据片区开发扶贫的要求，增设了片区县，片区县与重点县共同构成了贫困县，全国有 832 个。在划定贫困县的同时，国家也强调要瞄准特困乡、特困村。2002 年全国确定了 14.8 万个贫困村。2011 年又重新确定了 12.7 万个贫困村。至 2013 年，针对不同贫困区域环境、不同贫困农户状况，习近平总书记提出了运用科学有效程序对扶贫对象实施精确识别、精确帮扶、精确管理的精准扶贫方式。

3. 增加投入政策

此政策通过设立专项基金用于扶贫开发，主要包括三部分：一是由各级政府扶贫办负责审批项目，农业银行等负责发放的贴息贷款计划；二是由国家财政出钱出物，吸收贫困人口参加"以工代赈"工程建设；三是以发展资金为内容的财政扶贫资金计划。政府开发式扶贫资金投入的稳定增长机制已形成并逐步得到完善。

专栏 1　中央财政提供的扶贫资金

中央财政提供的扶贫资金是中国财政扶贫资金的主要来源，一直占到中西部财政扶贫资金的 70% 以上。1980~2016 年中央财政扶贫资金累计达到 4691.8 亿元。

（1）支援经济不发达地区发展资金。中央财政在 1980 年开始设立支援经济不发达地区发展资金（以下简称发展资金），最初的规模为每年 8 亿元，到 2015 年增长到 370.1 亿元，逐渐成为中央最大额的财政扶贫资金。

（2）"三西"地区农业建设资金。1982 年中央设立"三西"地区（指甘肃的定西、河西地区和宁夏的西吉、海原、固原地区）农业建设资金（以下简称"三西"资金），支持"三西"地区的农业建设和扶贫开发。最初的资金规模为每年 2 亿元，2009 年开始增加为每年 3 亿元。

（3）以工代赈资金。1984 年中央政府设立"以工代赈资金"，专门用于改善贫困地区的基础设施和生产条件，最初规模为每年 9 亿元，《国家八七扶贫攻坚计划》时期增加到每年 40 亿元，2013 年稳定在每年 41 亿元左右的规模。

（4）少数民族发展资金。1992 年中央设立少数民族发展资金，是中央财政用于支持贫困少数民族地区推进兴边富民行动、扶持人口较少民族发展、改善少数民族生产生活条件的专项资金。第一年只安排了 0.6 亿元，1996 年增加到每年 3 亿元，2009 年以后资金规模有了较大幅度的增长，到 2016 年达到每年 46 亿元。

（5）国有贫困农场财政扶贫资金和国有贫困林场财政扶贫资金。1998 年设立，2004 年开始改为中央财政补助地方专款。这两项资金，是中央为了支持贫困农（林）场改善生产生活条件设立的专项资金。2015 年中央拨付国有贫困林场扶贫资金 4.2 亿元，国有贫困农场扶贫资金 2.6 亿元。

（6）扶贫贷款贴息。1984 年国有大银行开始发放扶贫贷款。1986 年开始，中央财政对计划的扶贫贷款给予利息补贴。扶贫贴息贷款在 1986 年时为 23 亿元，最高时的 2001~2003 年曾达到 185 亿元，2008 年稳定在 140 亿元左右。中央财政对扶贫贷款的贴息根据贷款规模而变化，2001 年以来每年财政对扶贫贷款的利息补贴在 5 亿 ~6 亿元。

此外，中央还从 1992 年开始，对专门发放给残疾贫困人口的"康复扶贫贷款"提供贷款贴息。1999~2010 年康复贷款规模一直为每年 8 亿元，2011 年起增长到 10.29 亿元。

4. 减轻负担政策

为减轻贫困地区负担，以利休养生息，发展生产，国家相继出台了一系列优惠政策。例如，核减粮食合同定购任务、放开农产品销售价格、减免农业税、免征国家能源交通重点建设基金、免征新办开发性企业所得税、降低贫困地区银行存款的准备金比例以及降低贫困户贷款的自有资金比例等。[①]

5. 人力资源开发政策

提升贫困地区人力资本价格是开发式扶贫的重要内容之一。中国政府不仅强调在贫困地区普及九年制义务教育，着力消除因贫辍学现象，而且强调通过科技扶贫、人员培训提高贫困人口素质，以便通过发展劳动密集型产业、以工代赈和劳务输出等途径更充分、广泛地利用贫困地区的人力

---

① 王朝明：《中国农村 30 年开发式扶贫：政策实践与理论反思》，《贵州财经学院学报》2008 年第 6 期，第 78~84 页。

资本。在众多措施中，多渠道、多形式、多层次的职业学历教育和针对性培训（如骨干培训、农家课堂、示范点培训、模块式培训等）对提升贫困人口的人力资本价值、实现转移就业以及增强内生动力的作用比较显著。不仅如此，还强调控制贫困地区人口增长，提高人口质量。

6. 社会扶贫政策

指组织和动员社会力量投身扶贫开发，共同推进减贫事业发展。此项政策为改变中国贫困面貌做出了重要贡献，主要包括定点扶贫、东西扶贫协作、社会组织扶贫、企业扶贫和个人扶贫五种形式。[1]

7. 国际合作政策

该政策有利于借鉴先进减贫理念和有效成果，提升扶贫机构的扶贫能力，培养扶贫开发人才；对扶贫重大问题进行前瞻性研究，为扶贫工作提供咨询服务；以及建设扶贫交流合作平台，共享扶贫的成功做法与经验。改革开放后，我国逐步在扶贫开发领域与国际社会进行合作，到20世纪90年代，这一领域的合作获得大规模推进，合作方式渐趋多样化[2]，例如，利用国外政府及非政府组织、国际多边组织等机构的援助开展合作研究与培训，以及利用优惠贷款推动贫困地区经济发展。西南、秦巴山区以及西部扶贫世界银行贷款项目等即是中国农村扶贫国际合作的典型案例。

（二）重点干预

1. 整村推进

整村推进的形成与发展大致经历了初始提出（1998~2000年）、创新与改进（2001~2002年）、快速发展（2003~2004年）以及完善提升（2005年至今）四个阶段[3]，其特点是将扶贫项目管理与贫困人口赋权相结合，以村为单位体

---

[1] 林万龙:《全面深化改革背景下中国特色社会扶贫政策的创新》,《经济纵横》2016年第6期，第80~85页。

[2] 曹永红:《扶贫开发怎样走好国际合作之路》,《人民论坛》2016年第11期，第52~53页。

[3] 任燕顺:《对整村推进扶贫开发模式的实践探索与理论思考——以甘肃省为例》,《农业经济问题》2007年第8期，第95~98页。

现"到村到户"的扶贫理念。2001 年以来，中国在 14.8 万个贫困村实施整村推进，各级政府按照各村级扶贫开发规划统筹各类扶贫资源，分期分批集中投放于这些贫困村。[①] 该干预措施是指以政府为主导，在村党组织与村委会领导下，组织和依靠村落社区力量，整合、利用较大规模的资金和资源，在较短时间内使被扶持村在基础设施建设、公共服务供给、生产生活条件以及产业发展等方面有较大的改善，并使各类项目加强配合以发挥更大综合效益，从而不断提高农村社区贫困群体物质文化生活水平的过程。[②]

2. 产业扶贫

产业扶贫，实质上是帮助贫困地区和贫困农户更好地利用当地资源、发展具有区域或小区比较优势的产业，实现在地或就地脱贫致富。广义上说，凡是利用当地具有比较优势的自然资源、劳动力资源、空间资源和生态环境资源以及政策资源，在贫困地区发展的具有直接的扶贫功效的产业，都可以视为扶贫产业。产业扶贫是一种建立在区域产业发展基础上的能力建设扶贫模式，强调以市场为导向，以龙头企业、合作社为依托，在国家或地方政府必要的扶持下，合理开发利用当地资源（自然资源与劳动力资源优势），积极培育区域特色主导产业和具有较强带动能力的扶贫龙头企业，加快产业结构调整升级，同时通过协议约定的方式将贫困户纳入生产、流通领域之中，进而增强贫困地区和贫困户自我积累与自我发展的能力[③]，其实质是通过提供农业与非农业就业或创业的机会来改变贫困户的资本积累、生活方式及生计策略。[④]

---

① 王姮、汪三贵：《整村推进项目对农户饮水状况的影响分析——江西省扶贫工作重点村扶贫效果评价》，《农业技术经济》2008 年第 6 期，第 42~47 页；汪三贵、殷浩栋、王瑜：《中国扶贫开发的实践、挑战与政策展望》，《华南师范大学学报》（社会科学版）2017 年第 4 期，第 18~25 页。

② 王蒲华：《整村推进扶贫开发构建和谐文明新村》，《农业经济问题》2006 年第 9 期，第 75~77 页；张永丽、王虎中：《新农村建设：机制、内容与政策——甘肃省麻安村"参与式整村推进"扶贫模式及其启示》，《中国软科学》2007 年第 4 期，第 24~31 页。

③ 孙梦洁、陈宝峰、任燕：《中国产业开发扶贫的经验及对发展中国家的启示》，《世界农业》2010 年第 1 期，第 19~22 页。

④ 胡晗、司亚飞、王立剑：《产业扶贫政策对贫困户生计策略和收入的影响——来自陕西省的经验证据》，《中国农村经济》2018 年第 2 期，第 78~89 页。

3. 以工代赈

从 1984 年开始，中国政府采取以工代赈的方式，帮助贫困地区修建和改善道路、水利、能源、农业和教育等基础设施。1984 年以来，"以工代赈"项目累计投入超过 1000 亿元的资金（包括物资折款），相当于同期中央财政扶贫资金总投入的 17%。"以工代赈"项目，采取预算内投资项目的管理方式，实行项目制管理，在 34 年内，在贫困地区修建了大批道路、饮用水站、能源基地、学校等基础设施，在改善贫困地区基础设施和公共服务方面发挥了十分重要的作用。

4. 易地扶贫搬迁

易地搬迁是通过政府和外部其他力量多方面的帮助，解决生态脆弱和自然资源匮乏、基础设施建设极不经济地区贫困人口脱贫的一种综合性方案。早在中国政府开始大规模扶贫开发之前，"三西"地区于 1983 年即实施了以有序推进贫困地区转移人口市民化为目标的开发式移民。[1] 由于有利于集中人力财力加强迁入地的"软硬件"设施建设和植被生态改善等，易地搬迁一直是中国开发式扶贫的重要干预方式之一。

5. 科技扶贫

针对贫困地区生产技术落后和技术人员缺乏的状况，国家科委于 1986 年提出并组织实施了这项农村反贫困举措。科技扶贫在我国各项扶贫计划中最早开展、综合程度最高、影响较大[2]，具有强调自我发展，注重引进成熟、适用的技术，以及注重治穷与治愚相结合等特点，其宗旨是应用适用的科学技术改革贫困地区封闭的小农经济模式，提高农民的科学文化素质，提高其资源开发水平和劳动生产率，促进商品经济发展，加快农民脱贫致富的步伐。我国科技扶贫模式可划分为两类：一是科技供给主导型模式，含科

---

① 王朝明：《中国农村 30 年开发式扶贫：政策实践与理论反思》，《贵州财经学院学报》2008 年第 6 期，第 78~84 页。

② 杨起全、刘冬梅、胡京华等：《新时期科技扶贫的战略选择》，《中国科技论坛》2007 年第 5 期，第 3~10 页。

技网络推广、区域支柱产业开发带动和易地科技开发等模式；二是科技需求主导型模式，包括龙头企业扶持、专业技术协会服务和小额信贷扶持等模式。①

6. 就业扶贫

就业是民生之本，就业扶贫是促进贫困群众脱贫增收最直接、最见效的重要举措，在精准扶贫中具有重要的战略地位。实现稳定就业对于有劳动能力的建档立卡贫困人口重塑发展信心、提升自我能力、融入社会网络、长久脱贫以及促进社会流动等均有积极作用。②围绕支持帮助建档立卡贫困人员积极就业创业，民政部、人社部、财政部、国务院扶贫办等多部门联动，在资源保障、体系构建、治理创新等方面出台了一系列政策和专项就业救助举措。2017 年，为促进农村贫困劳动力就业，支持开展有组织劳务输出，人社部、国务院扶贫办在各地遴选推荐的基础上，确定了 1465 家用工规范、社会责任感强的企业作为就业扶贫基地，共提供近 20 万个适合农村贫困劳动力的工作岗位。

7. 教育扶贫

治贫先治愚、扶贫先扶教。教育扶贫是阻断贫困代际传递的根本手段和重要方式，是扶贫助困的治本之策，旨在通过办好贫困地区和贫困人口的教育事业进而实现减贫脱贫的战略目标，其本质体现了社会公平正义的价值追求。③中国教育扶贫已从普及初等教育和扫除农村青壮年文盲，逐步扩展到涵盖基础教育、职业教育、高等教育、继续教育等多层次、多类型教育在内的政策体系。

---

① 张峭、徐磊：《中国科技扶贫模式研究》，《中国软科学》2007 年第 2 期，第 82~86 页。

② 李鹏：《精准脱贫视阈下就业扶贫：政策回顾、问题诠释与实践探索》，《南都学坛》（人文社会科学学报）2017 年第 5 期，第 82~87 页。

③ 陈涛：《教育扶贫是根本的扶贫——西部地区农村教育扶贫工作探索》，《理论与当代》2016 年第 10 期，第 12~13 页；李兴洲：《公平正义：教育扶贫的价值追求》，《教育研究》2017 年第 3 期，第 31~37 页。

四 主要成效

（一）增加贫困人口收入，缩小了贫困地区与其他地区农民收入差距

按可比口径计算，1993年以来贫困县农民人均收入增长快于全国农民平均水平，使贫困县与全国农民平均收入的差距缩小。在"八七"扶贫攻坚计划期间，贫困县农民人均纯收入相当于全国平均水平的比例提高了12个百分点；2001~2010年这个比例提高了3个百分点；2011~2017年这个比例提高了10个百分点（见图4-2）。

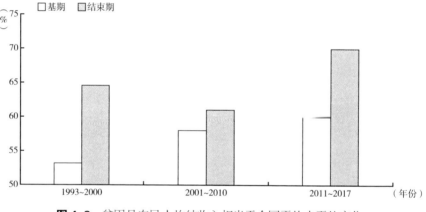

图4-2 贫困县农民人均纯收入相当于全国平均水平的变化

（二）提高了贫困地区经济发展能力，缩小了发展差距

第一，中国贫困地区与全国其他地区在农业发展水平方面的差距有所缩小。贫困地区人均农业机械总动力相当于全国平均水平的比例，从1986年的57.8%上升到2015年的83%；其人均粮食产量相当于全国平均水平的比例从1986年的72%提高到2015年的88%。2015年贫困县人均第一产业增加值相当于全国平均水平的81%，而1986年贫困县人均农村社会总产值仅相当于全

国平均水平的 56%，虽然两个指标的口径存在一定的差异，但可以看出贫困地区农业总体发展水平与全国平均的差距有了较大幅度的缩小。

第二，在缩小农业与全国平均发展水平差距的同时，贫困地区陆续建立了一批依托当地资源优势的主导或骨干工业企业，缩小了与全国在工业发展方面的差距。1999~2015 年，贫困地区人均第二产业增加值的年增长速度比全国平均高 2 个百分点。贫困地区规模以上工业企业数量不断增多，2015 年每个贫困县有 38.2 个规模以上工业企业，人均规模以上工业企业总产值超过 2 万元。

第三，贫困地区县域经济实现了较快的增长，与全国各县人均国内生产总值的差距缩小。扶贫重点县人均国内生产总值 2000~2010 年年均增长速度比全国县平均快 2.7 个百分点，缩小了与全国平均水平的差距。到 2015 年全国已有 80 个贫困县人均国内生产总值超过全国平均水平。

显然，简单将贫困县的发展速度与全国平均水平进行比较并不科学。一方面贫困地区的发展起点比较低，后发者具有追赶优势；另一方面贫困地区发展的条件比较差，本身也不具有可比性。为了更严谨地考察扶贫开发的效果，经过比对 1993 年的发展条件和水平，从全国全部县（市、区）中，选择了 382 个从 1993 年到 2009 年一直属于扶贫重点县的贫困县和 159 个在此期间不是贫困县但基础条件接近的对照县，对其农民收入、地方财政收入和国内生产总值的发展速度进行匹配比较分析（见表 4-1）。

表 4-1 1993~2009 年连续扶贫重点县和可比对照县增长率比较

指标	贫困县	对照县
样本县数量（个）	382	159
1993~2000 年农民人均收入年增长率（%）	10.70	13.17
1993~2000 年人均财政收入年增长率（%）	3.50	4.54
2000~2009 年农民人均纯收入年增长率（%）	7.15	6.39
2000~2009 年人均国内生产总值年增长率（%）	14.37	12.90
2000~2009 年人均财政收入年增长率（%）	14.48	18.18

资料来源：作者计算整理。

从对比结果来看，在《国家八七扶贫攻坚计划》时期，样本贫困县的农民人均纯收入增长速度虽然高于同期全国平均水平，但是低于1993年与其条件类似的非贫困县。到了21世纪以后，相同的样本贫困县的农民人均纯收入和人均国内生产总值的年增长速度，都要快于对照县。而样本贫困县人均地方财政收入的增长速度在两个时期都低于对照县。这一结果表明：（1）在国家整体经济快速发展时期，经济欠发达地区存在一定的后发优势，这与是否开展扶贫开发没有多大关系；（2）连续的扶贫开发对加快受益贫困地区的经济增长和农民增收具有显著的作用；（3）没有发现贫困地区利用国家的扶贫优惠政策优先用来实现富县（增加地方财政收入），即整体上没有出现扶贫开发富县不富民的情况。

（三）增强了贫困人口的信心和发展能力

减贫不仅是贫困人口数字上的减少，更重要的是脱贫过程提升了脱贫人口自我发展的能力，重建和增强了他们对自己和家庭未来的信心。中国在扶贫开发过程中，一直实行开发式扶贫方针，坚持扶贫与扶智扶志相结合，重视贫困人口自我发展能力和内生动力的提升。与主要通过临时救济或社会保障脱贫相比，中国改革开放40年来绝大多数贫困人口是通过获得非农业就业机会、发展农业等生产性方式脱贫的。这种脱贫方式相对具有稳定性和可持续性，也更容易使脱贫人口增强对未来的信心。同时，中国政府在扶贫开发过程中，比较注重教育、培训和示范，这些都有助于提升贫困人口的自我发展能力和内生动力。

（四）初步遏制了贫困地区生态恶化趋势

由于始终坚持扶贫开发与生态保护并重的原则，2002~2010年，国家贫困重点县饮用水水源受污染的农户比例从2002年的15.5%降至2010年的5.1%，获取燃料困难的农户比例从45%降至31.4%；退耕还林还草14923.5万亩，新增经济林22643.4万亩。[①]

---

① 国务院新闻办公室：《中国农村扶贫开发的新进展（白皮书）》，2011年11月。

五　重要经验

1. 遵循六项"原则"

其一，坚持党政主导。扶贫开发是一种政治意愿，党政主导则是中国扶贫开发取得成效的根本保证和最重要经验。党政主导以扶持贫困群体、实现共同富裕为宗旨，将扶贫开发纳入各级政府经济社会的总体计划，并基于此制定扶持政策，加强组织领导以及增大投入力度。在中央政府领导下，各级地方政府须高度重视，认真贯彻扶贫工作地方首长负责制，按照"省负总责、县抓落实、工作到村、扶贫到户"的原则，明确目标，落实任务，强化责任。其二，坚持增收优先。解决农村贫困问题，根本措施在加快经济发展，增强综合实力；核心环节在让贫困农户共享发展成果，大幅增加收入、提高生活水平。其三，坚持提倡自力更生。任何外部力量都难以代替贫困农民自身在消除贫困过程中的努力。倡导自力更生就是坚持尊重贫困农民在扶贫开发中的主体地位，充分发挥他们的主观能动性（不等不靠），全程参与制定和实施扶贫规划。其四，坚持引导社会参与。既动员和组织包括东部沿海省市、各级党政机关在内的社会力量，又倡导、带动各民主党派、社会团体、民间组织、私营企业和志愿者个人，通过各种形式共同参与贫困地区的开发建设，以缓解和消除贫困现象。[①]其五，坚持创新扶贫机制。在总结各地成功经验的基础上，不断完善扶贫开发政策措施，推进扶贫标准调整机制、识别瞄准机制、资金使用机制以及脱贫长效机制的创新。其六，坚持全面协调发展。贫困作为一种复杂的社会现象，其成因涉及文化、历史、政治、经济、体制、政策等诸多方面，必须通过全方位治理，促进贫困地区全面可持续发展，为贫困农民稳定脱贫创造条件。

---

① 刘俊文：《中国的开发式扶贫为什么备受称道》，《红旗文稿》2005 年第 2 期，第 17~19 页。

2. 注重七个"结合"

一是与区域经济发展规划相结合，形成兼具地方资源特色、地域特色、人文特色等的区域经济发展与扶贫开发互动互促模式。二是将经济开发与贫困地区科技文化教育卫生事业发展相结合，提高贫困农民的综合素质，改变农民因文化素质低致贫、因病致贫的状况。三是将扶贫开发与基层组织建设相结合，注重提高贫困地区干部带领群众脱贫致富的实战能力。四是将扶贫开发同计划生育相结合，鼓励贫困农民少生快富。五是将资源开发与生态环境保护相结合，走生态扶贫新路。六是将行政推动与市场驱动、国际合作相结合，推进开放式扶贫创新。七是与新型城镇化相结合，一方面，将边远地区生存条件恶劣的农民纳入城镇建设规划内容，结合扶贫开发政策，采取一系列优惠政策鼓励和引导农民进入城镇，转为非农城镇人口；另一方面，鼓励贫困农民通过搬迁、务工、就业、创业等形式在城镇落户，支持有技能的贫困农民在城镇优先落户。

3. 立足四处"着眼"

首先，着眼贫困农村人力资源开发，提升存量、优化增量和提高技术含量。通过整合农村教育资源、启动农民教育工程、实施分类指导等多种方式，形成贫困地区农民教育培训合力，聚焦贫困农民能力建设。其次，着眼农业产业结构调整，注重延伸产业链条，构建合理、良性循环的最佳结构。因地制宜抓住增效开发重点，挖掘资源潜力，发挥比较优势，或提高科技含量，转劣势为优势，促使贫困山区群众尽快走上脱贫的道路。再次，着眼改善生产生活条件，切实加强道路、桥梁、农田水利等基础设施建设，促进稳定脱贫。贫困地区大多集中在自然条件恶劣、生产方式落后、基础设施薄弱、交通不便、信息不灵的深山区、荒漠区、高寒区和少数民族地区。最后，着眼培育贫困户脱贫的主体意识。贫困既是一种经济现象，也是一种文化现象。"治穷先治愚、扶贫先扶志"等理念即是将扶贫的内涵从物质、资金、技术等经济层面推移、扩展至帮助贫困农民转换思想意识、价值观念、思维模式和行为方式等文化层面。

六　未来路径

开发式扶贫是适合中国国情兼具中国特色的扶贫战略。由于贫困问题的地区性及其成因的复杂性，实现大幅减贫目标必须植入更具综合性的扶贫观念或方式——将救济式扶贫与开发式扶贫有机衔接。这两种扶贫方式都是缓解贫困的重要手段，但因工作对象、目标瞄准机制等不同而发挥的作用具有明显差别。若片面、单独强调救济式扶贫，会促使贫困农民普遍产生依赖思想，国家财政将不堪重负；相反，若片面、单独强调开发式扶贫，将会忽略部分贫困农民的一些具体或特殊困难。可见，在当前及今后的扶贫工作中，为使更多地区和人群实现脱贫致富目标，促进政治稳定、经济发展以及社会和谐，既应实行以开发式为主的扶贫措施，多渠道增加贫困农民参与市场经济活动的机会，提升他们对生活相关决策的影响能力；同时也需衔接最低社会保障、社会救助等方式，保障贫困农民最基本的生存条件，如此才能增强他们抵御外部风险冲击的能力。

此外，在新时代不仅要创造有利环境以吸引、统筹、协调社会扶贫力量，还需将乡村振兴战略融入开发式扶贫之中。摆脱贫困是乡村振兴的前提。未来是我国精准脱贫攻坚和乡村振兴战略实施并存和交汇的特殊时期，可从以下方面着手完善开发式扶贫模式建设：一是推进扶贫开发与乡村振兴战略形成相互支撑、相互配合、有机衔接的良性互动格局；二是将乡村振兴战略的思想和原则融入具体的开发式扶贫计划和行动之中；三是依托乡村振兴战略，补牢产业发展基础、改善基本公共服务、提高治理能力，巩固和扩大开发式扶贫的成果。[1]

---

[1]　吴国宝：《将乡村振兴战略融入脱贫攻坚之中》，光明网理论频道，2018 年 1 月 2 日。

第五章　中国的精准扶贫

精准扶贫，是中国在特定的背景下根据自己独特的政治和制度优势创新性地设计、组织与实施的具有中国特色的以脱贫为导向的目标瞄准扶贫解决方案，是通过相应的制度安排和政策支持，将扶贫资源通过一定的方式准确地传递给符合条件的目标人群，帮助他们通过一定的合适的形式改善条件和增强能力进而摆脱贫困的一种全过程精准的特殊的目标瞄准扶贫方式。虽然目标瞄准扶贫的思想和实践，在国际上已有数十年的历史，也有少数国家在某些环节的目标瞄准扶贫方面取得了不错的效果，但尚没有任何其他国家和地区在像中国这么大的范围内实施全过程的目标瞄准扶贫。从一定意义上说，精准扶贫是中国继开发式扶贫之后对世界扶贫事业所做出的又一大贡献。

一　中国精准扶贫的特点

精准扶贫，是在总结中国 1986 年以来扶贫开发经验教训的基础上，吸收国内外减贫理论研究的成果，结合新形势下中国扶贫开发的特点、任务和面临的挑战，充分利用中国独特的政治和制度优势，由习近平总书记亲自领导创立的一整套以脱贫为导向的扶贫解决方案和方法论。

　　精准扶贫的方法论，核心是因地制宜、因人因户施策。精准扶贫，不局限于已有的理论和实践，主张根据贫困户的致贫原因、自身条件和环境，选择合适的扶贫和帮扶方式。

　　国际上一般所谓的目标瞄准扶贫，是指将计划的资源准确传递给目标人群以帮助其减轻或摆脱贫困的政策和制度安排。所以有关目标瞄准扶贫的研究文献，主要集中于扶贫资源的传递和分配是否偏离目标人群、多大比例的目标人群能够从目标瞄准扶贫政策或项目中受益以及实现目标瞄准扶贫的成本效益（包括经济、社会和政治上的成本效益）三个方面。可以看出国际上目标瞄准型扶贫理论和方法，主要是解决既定扶贫资源的有效分配问题或者比较与评估不同扶贫资源方式（如福利制度与开发式扶贫方式）的瞄准效率优劣。

　　与国际上主流的目标瞄准扶贫理论要解决的问题不同，中国的精准扶贫是要解决现行标准下剩余贫困人口在确定时间脱贫的相关政策和制度安排问题，是为全面建成小康社会补短板的关键措施。在对扶贫精准的要求上，中国不是仅满足于扶贫资源的准确和有效传递，而是同步关心扶贫的全过程精准，即实现扶持对象精准、项目安排精准、资金使用精准、措施到户精准、因村派人精准和脱贫成效精准。中国目前实行的精准扶贫，虽然也强调要提升扶贫对象的内生动力，实现扶贫与扶志、扶智相结合，但是在制度设计和具体实践中，总体上还是将提升贫困人口生活水平和发展能力作为一个优先目标或主要产出，而不是建构以贫困人口自我发展为中心的扶贫政策和支持体系。从这个意义上说，中国现在实行的精准扶贫可以称为外部介入式全过程精准扶贫，这样既可以区别于国际上主流语境中的目标瞄准扶贫，也可以区别于贫困人口或贫困社区主导的目标瞄准扶贫。

二　中国精准扶贫的实践

（一）扶贫对象识别和动态调整，解决贫困信息不对称问题

　　中国从 2014 年开始，在全国开展扶贫对象建档立卡工作。经过 4 年多的

探索和总结，中国基本上建立起扶贫对象识别和动态调整的制度和方法，也在扶贫开发历史上第一次实现全国贫困信息基本精准到户到人，第一次逐户初步分析了致贫原因和脱贫需求，第一次构建起全国统一的包括所有扶贫对象的扶贫开发信息系统，为精准扶贫、精准脱贫工作建立了重要的信息基础。中国能够建立起全国性的扶贫对象识别和动态调整系统，主要得益于相应的制度和方法支持。

（1）扶贫对象精准识别和动态调整的制度保障。中国通过一系列相关的制度安排，扶贫对象的识别和调整逐步趋于精准。首先，"中央统筹、省负总责、县抓落实"的扶贫工作机制，使省、县等各级党委、政府能够且必须按照中央确定的方案和计划实施对扶贫对象的识别和调整并承担责任。其次，建立扶贫对象识别和退出的公示和认定制度，使扶贫对象确定和退出，既需要通过公示接受村民的监督，还需要通过扶贫对象与上级单位的认定，可从制度上避免扶贫对象识别的随意性。再次，通过扶贫工作督查、巡查和审计等制度，监督扶贫对象精准识别的结果和程序，如2014年审计署对广西马山县审计发现的问题，就推动广西壮族自治区乃至全国扶贫对象精准识别进行了重大的制度性调整，在扶贫对象识别方面引入大数据应用和排除法。最后，通过建立包括独立第三方参与的贫困退出评估检查制度，形成扶贫对象精准识别的倒逼机制。中国确定的贫困退出评估检查指标和程序，要求对申请退出的贫困县在贫困人口漏评率、贫困户错退率和受访农户满意率方面达到国家确定的最低标准，这就从制度上倒逼地方政府尽量减小精准识别的误差，否则可能前功尽弃。

（2）扶贫对象精准识别的方法创新。国内外对扶贫对象精准识别方法的探索已有数十年的时间，迄今已总结出多种不同的方法及其评价理论。[①] 但是已有的方法多数只在项目层面或者人口较少的国家或地区实行，如何在像中国这样的发展中人口大国、在缺乏全面的居民收支及税收基础信息的条件下

---

① Coady, D., M. Grosh and J. Hoddinott, *Targeting of Transfers in Developing Countries: Review of Lessons and Experience*, Washington, D.C., The World Bank, 2004.

进行全国性的贫困人口识别，现有的理论研究和经验都不能给出现成的答案和建议。

中国经过数年的反复探索和总结，创新了大国扶贫对象识别的方法。其基本内容包括三个方面。第一，以全国大样本居民收支抽样调查数据推断全国和分省份的贫困人口数据，通过贫困人口数据的分解，启动扶贫对象的精准识别工作。使用大样本居民收支调查数据估算国家和地区的贫困人口是国际上通用的方法，其科学性与可靠性已获得理论和实证支持。在不进行居民收支普查的条件下，这样处理差不多是最合理的选择。

第二，自上而下、自下而上相结合，运用可观察的多维贫困指标和参与式方法，逐步使扶贫对象识别趋于精准。基于居民收入和支出抽样调查数据估计的贫困人口，受样本规模和抽样误差的影响，只对国家和省一级具有代表性。省以下的贫困人口分解主要参考辖区内市、县、乡镇和村的社会经济发展水平统计数据，而这些数据虽然与贫困人口规模有一定的相关性，但是据以进行贫困人口的分解显然是不充分的。通过贫困人口逐级往下分解的方法可以先初步匡算出到各个村的贫困人口，在村一级再由村组干部按照他们对农户贫富情况的了解确定扶贫对象，从而完成贫困识别自上而下的过程。到 2014 年底全国共识别 2948 万贫困户、8962 万贫困人口。识别出来的贫困人口，比国家统计局估计的 2013 年底全国贫困人口总数多了 713 万人。

第一轮建档立卡识别出来的扶贫对象，基本上是全国贫困人口总量自上而下分解和各村少数村组干部商量确定的结果。这一方法基本上是中国传统的指标分解计划方法与国外所谓的社区瞄准（community targeting）方法的混合。这种方法存在的问题，源自三个方面。一是省以下贫困人口分解的标准不统一且相关性未经过严格的分析；二是对村内贫困人口的识别更多的是依据财富或消费支出而非收入；三是村内的贫困识别只有少数村组干部参加，对农户的信息掌握不充分且结果缺乏监督。正是由于上述种种方面的原因，第一轮建档立卡确定扶贫对象之后，对有关结果和方法可靠性和可信性的质疑和诟病就持续不断。所以从 2015 年 8 月至 2016 年 6 月，在全国范围内组织开展了建档立卡"回头看"。"回头看"的过程实际上是完善扶贫对象精准识别制度和方法的过程。"回头看"在某种程度上完成了扶贫对象识别自下而上的过程。在这个过程中，各地结合所在地区的实际情况，探索出多种以多维贫困为基础、以可观察到的指标为依据、指标核查和农户参与相结合的扶贫对象识别的方法。通过"回头看"，全国共补录贫困人口807万人，剔除识别不准人口929万人。

第三，实行建档立卡扶贫对象数据的动态调整。2017年6月，组织各地完善动态管理，把已经稳定脱贫的贫困户标注出去，把符合条件遗漏在外的贫困人口和返贫的人口纳入进来，确保应扶尽扶。

（二）建立和完善保障精准扶贫的扶贫治理体系和扶贫制度

1. 初步建立了比较完善的扶贫治理体系

2013年以来，中国扶贫治理的广度和深度都有了显著的加强，初步建立起比较完善的扶贫治理体系，成为保障和实现精准扶贫最可靠的组织和制度基础。

第一，强化省级扶贫领导和工作机构。

中国在2001年就明确了扶贫开发工作中省负总责的体制，然而支撑省级扶贫开发领导和工作的组织机构却一直比较弱。2015年以前多数省级扶贫开发领导小组由分管农业的副省长或其他副职省级领导担任组长，部分省级扶贫办甚至还挂靠在省内其他部门之下，多数省扶贫办存在不同程度的专业人员短缺现象，使省在组织上就难以承担起总揽全省扶贫开发任务的职责。2015年以后，中西部省（自治区、直辖市）都建立起以省委书记、副书记担任组长的扶贫开发工作领导小组，省级扶贫办绝大多数都达到正厅级标准，少数省甚至安排省委副秘书长或省政府副秘书长兼任省扶贫办主任，省级扶贫领导小组和扶贫办的组织、协调能力得到明显的提升，从而在组织上为扶贫开发工作省负总责提供了保障。

第二，明确行业部门和东部发达地区政府的扶贫责任。

2013 年以后尤其是《中共中央国务院关于打赢脱贫攻坚战的决定》出台以后，党中央和国务院明确了各相关部门和东西扶贫协作参与政府的扶贫责任，绝大多数承担扶贫责任的部门都先后制订了本部门牵头扶贫任务的实施计划或行动计划，据不完全统计，各部门出台了 173 个政策文件或实施方案；参与扶贫协作的东部地区有关省、市政府也拿出了具体的协作支持计划，从而使扶贫治理的广度得到了坚实的延伸。

第三，建立和强化基层扶贫治理体系。

2013 年以来，通过一系列创新性政策和制度加强了基层扶贫治理。首先，党委政府扶贫绩效考核制度建立和考核指标调整以及相应的问责制的严格执行，使贫困县县级党委和政府真正将扶贫开发作为县委和政府的中心工作来抓，县乡专职扶贫机构和人员得到了充实和加强，县级扶贫办的工作人员数量有了大幅度的增加，多数县扶贫办都配备了数十名甚至上百名专职扶贫工作人员，扶贫工作机制中确定的县抓落实有了基本的组织和人员保障。其次，相应的乡镇扶贫工作机构得到了加强，人员得到了补充。多数有扶贫工作重点村的乡镇建立和完善了乡镇扶贫工作站，配备了更多的工作人员，一些乡镇扶贫工作站配备了十多个扶贫工作人员，使乡镇真正可以承担起应负的扶贫工作职责。再次，在加强贫困村村级党支部和村委会队伍能力建设的同时，所有贫困村都配备了扶贫第一书记和扶贫工作队员。据统计，全国共选派 77.5 万名干部驻村帮扶，其中组织部组织选派了 19.5 万名优秀干部到贫困村和基层党组织薄弱涣散村担任第一书记，实现了所有扶贫工作重点村驻村帮扶和第一书记全覆盖。贫困村第一书记和驻村扶贫工作队是在原有扶贫治理体系中不存在的一种治理力量[1]，他们的进入在某种程度上加强了过去县和村、户扶贫管理比较薄弱的环节，使过去因为人少、工作忙或者其他原因，扶贫工作很难具体深入一家一户的情况得到了根本性的扭转。这些由上级下派的驻村干部既有县和有关组织部门的授权，又有时间和相应的条件来对一家一

---

[1]　吴国宝：《创新扶贫治理体系　推动精准扶贫迈上新台阶》，光明网理论频道，2016 年 9 月 9 日，http://theory.gmw.cn/2016-09/09/content_21904122.htm。

户的贫困状况和致贫原因进行摸底调查，并能在扶贫资金、扶贫项目的精准安排和帮扶措施的实施中起到重要的作用。

2. 加强扶贫治理的制度建设

从 2013 年开始，中共中央和国务院将加强扶贫治理制度建设和能力建设作为实现脱贫攻坚的重点和主要的抓手。

通过问责制和相应的行政规定，实现扶贫工作体制和机制的制度化和可操作。具体的措施包括：第一，制定《脱贫攻坚责任制实施办法》，使"中央统筹、省负总责、市县抓落实"的扶贫工作机制制度化，构建起各负其责、合力攻坚的扶贫责任体系；第二，将中共中央、国务院有关脱贫攻坚的重要政策举措落实的任务，明确分解到中央各个有关部门，使部门责任落实、督查和考核有据可依；第三，中西部 22 个省（自治区、直辖市）党政主要负责人与中央（国务院扶贫开发领导小组）签署脱贫攻坚责任书，立下军令状，使脱贫攻坚工作机制中省负总责的部分成为可核查、可追责的硬任务；第四，通过保持贫困县党政正职在脱贫攻坚期内的稳定，将贫困县脱贫攻坚的责任与县级党政主要领导直接捆绑起来，使县级党政领导有责任和压力去抓好脱贫攻坚任务的落实；第五，通过强化贫困村第一书记和扶贫工作队的责任和考核工作，使向农村基层延伸的扶贫治理可以通过问责制加以实现。在扶贫治理中，中国充分利用了自己的政治优势和制度优势，来规范和落实各级治理主体的扶贫责任。

通过建立监督、巡查和考核制度，提升扶贫治理的能力和质量。2015 年以来，中国通过建立全方位的脱贫攻坚督查、巡查制度，加强对各级扶贫开发工作责任和任务落实的监督。中央制定了脱贫攻坚督查巡查工作办法，对各地落实中央决策部署开展督查巡查；委托 8 个民主党派中央，分别对 8 个贫困人口多、贫困发生率高的省份在攻坚期内开展脱贫攻坚民主监督。国务院扶贫办通过设立 12317 扶贫监督举报电话接受媒体和社会的监督；通过加强与纪检监察、财政、审计等部门的专业监督部门的信息沟通和连接，把各方面的监督结果运用到考核评估和督查巡查中。此外，通过将扶贫对象、扶贫项目和资金计划的公开和公示列为财政专项扶贫资金绩效考核的指标，使包括扶贫对象在内的社会监督内化为扶贫治理的内容。

通过强化对各级党委和政府扶贫开发工作成效的考核和成果应用，提升扶贫治理的强度和效果。2016 年 2 月组织部和国务院扶贫办联合发布了《省级党委和政府扶贫开发工作成效考核办法》，组织开展省级党委和政府扶贫工作成效正式考核。对综合评价位居前列的省（自治区、直辖市）进行通报表扬，并在次年中央财政专项扶贫资金分配上给予一定的资金奖励；对综合评价较差且发现突出问题的省，约谈党政主要负责人；对综合评价一般或发现某些方面问题突出的省，约谈分管负责人；将考核结果送组织部备案，作为对省级党委、政府主要负责人和领导班子综合考核评价的重要依据。在中央对省考核的同时，省对市县也开展了相应的考核。在开展内部考核的同时，还委托第三方对各级党委和政府脱贫攻坚的成效进行了独立的专业评估。

（三）初步建立可满足脱贫攻坚需要的扶贫资源投入和动员体系

实现精准扶贫、精准脱贫，需要有充足的多渠道的资源投入作为保障。在经济增长对减贫的自动拉动作用减弱的条件下，保证足够的扶贫资源投入及动员的强度和力度对实现脱贫攻坚目标具有更重要的作用。

2013 年以来，中国政府通过增加财政专项扶贫投入、整合现有涉农专项资金、撬动金融资源和动员社会资源，初步建立起能满足脱贫攻坚需要的扶贫资源投入和动员体系。

1. 大幅度增加财政扶贫资金投入

从 2013 年到 2017 年，中央财政专项扶贫资金投入从 394 亿元增加到 861 亿元，累计达到 2822 亿元，年均增长率达到 22.7%。不考虑通胀因素，这 4 年的中央财政资金投入就超过了 1986~2012 年 27 年投入的总和。仅 2017 年一年中央财政专项扶贫资金投入就相当于从 1986 年至 2002 年 16 年投入的总和，可见近年来中央财政扶贫资金投入增加力度之大。与此同时，近年来地方财政扶贫资金投入也大幅度增长。

在直接增加财政扶贫资金的同时，从 2013 年至 2017 年，中国政府还安排地方政府债务 1200 亿元用于改善贫困地区生产生活条件，安排地方政府债务 994 亿元和专项建设基金 500 亿元用于易地扶贫搬迁。[①]

在考察财政扶贫资金投入大幅度增加对脱贫攻坚的影响时，需要关注在财政收入增长速度大幅降低条件下，财政扶贫资金增加可能会直接或间接影响与低收入人群收入直接相关的财政支出。

2. 整合贫困地区涉农专项资金，增加扶贫资金投入

2016 年 4 月国务院办公厅发布了《关于支持贫困县开展统筹整合使用财政涉农资金试点的意见》，要求财政部牵头开展支持贫困县统筹整合使用财政涉农资金试点，明确将中央和省市级相关财政涉农资金的配置权、使用权完全下放到试点贫困县，由贫困县依据当地脱贫攻坚规划安排相关涉农资金。据财政部统计，截至 2016 年底，全国共有 961 个贫困县开展了整合试点，其中，片区县和重点县 792 个（占全国 832 个片区县和重点县的 95%），纳入整合范围的各级财政涉农资金总规模超过 3200 亿元。[②] 在短短 8 个月内，试点所整合的财政资金就相当于 2016 年全年全国财政扶贫投入的 3 倍多，较大地增加了脱贫攻坚的可用资源。不过，涉农资金整合本身并没有增加贫困地区的资金，所改变的只是资金的分配和使用方向。这些改变对贫困地区和扶贫的长期影响，还有赖于未来更深入的研究和观察。

3. 通过金融创新和政策调整，金融扶贫的广度和强度有了明显的提高

2015 年以来，中央和地方政府、金融部门在撬动金融资源支持脱贫攻坚方面做了许多新的努力，较大幅度增加了扶贫可用的金融资源和金融产品，

---

① 刘永富：《国务院关于脱贫攻坚工作情况的报告——在第十二届全国人民代表大会常务委员会第二十九次会议上》，中国人大网，http://www.npc.gov.cn/npc/xinwen/2017-08/29/content_2027584.htm，2017 年 8 月 29 日。

② 财政部农业司：《中央财政安排 8 省市 2016 年贫困县涉农资金整合试点奖励资金 6.4 亿元》，http://nys.mof.gov.cn/zhengfuxinxi/bgtGongZuoDongTai_1_1_1_1_3/201706/t20170605_2615272.html，2017 年 6 月 5 日。

也增加了扶贫对象获得金融服务的机会。

第一，提供扶贫再贷款，增加贫困地区的可用金融资源。从 2015 年底开始，中国人民银行以更优惠的贷款条件向贫困地区发放扶贫再贷款，增加了贫困地区可用的金融资源。虽然目前尚没有全国扶贫再贷款的准确统计数据，但从部分公开的省市数据来看，扶贫再贷款政策增加了贫困地区的信贷资金投放和使用。如贵州省到 2016 年底，扶贫再贷款余额达到 193.6 亿元。

第二，创新扶贫小额信贷，提高扶贫对象金融产品可获得性。为了应对精准扶贫增加的农户金融需求，最近两年由金融监管部门牵头连续出台了多项支持建档立卡扶贫对象金融服务的政策。2016 年 4 月中国银监会发布《关于银行业金融机构积极投入脱贫攻坚战的指导意见》，要求对所有有贷款意愿和一定还款能力的建档立卡贫困户 5 万元以下、3 年期以内的贷款，采取信用贷款方式，不设抵押担保门槛，以优惠利率提供。2017 年 7 月，中国银监会、财政部、中国人民银行、保监会和国务院扶贫办发出《关于促进扶贫小额信贷健康发展的通知》，进一步明确了扶贫小额信贷的政策要点，将其概括为"5 万元以下、3 年期以内、免担保免抵押、基准利率放贷、财政贴息、县建风险补偿金"（俗称"530 扶贫小额贷款"）。

这些新政策的出台，极大地增加了扶贫对象获得贷款的机会。据统计，到 2017 年 6 月底，扶贫小额信贷累计发放 3381 亿元，共支持了 855 万贫困户。[1] 其中中国农业银行 2017 年 6 月末精准扶贫贷款余额 2583 亿元，比年初增加 548 亿元。[2] 农行发放的扶贫小额信贷余额占到同期全国的 76%。过去两年建档立卡贫困户获得贷款的比例大幅度增加，据有关部门统计，贫困户获得贷款比重由 2014 年底的 2% 提高到 2016 年底的 29%。这意味着有 60% 的有劳动能力的贫困户获得了扶贫小额贷款，仅就其规模和增长速度而言可能

---

[1]　刘永富：《国务院关于脱贫攻坚工作情况的报告——在第十二届全国人民代表大会常务委员会第二十九次会议上》，中国人大网，2017 年 8 月 29 日。
[2]　《中国农业银行精准扶贫贷款余额超 2500 亿元》，《人民日报》2017 年 10 月 20 日。

是国际小额信贷发展史上的一大奇迹。当然，这么快速的扶贫小额贷款的增长，也与地方政府介入龙头企业或专业合作社与贫困农户合作有关。这种由金融扶贫政策支持的"龙头企业或合作社＋贫困户"的扶贫方式，对于促进地方资源开发和产业发展、增加贫困户就业和地方税收，具有重要的作用。如果企业和产业选择合理、风险防控措施得当，这种方式可以产生多赢的结果。

第三，支持脱贫攻坚的其他金融服务发展。除了产业扶贫贷款之外，中国农业发展银行和国家开发银行等发放了易地扶贫搬迁专项贷款和贫困地区基础设施贷款。2016 年农发行发放易地扶贫搬迁贷款和基础设施贷款 1202 亿元和 2026 亿元。国开行以省级投融资主体为贷款对象，按照省级扶贫投融资主体"统一贷款、统一采购、统一还款"的融资模式，对 22 个省（自治区、直辖市）承诺贷款 4466 亿元，到 2017 年 9 月底累计发放 457 亿元。[①] 国开行已向全国 23 个省份承诺贫困地区农村基础设施建设贷款 2662 亿元，已发放 848 亿元。

第四，开展证券和保险扶贫。自 2016 年证监会对全国 832 个贫困县企业 IPO、新三板挂牌、发行债券、并购重组等开辟绿色通道以来，据不完全统计，到 2017 年 9 月已有 13 家公司登上"扶贫"快车迅速上会，其中 7 家公司首发获通过。总体来看，证监会为贫困地区企业 IPO 开辟的绿色通道，到目前尚没有真正起到加快贫困地区企业 IPO 通过的作用。

在精准扶贫的过程中，各地保险扶贫创新取得了一些积极进展。2016 年以来，全国已有 6 家保险公司在 13 个省份开展扶贫农业保险试点，开发特惠农险专属扶贫保险产品 70 个，涉及 13 省 43 种农作物，在一定程度上保障了农业产业发展，巩固了产业脱贫成效；山东等地探索在农村新型合作医疗保险的基础上加政府购买的商业医疗保险减少因病致贫的方式；保监会和银监会则探索对扶贫小额贷款用户提供贷款保险，由保险公司与承贷金融机构、地方政府一起分担扶贫贷款的风险。

---

① 《国开行精准扶贫贷款累计发放近 5000 亿元》，新华网，http://news.xinhuanet.com/money/2017-10/23/c_129725160.htm，2017 年 10 月 23 日。

4. 动员社会资源参加扶贫

在进一步发挥政府在扶贫资源投入增加中的主导作用的同时，中国也通过其政治制度所蕴含的强大的社会动员能力，整合和动员各方力量合力攻坚。

第一，根据脱贫攻坚时期脱贫重点和难点区域变化和精准扶贫实施的特点，中央政府调整了东西部地区的结对关系，将东西扶贫协作的重点转向贫困深度较大的民族贫困地区，实现了对全国 30 个民族自治州帮扶全覆盖；同时结合京津冀协同发展战略的规划，确定北京、天津两市与河北省张家口、承德和保定三市的扶贫协作任务；进一步加强了东西部地区县市一级的扶贫协作，实施东部 267 个经济较发达县（市、区）结对帮扶西部 434 个贫困县的"携手奔小康"行动。为了保证东西扶贫协作更有效地开展，中央修订了东西扶贫协作考核办法，将协作地区的脱贫任务完成纳入东部地区党委、政府扶贫成效考核中，相应地调整了东西扶贫协作考核的指标，增加东西扶贫协作结果考核的指标，以提高东西扶贫协作的效果。

第二，下沉定点扶贫的重心，各级单位和军队、武警部队定点帮扶更多地直接延伸到贫困村。

第三，引导和支持民营企业参加精准扶贫，创新民营企业扶贫的模式。2015 年全国工商联、国务院扶贫办、中国光彩促进会联合启动"万企帮万村"精准扶贫行动，引导广大民营企业通过产业扶贫、就业扶贫、公益扶贫等形式精准帮扶建档立卡贫困村、贫困户，动员和支持中央企业设立贫困地区产业投资基金、开展"百县万村"扶贫行动。截至 2017 年 6 月底，进入"万企帮万村"精准扶贫行动台账管理的民营企业有 3.43 万家，精准帮扶 3.57 万个村（其中建档立卡贫困村 2.56 万个）的 538.72 万建档立卡贫困人口；投入产业发展资金 433.48 亿元、公益资金 91.2 亿元，安置 41.7 万扶贫对象就业，并为 44.2 万贫困劳动力提供了技能培训。[①]

第四，整合和动员专业技术和人力资源加强脱贫攻坚。除了下派扶贫第

---

① 谢经荣：《推动万企帮万村行动提质增效，助力打赢脱贫攻坚战》，《中国扶贫》2017 年第 16 期。

一书记和驻村干部直接充实和强化贫困村脱贫攻坚组织力量以外，近年来政府和有关部门，根据脱贫攻坚任务的需要，动员和整合专业技术和人力资源，支持贫困地区的脱贫。如医疗卫生系统安排 889 家三级医院对口帮扶所有贫困县的 1149 家县级医院；教育系统实施乡村教师支持计划，2017 年全国招聘特岗教师约 8 万人，13 个省份实施了地方"特岗计划"，其中云南招聘特岗教师 4987 名，占该省义务教育阶段专任教师的近 20%。[1] 科技部门、科协、高校和民主党派，都相应地加大了向贫困地区下派专业科技人员的力度。

5. 利用土地政策助力脱贫攻坚

脱贫攻坚过程，既在易地搬迁和产业发展方面产生对土地供给的新需求，又能通过搬迁和土地整治等置换和增加新的可用土地。土地政策在回应脱贫攻坚产生的土地需求并增加其土地收益方面发挥着重要的作用。2015 年以来国土资源部门利用土地政策等工具，满足脱贫攻坚的土地需求，增加贫困地区土地的收益。2015 年国土资源部对 592 个国家扶贫开发工作重点县，单独安排每县新增建设用地指标 300 亩专项用于扶贫开发；2016 年，这一指标增加到每县 600 亩；2017 年将专项安排用地计划指标的贫困县扩大到全部 832 个县。[2] 同时，对宁夏、陕南的生态移民用地，山东、河南黄河滩区的移民搬迁等用地，在规划计划安排上给予先行和全力支持，保障了移民搬迁的用地需要。

2016 年国土资源部出台了针对贫困地区的增减挂钩"超常规政策"，允许贫困县将增减挂钩结余指标在省域范围内流转使用；同时将贫困地区增减挂钩指标交易价格，由县域范围内的每亩 5 万~10 万元提高到每亩 20 万~30 万元。到 2018 年 6 月底，全国增减挂结余指标省域范围内流转累计收益近

---

[1] 东北师范大学中国农村教育发展研究院：《乡村教师支持计划（2015—2020 年）实施评估报告》，东北师范大学中国农村教育发展研究院，2017 年 9 月 15 日。

[2] 孙雪东：《用好用活规划政策全力助推脱贫攻坚》，http://www.mlr.gov.cn/wszb/2017/fpydzclt/zhibozhaiyao/201710/t20171009_1609219.htm。

792 亿元（不含重庆地票交易），增加了脱贫攻坚尤其是其中的易地搬迁扶贫可用资金。

（四）创新和实行可包容多种贫困类型的扶贫方式，拓展精准扶贫的空间

2014 年以来，中国各地结合实际摸索和试验出更多的、可包容多种不同贫困类型的精准扶贫干预措施及其组合。除了在适宜的条件下继续沿用过去帮助提高贫困人口能力去利用国家发展所创造的机会的方式之外，近年来逐渐探索出多种通过直接创造机会和有条件转移支付等形式来精准扶贫的方式。

1. 以股权、产品和就业连接为主的产业扶贫

通过政府支持和外部市场组织的介入，以股权、产品和就业连接等形式，将贫困农户纳入更大的生产经营体系中，重构贫困农户的资源配置，部分或全部改变农户在生产经营中决策和其他方面的地位，也相应地重建了贫困户的收入来源结构和保障体系。这类以股权、产品和就业连接为主的产业扶贫，包括三种基本类型：第一种是贫困户将其所承包的土地、政府提供或政府担保的扶贫贷款，入股或租借给其他专业农业生产经营主体（如涉农公司、专业合作社、家庭农场或农业生产大户），从中获得红利或租金，同时也相应地承担风险；第二种是贫困农户通过合约的形式将自己所生产的产品卖给其他涉农公司，获得价格保护，据以分摊市场风险；第三种是其他产业化组织为扶贫对象提供长年或季节性的就业机会，增加贫困户的就业收入。实际中还有将其中两种或三种方式组合的情形。这类以股权、产品和就业连接的产业扶贫形式，是精准扶贫中各地政府高度重视和支持的方式。如贵州六盘水市开展的农村"三变"改革即是其中的一个典型。这类产业扶贫方式的主要优点是：（1）可以享受土地和资金入股的分红、获得当地就业的机会，增加收入；（2）部分突破了家庭生产经营能力的限制，借助专业化的生产经营组织，提高效率，从而增加收入；（3）通过借助外部力量分摊和转嫁风险，提高收入的稳定性。当然，这类产业扶贫形式，也隐含了一定的风险。这包括入股经

营主体的生产经营风险和土地使用权转让之后减少回归家庭农业机会的风险。地方政府在支持发展以股权、产品和就业连接为主的产业扶贫的同时，需要未雨绸缪，帮助扶贫对象提早防控和减少这些方面的风险。

2. 需求导向的就业扶贫

扶贫对象中有相当部分劳动力，由于家庭或个人方面的种种原因，或者不能或无力到离家远的地方就业，或者不能依靠自己的能力外出找到合适的就业机会。这部分贫困劳动力在正常市场条件下，很难通过就业脱贫。近年各地探索出一些瞄准扶贫对象需要的就业扶贫方式，包括：（1）东西部协作为扶贫对象定向安排就业，主要是根据可外出就业劳动力的特点和能力，推荐合适的工作岗位，并提供其他方面的帮助；（2）东部协作地区或其他地区具有比较成熟的生产、管理体系和稳定市场的企业，在贫困地区（村）直接创办扶贫车间，安排贫困户劳动力就近就业；（3）在贫困村根据社区公共服务的需要，直接为贫困户劳动力提供诸如打扫卫生、道路养护等方面的公益岗位。

3. 结合国家产业政策和地方资源优势发展的扶贫方式

将符合国家产业政策、具有优势的地方资源和产业开发与精准扶贫结合起来，一方面促进贫困地区地方资源和产业的开发；另一方面又能使扶贫对象从中受益，是近年脱贫攻坚中扶贫创新的一个重要方向。近年探索和发展起来的旅游扶贫、资产收益扶贫、光伏扶贫是其中的典型。

中国贫困地区蕴含丰富的自然景观、生态、民族文化和红色文化等旅游资源，开展旅游扶贫，将各地旅游资源的开发与扶贫有机结合起来，是较好的扶贫方式。过去两年的实践，已经证明了中国旅游扶贫产生了显著的脱贫效果。①

通过支持贫困地区如小水电等自然资源开发与相关产业发展，并使由此形成的资产收益部分惠及贫困村和贫困人口，实现资产收益扶贫，是中国精准扶贫过程中探索并实行的一种新的扶贫方式。

---

① 《国家旅游局发布〈全国乡村旅游扶贫观测报告〉》，《中国旅游报》2016 年 8 月 18 日。

　　光伏扶贫则是一个结合国家新能源发展战略和贫困地区优势资源开发实行的精准扶贫方式。利用贫困地区闲置的土地资源和丰富的光热资源，发展光伏产业，一方面推动国家清洁能源的发展，另一方面让扶贫对象和贫困村集体分享国家光伏产业发展优惠政策的红利和当地资源开发所产生的资产收益。

4. 治病和减负结合的健康扶贫

　　"治病难""治病贵"是因病致贫的主要原因。中国在健康精准扶贫中，将帮助扶贫对象中患有重病、大病和慢性病的患者治病和减轻患者家庭的治病支出结合起来，解决了长期存在的"治病难""治病贵"的问题。在治病方面，全国卫生计划生育系统通过对全国所有扶贫对象的摸底调查，摸清了建档立卡扶贫对象患病的类型、程度，帮助患者建立了健康档案，并让乡村医生与所有因病致贫扶贫对象签约提供日常的健康服务，解决看病不便问题；同时通过全国三甲医院与所有贫困县建立对口联系、实行远程诊断和咨询等形式，解决贫困县医疗技术力量不足和水平较低的问题。在减负方面，通过减免扶贫对象参加新农合的个人缴费、增加新农合报销、提供大病保险和医疗救助等政策，大幅度减少了扶贫对象看病治病的费用。如山东等省还在上述优惠政策的基础上，由政府和保险公司合作为扶贫对象再购买一次医疗保险。

5. 生态环境保护与补偿、公益岗位就业结合的生态保护脱贫

　　在生态脆弱地区和重点生态环境保护区域，各地探索出通过提高生态环境保护补偿、提供生态环境保护公益岗位等形式，帮助辖区内扶贫对象在不搬离居住地的条件下，参加生态环境保护，实现增收和减贫。

6. 移民安置和生计安排相结合的易地移民扶贫

　　自脱贫攻坚开始以来，各地更进一步意识到只有将移民安置和生计安排结合起来解决，易地移民扶贫才能起到完成脱贫攻坚任务的作用。因此，在移民安置时更多地同步考虑如何通过产业扶贫、就业扶贫等方式，帮助搬迁扶贫对象增收脱贫，创造出移民安置与生计安排结合的易地移民扶贫方式。

7. 差异化的社会保障兜底扶贫

社会保障兜底扶贫，如何做到既能兜底又不致形成福利依赖，是一个国际性难题。近两年各地在实践中逐渐摸索出一些好的社保兜底的做法。如青海省将低保对象按照家庭主要成员劳动能力，划分为家庭主要成员完全丧失劳动能力或生活自理能力的重点保障户、家庭主要成员部分丧失劳动能力或生活自理能力的基本保障户和其他原因造成家庭人均收入低于当地保障标准的一般保障户，分别确定不同的低保补助水平。有些地区探索出将家庭主要成员有一定劳动能力扶贫对象享受低保与其参加公益劳动或其他开发性扶贫活动联系起来的方式。

（五）聚焦深度贫困地区和特殊贫困群体

聚焦深度贫困地区和特殊困难群体，是中国政府根据扶贫形势变化对作为脱贫攻坚基本方略的精准扶贫，在实施过程中做出的重要调整。随着脱贫攻坚进程的推进，贫困人口比较集中、脱贫难度较大的深度贫困地区和因病因学因残因灾致贫返贫、饮水安全保障程度低和住房不安全的群体，成为脱贫攻坚有待攻下的最后堡垒。根据全国建档立卡贫困监测系统数据，西藏、四省藏区、南疆四地州和四川凉山彝族自治州、云南怒江傈僳族自治州和甘肃临夏回族自治州（即所谓的"三区三州"）的24个市州、209个县，2016年底仍有贫困人口318.54万人，贫困发生率高达16.7%，有146个县贫困发生率高于10%。根据部分贫困地区贫困程度比较深、脱贫难度比较大的形势，中共中央办公厅、国务院办公厅发布了《关于支持深度贫困地区脱贫攻坚的实施意见》，决定采取非常规举措，集中精力，分工负责，解决深度贫困地区和特殊困难人群的脱贫攻坚问题。提出的主要举措包括：中央统筹，重点支持"三区三州"的脱贫攻坚；落实部门责任，帮助解决深度贫困地区和特殊困难群体脱贫攻坚中存在的重点问题；由各省负责解决各自的深度贫困地区问题。

三　中国精准扶贫的成就

（一）在不利的宏观经济环境下实现了贫困人口的较大规模持续减少

2012 年以后受国际经济形势变化和国内增长方式调整的影响，中国经济进入新常态。从 2012 年至 2016 年中国人均 GDP 年增长速度为 6.1%，比前四年（2008~2011 年）平均增速下降了 3 个百分点，降低了 31%。经济增速大幅下降，使得经济增长对减贫的自动拉动作用明显下降。2011 年以来万元 GDP 减少的贫困人口数，按可比价格计算，降低了 72%。

在经济增长速度下降给减贫带来不利影响的同时，经过前 30 多年快速减贫的过程，我国减贫的势能也在减弱，剩余贫困人口脱贫的难度越来越大。在这样严峻的宏观经济形势和脱贫形势下，2012~2016 年全国农村贫困人口减少了 5564 万人，平均每年减少 1391 万人（见图 5-1）。这充分说明最近几年我国实施的精准扶贫、精准脱贫系列措施，通过政府和社会多方面的努力，有效冲抵了经济增速放缓和减贫难度加大对脱贫进程的不利影响。我国继过去 30 多年创造出通过有效管理发展过程实现持续减贫的中国经验之后，现在又在试

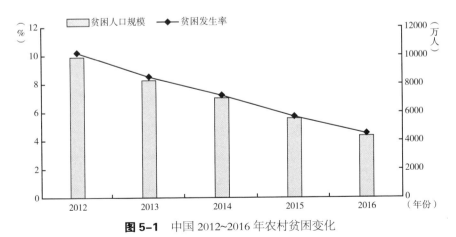

图 5-1　中国 2012~2016 年农村贫困变化

资料来源：国家统计局住户调查办公室：《2017 中国农村贫困监测报告》，中国统计出版社，2017。

验和探索出在宏观经济环境不利条件下对剩余少量贫困人口进行脱贫攻坚的做法。最近 4 年的脱贫进程表明，我国在脱贫攻坚方面取得了符合预期的效果。

（二）贫困地区农户的基本公共服务得到明显改善

据国家统计局贫困监测调查结果，2013 年以来我国贫困地区农户的基础设施和基本公共服务得到明显改善。第一，贫困地区农村居民居住条件不断改善。2017 年贫困地区农村居民户均住房面积比 2012 年增加 21.4 平方米；贫困地区农村饮水无困难的农户比重为 89.2%，比 2013 年提高了 8.2 个百分点；使用清洁能源的农户比重为 35.3%，比 2012 年提高 17.6 个百分点。第二，基础设施条件不断完善。至 2017 年末，贫困地区通电的自然村接近全覆盖；通电话的自然村比重达到 98.5%，比 2012 年提高 5.2 个百分点；通有线电视信号的自然村比重为 86.5%，比 2012 年提高 17.5 个百分点；通宽带的自然村比重为 71.0%，比 2012 年提高 32.7 个百分点；2017 年贫困地区村内主干道路面经过硬化处理的自然村比重为 81.1%，比 2013 年提高 21.2 个百分点；通客运班车的自然村比重为 51.2%，比 2013 年提高 12.4 个百分点。第三，教育、文化状况得到改善。2017 年，84.7% 的农户所在自然村上幼儿园便利，88.0% 的农户所在自然村上小学便利，分别比 2013 年提高 17.1 个和 10.0 个百分点；有文化活动室的行政村比重为 89.2%，比 2012 年提高 14.7 个百分点。第四，农村医疗卫生可及性提高。2017 年，贫困地区农村拥有合法行医证医生或卫生员的行政村比重为 92.0%，比 2012 年提高 8.6 个百分点；92.2% 的户所在自然村有卫生站，比 2013 年提高 7.8 个百分点。[①]

（三）18% 的贫困县实现了摘帽

2016 年和 2017 年，我国共有 153 个贫困县经过合法的程序，经过申请、内部审核、国家专项评估检查，由所在省政府正式批准退出贫困县。这

[①] 国家统计局住户调查办公室：《扶贫开发成就举世瞩目　脱贫攻坚取得决定性进展》，http://www.stats.gov.cn/ztjc/ztfx/ggkf40n/201809/t20180903_1620407.html。

是我国自 1986 年设立国家贫困县以来通过合法程序正式有成批的贫困县退出。[①] 153 个贫困县脱贫摘帽，不仅具有重要的指标意义，标志着我国贫困县开始出现绝对数量上的减少；而且拉开了通过合法程序解决区域性整体贫困问题的序幕。贫困县退出，客观上打破了片区的整体性，为解决区域性整体贫困问题创造了条件。

四　中国精准扶贫实践对世界减贫理论和国家社会治理创新的贡献

（一）中国精准扶贫对世界减贫实践和理论的贡献

在经济增长对减贫的自动拉动作用减弱条件下，如何通过一系列的干预制度和方法设计，在较短时期内实现贫困人口较大规模减少，是迄今为止国际反贫困理论和实践中尚未解决的问题。其原因在于：在纯粹市场经济条件下，贫困的减少，取决于经济增长的方式和性质以及贫困人口利用经济增长所创造出来的机会的能力；一旦市场经济创造的机会减少或消失，贫困减少只能主要通过福利制度等再分配制度和政策的作用来实现；而通过再分配制度和政策减贫，第一，容易形成受益者的福利依赖；第二，除了消费的作用以外不能产生积极的经济影响；第三，用于再分配的资金如果规模过大，支持再分配解决贫困的方案很难被社会接受，因此短期内难以依靠再分配方式实现大规模贫困人口的脱贫。

2013 年以来中国在经济增长速度大幅度降低、增长对减贫的自动拉动作用显著减弱、低收入人群平均收入有所下降的条件下，贫困人口每年平均减少 1309 万，表明中国在国家层面进行的精准扶贫实践取得了初步的成功。

将中国精准扶贫所开创出的新的扶贫范式与目前国际上主流的减贫理论

---

① 在"八七"扶贫攻坚计划时期中央政府曾经通过政策调整，让东部地区的贫困县不再享受国家扶贫优惠政策，由各省自己负责，实际上属于政策性的贫困县调整，但这些贫困县从国家贫困县退出后多数由各省接管扶持，且未经过像现在这样的严格合法程序正式宣布退出。

框架或减贫战略进行比较，可以看出中国精准扶贫不仅是我国扶贫开发理论和实践的一次提升，同时也是国际减贫理论的创新。目前在国际上被广泛认可的减贫战略是世界银行《世界发展报告（2000/2001）》中提出的结合了基本需求理论和能力贫困理论而建立的以扩大机会（promoting opportunity，即推动亲贫增长和提升穷人能力以更多地利用机会）、推动赋权（facilitating empowerment）和增强安全（enhancing security）为支柱的理论①（以下简称"三支柱"减贫战略/理论）。这一减贫理论包括的三大基本干预，包括世界上多数国家减贫战略所考虑和采用的基本理论和形式。我国自1986年以来实行的开发式扶贫战略更是世界银行这一减贫战略在世界上最成功的实践案例。

与世界银行2000/2001年度报告中所提出的减贫战略及其支撑理论相比，中国精准扶贫的实践，一方面进一步充实和丰富了原来的"三支柱"减贫理论，另一方面更是发展了原来以实行亲贫增长战略和提升贫困人口利用经济增长所产生机会能力为主要内容的扩大穷人机会的理论。下面具体分析中国精准扶贫对减贫理论完善和发展的贡献。

1. 精准扶贫实践丰富和充实了"三支柱"减贫理论

首先，从对穷人安全的保障来说，中国在精准扶贫中通过组合和叠加相关的保障，为扶贫对象提供了更充分和全面的保障。除了实行低保兜底扶贫以外，在健康扶贫、教育扶贫以及扶贫对象住房安全保障方面，政府为扶贫对象提供了全覆盖、高标准且贫困户不付费或很少付费的保障。此外，还通过农业保险、贷款保险等服务，为扶贫对象减轻自然风险和市场风险可能带来的损失。

其次，中国实行的精准扶贫，客观上赋予扶贫对象全过程参与和自己相关的扶贫活动的权利。从对象认定、致贫原因分析到项目实施、接受帮扶、退出认可等，扶贫对象都能够发挥一定的作用。此外，由于如期脱贫被作为有关部门的政治任务，扶贫对象作为整体事实上也对国家和地区的扶贫政策

---

① World Bank, *World Development Report 2000/2001: Attacking Poverty*, Oxford University Press.

调整产生了影响，从而增强了对贫困人口的赋权。

最后，在精准扶贫中，通过改善社区基础设施和公共服务、改善获得资金、土地（住房）使用的机会等，中国扶贫对象的财产可获得性及其回报都有所提高。

综合来看，过去几年中国的精准扶贫实践，进一步充实和丰富了"三支柱"减贫理论。

2. 中国精准扶贫实践，在一些方面发展了减贫理论

中国在精准扶贫实践中，通过识别和锁定目标人群，根据扶贫对象脱贫的需要，分配和动员资源，一方面帮助穷人利用市场经济提供的机会，另一方面结合扶贫对象所在区域的特点和条件直接为贫困人口创造发展机会。在国际减贫和发展领域，通过公共工程的方式改善公共基础设施，同时增加贫困人口或低收入人群的就业机会和收入，具有较长的历史。中国在精准扶贫中，除了借助公共工程（中国的以工代赈）方式增加扶贫对象的就业机会和收入以外，还结合国家的产业政策、区域资源，为某些类型扶贫对象量身定做专门的扶贫方式，如资产收益扶贫、光伏扶贫、扶贫车间和部分其他产业扶贫等，直接为扶贫对象创造机会。

直接为贫困人口创造机会的减贫做法，是以减贫为目标，通过政府和其他方面的支持和帮助，利用地方优势资源和条件，发展相应的产业或服务，或者在产业中嵌入扶贫的内容，增加贫困人口的就业和创收机会。直接为贫困人口创造机会来减贫，提高了不能利用市场带来机会的贫困人口脱贫的机会和概率，扩大了扶贫的边界。直接为贫困人口创造机会脱贫，是中国精准扶贫对减贫理论创新所做出的贡献。

直接为贫困人口创造机会减贫的理论基础是社会成本效益。首先，减少贫困人口本身就可以视为社会效益的增加，因为减少贫困，通常可以促进社会的稳定与和谐，带来正的社会效益。其次，在某些短期投资回报率不高甚至亏损的产业或项目上投资直接为贫困人口创造机会，只要从国家或地区的角度具有长期的合理回报，其投资就具有社会成本效益合理性。比如，中国

开展的光伏扶贫，虽然短期内纯粹的收益主要来自国家的光伏发电上网价格补贴，但是光伏发电对于促进清洁能源发展、推动清洁能源对传统能源的替代具有积极的作用，一旦大规模的光伏产业发展起来，推动技术进步和成本大幅度下降，其长期回报就有可能丰厚。又如中国各地结合自己的优势资源开展产业扶贫、资产收益扶贫，由于发展环境条件还不具备，完全由市场开发不可行，但是政府的支持使其中一些具有资源比较优势和市场潜力的产业提前数年进行开发，一方面为贫困人口直接创造了增收和就业的机会；另一方面政府的资金和政策支持也会培育出有市场前景的产业，促进地区经济的发展。当然，直接为贫困人口创造机会扶贫，必须服从社会成本效益原则，否则就不如通过直接的转移支付来减贫。中国在精准扶贫过程中诞生的基于社会成本效益原则的直接为贫困人口创造机会减贫的理论，是对国际减贫理论创新做出的贡献。

（二）精准扶贫对中国社会治理创新的贡献

精准扶贫，是党中央和政府发动的有计划、有组织地进行的一项大规模反贫困社会干预实践，是利用我国独特的制度和政治优势实现国家阶段性发展目标的一次重要的社会实验，从一定意义上说也是我国治理体系和治理能力近年来在应对高度复杂的社会干预所经历的一次重要的考验。仅就问题的复杂性、所产生的社会关注度、社会资源动员的范围和所具有的深远影响而言，精准扶贫可能是十八大以来党和政府领导开展的仅次于反腐败的最重要的社会干预实验。

过去 4 年的精准扶贫实践，在一定程度上丰富了我国政府社会治理的经验，对完善和发展我国的治理理论也有重要的借鉴意义。首先，精准扶贫过程中形成的多系统分工协作齐抓共管治理体系和强化基层治理体系与能力的做法，对于解决复杂社会问题、实行有效治理具有重要的借鉴意义。精准扶贫工作面广（全国）、工作对象分散且差距大、工作任务重、工作内容复杂、工作要求高（"六个精准"），任何现成的组织都难以独力承担。在精准扶贫的实践中，我国探索出各级党委政府主要领导负责，专业部门、行业部门和社会力量分工协作、齐抓共管的扶贫组织体系，并且在基层现有以村支部和村委会为基础的治理结构中，引入了驻村第一书记及扶贫工作队，解决了原有基层治理体系中上下沟通不够通畅和治理能力不足的问题。在多系统协力扶贫中，建立明确的部门和人员职责分工和严格的问责制，对于保证治理体系的有效运转非常关键。

其次，精准扶贫中探索出的入户调查、大数据和群众参与相结合进行扶贫对象识别的做法，对于信息时代识别和界定复杂条件下的社会干预对象，具有重要的启示和借鉴意义。在当今人员流动大、信息来源和呈现方式多样的时代，任何单一的信息获取渠道都难尽可信。基于专业知识和经验判断设计的问卷和经过培训的人员所开展的入户调查（包括个人和家庭各方面信息的大数据）与所在地群众的参与，可以比较全面地了解不易找准的社会干预对象的情况，为选择和实施有效的干预，提供比较可靠的基础信息。

再次，精准扶贫探索并构建出政府、市场组织与社会力量共同支持扶贫的资源投入和动员方式，积累了应对投入需求大且不确定的重大社会干预的有益经验。其经验是：政府确定明确的干预计划并广泛地进行社会动员，主动并积极安排资金，鼓励并支持市场组织和社会力量根据社会干预目标和任务的需要、结合自身的特点、按照履行社会责任和发挥专业优势相结合的原则创新性地参与政府组织和领导的社会干预行动。

最后，精准扶贫实践中，探索出来的将扶贫和脱贫的内部考核与外部多方监督、评估相结合，以结果考核为中心，结果考核与过程考核相结合的考核评估制度，对完善政府治理中的考核评估工作具有参考和借鉴意义。在精准扶贫过程中，除了加强和细化扶贫系统内部的工作考核之外，还建立了包括审计、督查、人大监督、政协巡查与第三方独立评估相结合的配套考核评估制度；在考核评估内容上，以结果考核为中心，将结果考核评估与过程考核相结合；建立基于考核评估结果的激励和奖惩制度。这样就形成了一套完整的社会干预考核评估的制度。

第六章　中国金融扶贫

金融扶贫是中国政府扶贫政策的一个组成部分，也是推进扶贫开发的一项具体举措，是在中央政府主导下，各级政府、金融机构、各类企业或非企业社会组织参与扶贫开发，主要面向贫困地区和贫困人群提供综合金融服务，扶持低收入和贫困农户生产和经营，帮助其增加收入，摆脱贫困，实现自力更生，提高经济社会地位。[①]与开发式扶贫战略相适应，金融扶贫主要在三个层面开展：一是贫困户，即解决贫困家庭脱贫致富的生产经营以及教育和医疗等生活需要的金融服务；二是区域性产业发展，即通过金融服务支持贫困地区企业发展生产，带动就业和经济的发展，从而带动更多人脱贫致富；三是发展生产的基础条件，即通过金融支持解决发展所面临的基础设施落后问题，包括道路、水电、通信、教育、医疗等涉及生产和生活的各个方面，解决长期可持续发展需要的基本物质条件和公共服务均等化等问题。

---

① 杜晓山、宁爱照：《中国金融扶贫实践、成效及经验分析》，《海外投资与出口信贷》2017年第 5 期。

一　专项扶贫金融政策[①]

（一）信贷扶贫

1．改革开放初期的扶贫专项贷款政策

专项贷款是为适应金融体制改革和国民经济发展需要由中国人民银行（以下简称人民银行）根据不同地区、不同时期经济发展需要而开办的，规定了专门用途，采用优惠利率。扶贫专项贷款就是用于支持贫困县发展种植养殖、农副产品加工、小矿业等投资少、见效快的区域性龙头骨干项目，增加贫困县自力更生、脱贫致富的经济实力，实现解决贫困县群众温饱问题的目标。[②]

改革开放初期，扶贫专项贷款主要包括老少边穷地区发展经济贷款、贫困县县办工业贷款和扶持贫困地区专项贴息贷款。[③]1983 年人民银行设立了"发展少数民族地区经济贷款"，实行优惠利率，开始利用金融手段扶贫，主要支持内蒙古、广西、宁夏、新疆四个民族自治区和贵州、云南、甘肃、青海四个边远贫困地区发展地方经济。1985 年该项贷款扩大到全国范围内由国务院确定的贫困县，并改名为"老少边穷地区发展经济贷款"。1986 年人民银行制定了《关于专项贷款管理暂行办法》，将"老少边穷地区发展经济贷款"纳入其中。该项贷款资金由人民银行安排，贷款申请经人民银行批准后，由人民银行委托农业银行发放。

1988 年，为帮助贫困县发展县办工业，从根本上增强自力更生脱贫致富的经济实力，人民银行开办了贫困县县办工业贷款，集中用于国家重点扶持的 331 个贫困县发展投资少、见效快，能充分发挥当地资源优势，有较强的

[①] 中国的贫困问题不仅仅在农村，城镇中也有大量因下岗或失业造成的贫困人口。为此，自 2002 年起中国政府推行了小额担保贷款政策，主要目的是推动城镇人口创业，并带动更多人就业。鉴于篇幅限制，本章只分析农村扶贫中的金融政策问题。特此说明。

[②] 中国人民银行资金管理司：《中央银行信贷资金宏观管理》，甘肃人民出版社，1990，第 305 页。

[③] 即扶贫贴息贷款。由于该项贷款政策持续时间长，意义重大，将在下一节专门介绍。

市场竞争力，能带动千家万户发展商品生产的区域性龙头骨干企业；支持经济和社会效益好、有发展前途的老企业，以及东西部联合开发项目和发达地区与贫困县开展横向联合，进行产品扩散和转移先进技术、生产名优特产品和出口创汇产品的改造和扩建项目。

2. 扶贫贴息贷款政策

1986 年，人民银行与中国农业银行（以下简称农行）共同颁布了《扶持贫困地区专项贴息贷款管理暂行办法》，提出从当年开始，在第七个五年计划期间，由人民银行每年安排 10 亿元资金，主要支持经国务院确定的重点贫困县，用于发展投资少、见效快、有市场、家家户户都能干、适合发挥本地资源优势，有助于尽快解决群众温饱的生产项目。扶贫贴息贷款一直沿用至今，成为中国最重要、规模最大、持续时间最长的金融扶贫工具。

扶贫贴息贷款设立之初由作为专业银行的农行经营管理。1994 年中国农业发展银行（以下简称农发行）成立后，政府将扶贫贴息贷款的经营管理职能转到农发行。但是，由于农发行在基层没有营业网点，还需要依靠农行的基层网点来参与管理，1998 年扶贫贴息贷款管理职责再次转回农行。为建立健全符合市场经济要求的信贷扶贫管理体制和运行机制，提高扶贫资金的运行效率和扶贫效益，2008 年国务院扶贫办等四部门出台了《关于全面改革扶贫贴息贷款管理体制的通知》，决定下放管理权限，扶贫贷款及贴息资金的管理、使用和效益统一由地方负责；引入市场竞争机制，鼓励商业银行自愿按商业原则参与扶贫贷款工作，公开公平开展竞争。根据这一政策，扶贫贴息贷款的发放主体不再是农行一家，而是放开至各类商业银行。商业银行可以自愿按商业原则参与扶贫贴息贷款工作，公开公平参与竞争。

扶贫贴息贷款的信贷资金最初来自人民银行，后来源于农行和人民银行再贷款。2008 年放开扶贫贴息贷款经营权之后，信贷资金由承贷机构自行筹集，人民银行提供再贷款。2016 年人民银行设立了扶贫再贷款，专门用于引导贫困地区的地方银行业法人机构扩大对贫困地区的信贷投放。

扶贫贴息贷款的使用范围最初主要是在国家级贫困县，2008 年后扩大到省扶贫开发工作重点县及非重点县的贫困村。贷款对象包括三类：贫困户、企业或农民合作组织、扶贫基础设施建设。

在扶贫贴息贷款发展过程中，贷款的重点对象和用途经过若干次调整。最初扶贫贴息贷款主要是发放给贫困户，重点支持有助于尽快解决温饱问题的种植业、养殖业和农产品加工业等生产项目。但是经过两年多实践，有一种观点认为，大多数贫困户缺少必要的技术和管理能力，不能充分利用好贷款，也难以取得资金使用和分配的规模经济；而贫困地区的一些经济实体可以组织更大规模的经济活动，从而带动贫困户就业，增加其收入，并能够提高贷款的回收率，让贷款发挥更大的效率。于是，从 1989 年开始扶贫贴息贷款主要投放给贫困地区的经济实体，同时要求使用贴息贷款的经济实体的新增员工中至少一半来自贫困户。①

但扶贫贴息贷款改为投向经济实体后，贫困户从扶贫贴息贷款中受益明显减少了。从 1989 年到 1995 年，扶贫开发贴息贷款的绝大多数发放给了乡镇企业和县办企业，这些企业安排一个人员就业所需资金较高而且预定的吸纳贫困户劳动力就业的政策没有得到认真执行。另外，贷款的还款率也没有很大提高。为了实现"八七"扶贫攻坚目标，扶贫到户受到特别重视。因此，1996 年以后扶贫贴息贷款又逐步向贫困农户倾斜，重点直接扶持贫困户的种植业和养殖业。1997 年之后直接到贫困户的扶贫贴息贷款多采用小额信贷方式。②

2001 年中共中央、国务院发布了《中国农村扶贫开发纲要（2001—2010年）》，重新强调了支持企业和产业发展对减贫的重要性，继续安排并增加扶贫贷款，重点支持贫困地区能够带动贫困人口增加收入的种养业、劳动密集型企业、农产品加工企业、市场流通企业以及基础设施建设项目，同时推广扶贫到户的小额信贷，支持贫困农户发展生产。2014 年进入精准扶贫阶段后，

---

① 吴国宝：《扶贫模式研究——中国小额信贷扶贫研究》，中国经济出版社，2001，第 89~90 页。
② 由于小额信贷对于扶贫的独特性和重要性，将在下一部分专门介绍。

到户的扶贫贴息贷款就聚焦于建档立卡贫困户，支持其发展扶贫特色优势产业，增加收入。

扶贫贴息贷款一直实行优惠利率，并由财政部分贴息。最初，扶贫贴息贷款的贷款期限由农行根据不同贷款用途的生产经营周期和借款户综合收入分别确定，一般为1~3年，最长不超过5年。贷款利率为月息6.1厘，对借款户收取2.1厘，中央财政补贴4厘。2001年之后，贷款期限改为以1年为主，最长不超过3年，年利率统一为3%，这一利率与人民银行公布的同期同档次贷款利率之间的利差，由中央财政贴息。2008年之后，贷款期限由承贷金融机构根据当地农业生产的季节特点、贷款项目生产周期和综合还款能力等灵活确定。贷款利率也不再做统一规定，而是由承贷金融机构根据人民银行的利率管理规定和其贷款利率定价要求自主决定。扶贫开发重点县的贷款贴息资金来自中央和省级财政，非重点县到户贷款贴息资金来自省级财政。中央财政按贴息1年安排贴息资金。具体贴息期限由各省根据具体情况自主确定。中央财政在贴息期内，对到户贷款按年利率5%、项目贷款按年利率3%的标准，给予贴息。2014年之后的精准扶贫小额信贷政策规定，建档立卡贫困户的小额贷款金额在5万元以下、期限为3年以内，鼓励金融机构参照贷款基础利率，合理确定贷款利率水平。对符合条件的贷款户给予贴息支持，贴息利率不超过贷款基础利率。

3. 小额信贷扶贫政策

尽管，《国家八七扶贫攻坚计划》特别强调扶贫到户，而且扶贫信贷资金投入量很大，对扶贫攻坚发挥了重大作用，但入户率较低，效益不理想，回收比例不高。因此，扶贫信贷资金如何直接到贫困户，成为扶贫工作必须解决的问题。

国际经验和国内部分地区试点证明，小额信贷是扶贫资金到户的有效方式，而且到期还款率很高。所以，1998年《中共中央关于农业和农村工作若干重大问题的决定》要求"总结推广小额信贷等扶贫资金到户的有效做法"，1999年中共中央、国务院《关于进一步加强扶贫开发工作的决定》再一次明确要求"各地要把小额信贷作为保证信贷资金扶贫到户的重要措施"①。

这样，中国的小额信贷政策和实践可以分为两个部分：一是国际组织和民间组织开展扶贫小额信贷；二是政府主导的在扶贫贴息贷款中为扶贫到户而开展小额信贷。

小额信贷是金融活动，依法应该只有金融机构可以从事。但是，在"八七"扶贫攻坚期间，为了完成艰巨的扶贫任务，中国政府鼓励非政府组织和国际机构参与扶贫，动员社会力量和社会资源参与和支持扶贫事业，一方面增加了扶贫资源的投入，推进了扶贫方式的创新；另一方面也让更多的机构和人们了解和支持贫困地区和扶贫工作。因此，在此期间，中央有关部门、地方政府或民间组织与国际多双边组织以及国际非政府组织合作，引进了小额信贷扶贫模式。

最初，这些小额信贷扶贫活动大多是以国际合作扶贫项目的形式进行。在项目结束后，各地在项目的基础上成立了很多专门的小额信贷操作机构，多采用社团法人或民办非企业法人形式，后来被称作非政府组织小额信贷机构或公益性小额信贷机构。

由于公益性小额信贷机构没有金融机构身份，但具有良好的扶贫效果，而且资金基本来源于国内外捐助，不会引发公众存款机构可能存在的金融风险。因此，公益性小额信贷机构获得了政府某种"特许"，或是以扶贫项目的方式进行。例如，中国社会科学院指导建立的小额信贷机构扶贫经济合作社获得了人民银行和国务院扶贫办的许可，作为小额信贷扶贫试点持续运行；商务部中国国际经济技术交流中心与联合国开发计划署（UNDP）在中国17个省份的48个县开展的小额信贷扶贫活动以国际合作项目形式进行；中国扶贫基金会和全国妇联的小额信贷项目是以扶贫或公益项目进行；等等。

"八七"扶贫攻坚期间，根据中央政府关于小额信贷的政策，各地基层扶

---

① 自2004年至2017年，除2011年中共中央和国务院的一号文件是关于水利建设问题，没有提到小额信贷之外，其余各年的一号文件都是关于"三农"问题，都明确提出了支持小额信贷的发展。

贫办成立了扶贫社等专门从事小额信贷业务的机构，对农行承贷承还扶贫贷款，直接面对贫困农户发放小额贷款。但是，这种方式下扶贫社没有办法解决不良资产和利息倒挂等问题，而且扶贫社承担了很多服务贫困农户的任务，运作成本过高，收入难以弥补成本，致使扶贫社经营难以为继，1999年扶贫社不再承贷承还，而是重新由农行直接放款到户，其只是协助农行提供服务到户。

2014年，中国进入"精准扶贫、精准脱贫"的新阶段。同年12月，国务院扶贫办等五部门联合印发了《关于创新发展扶贫小额信贷的指导意见》，提出要把创新发展扶贫小额信贷工作，作为实现精准扶贫的关键举措；把提高建档立卡贫困户贷款可获得性作为工作的基本出发点，协调金融机构为建档立卡贫困户量身定制贷款产品，完善信贷服务，提高扶贫小额信贷的精准性和有效性，促进贫困人口脱贫致富；扶持对象是有贷款意愿、有就业创业潜质、技能素质较高和有一定还款能力的建档立卡贫困户；扶持重点是支持建档立卡贫困户发展扶贫特色优势产业，增加收入；扶持方式是对符合贷款条件的建档立卡贫困户提供5万元以下、期限3年以内的信用贷款，并鼓励金融机构参照贷款基础利率，合理确定贷款利率水平；各地可统筹安排财政扶贫资金，对符合条件的贷款户给予贴息支持，贴息利率不超过贷款基础利率；有条件的地方可根据实际情况安排资金，用于补偿扶贫小额信贷发生的坏账损失；支持推广扶贫小额信贷保险，鼓励贷款户积极购买，分散贷款风险。

4. 贫困村村级互助资金政策

进入21世纪以后，随着经济环境和扶贫形势的变化，中国的农村扶贫面临着新的挑战。首先，长期以来中国财政扶贫资金一直采取自上而下的供给机制，扶贫项目和农村公共服务的选择权主要在政府，农民需求缺乏有效的表达机制；同时对财政扶贫资金和农村公共服务的供给缺乏有效的监督，不利于提高财政扶贫资金的使用效率。其次，其时的贫困已经不仅仅是收入的不足，更多地表现为贫困人口自身潜在能力低下和发展动力不足。只有通过农户之间的联合互助，提高农户的自我发展和互助合作能力，继而实现贫困农户的能力脱贫，贫困地区才能有真正意义上的发展，才能真正实现开发式扶贫的方针，帮助贫困农户步入发展轨道。最后，一直以来，中国的农村扶贫实践都是依靠政府行政体系把扶贫资源传递给贫困地区和贫困户。这种反贫困治理结构很容易因为信息不足等原因造成扶贫工作成本高、效率低的问题。因此，建立可以发挥政府、社区组织和农户的各自优势，建立起官民合作、贫困群体合作以及社区主体合作的机制，成为优化反贫困治理结构的关键。[①]

1995年贵州省威宁县草海自然保护区就开展了农户自我管理的"村寨信用基金"[②]。2004年我国若干地方已经开始使用财政资金开展社区基金和互助资金试点。[③]2006年，在总结各地经验的基础上，国务院扶贫办和财政部印发了《关于开展建立"贫困村村级发展互助资金"试点工作的通知》，在14个省（自治区）启动了"贫困村村级发展互助资金"试点，安排一定数量的财政扶贫资金，在部分实施整村推进的贫困村内建立"互助资金"。同时，村内农户可以以自有资金入股等方式扩大互助资金的规模，村民以借用方式周转使用"互助资金"发展生产。

（二）保险业扶贫政策

因病因学往往是致贫或返贫的重要原因。同时，农业生产易受自然灾害影响而导致农民收入减少。因此，保险业可以在扶贫中发挥重要作用。2016年5月，中国保监会与国务院扶贫办联合发布了《关于做好保险业助推脱贫攻坚工作的意见》，提出以满足贫困地区日益增长的多元化保险需求为出发

---

① 吴忠、曹洪民、林万龙：《扶贫互助资金仪陇模式与新时期农村反贫困》，中国农业出版社，2008，第1~5页。

② 农民自我管理的资金互助形式。参见刘文璞主编《小额信贷管理》，社会科学文献出版社，2011，第65~66页。

③ 吴忠、曹洪民、林万龙：《扶贫互助资金仪陇模式与新时期农村反贫困》，中国农业出版社，2008，第3页。

点，以脱贫攻坚重点人群和重点任务为核心，精准对接建档立卡贫困人口的保险需求，为贫困户提供普惠的基本风险保障；发挥保险资金融通功能，加大对贫困地区的投放，增强造血功能，推动贫困地区农业转型升级；因地制宜开展特色优势农产品保险，积极开发推广目标价格保险、天气指数保险、设施农业保险，面向能带动贫困人口发展生产的新型农业经营主体，开发多档次、高保障农业保险产品和组合型农业保险产品，探索开展覆盖农业产业链的保险业务，协助新型农业经营主体获得信贷支持；不断提升大病保险服务水平，提高保障程度，缓解"因病致贫、因病返贫"现象；积极开发推广贫困户主要劳动力意外伤害、疾病和医疗等扶贫小额人身保险产品；积极发展扶贫小额信贷保证保险，为贫困户融资提供增信支持，增强贫困人口获取信贷资金发展生产的能力；积极开展针对贫困家庭大中学生的助学贷款保证保险，解决经济困难家庭学生就学困难问题；各地要结合实际，对建档立卡贫困人口给予保费补贴，提高扶贫资金使用效率，并建立健全贫困地区风险分担和补偿机制，专项用于对建档立卡贫困户贷款保证保险及带动贫困人口就业的各类扶贫经济组织贷款保证保险风险补偿；到 2020 年，基本建立与国家脱贫攻坚战相适应的保险服务体制机制。

2016 年保监会推动行业成立了中国保险业产业扶贫投资基金和中国保险业公益扶贫基金，鼓励和支持行业发挥保险资金长期优势，推动贫困地区产业脱贫。

（三）资本市场扶贫政策

为了支持贫困地区企业利用多层次资本市场融资，提高融资效率，降低融资成本，不断增强贫困地区自我发展能力，2016 年中国证券监督管理委员会（以下简称证监会）发布了《关于发挥资本市场作用服务国家脱贫攻坚战略的意见》，为贫困地区企业 IPO、新三板挂牌、发行公司债、并购重组，开辟绿色通道。该项政策提出，以贫困地区实体经济需求为导向，以资本市场服务产业扶贫为重点，优先支持贫困地区企业利用资本市场资源，拓宽直接融资渠道，对注册地和主要生产经营地均在贫困地区且开展生产经营满三年、缴纳所得税满三年的企业，或者注册地在贫困地区、最近一年在贫困地区缴纳所得税不低于 2000 万元且承诺上市后，三年内不变更注册地的企业，实行"即报即审，审过即发"快速上市政策；对于注册地在贫困地区的企业申请在全国中小企业股份转让系统（即新三板）挂牌的，以及发行公司债、资产支持证券化的，均实行"专人对接，专项审核"，申请新三板挂牌的，适用"即报即审，审过即挂"快速挂牌政策，且减免挂牌初费；对发行公司债、资产支持证券化的，适用"即报即审"政策。

二　全面的综合性精准扶贫金融政策

中国扶贫开发实践证明，贫困问题的解决根本要靠经济的发展，并在发展中使贫困人口得到公平发展机会，分享发展成果。因此，中国第一个扶贫开发纲要实施完成后，鉴于剩余贫困问题的综合性与复杂性，中国的金融扶贫政策也更加综合和全面，除了继续直接推动解决贫困群体的金融服务问题，同时着力打造旨在提高社会各阶层的金融服务可获得性和便利性的普惠金融体系。

（一）作为基本公共服务的金融服务政策

2011 年中国政府制定的《中国农村扶贫开发纲要（2011—2020 年）》强调基本公共服务均等化，要求到 2020 年贫困地区基本公共服务主要领域指标接近全国平均水平。为此，该纲要在提出继续完善国家扶贫贴息贷款政策之外，提出在贫困地区推动全面、综合的金融服务建设，包括积极推动贫困地区金融产品和服务方式创新，鼓励开展小额信用贷款；尽快实现贫困地区金融机构空白乡镇的金融服务全覆盖；引导民间借贷规范发展，多方面拓宽贫困地区融资渠道；鼓励和支持贫困地区县域法人金融机构将新增可贷资金70％以上留在当地使用；鼓励保险机构在贫困地区建立基层服务网点；完善中央财政农业保险保费补贴政策；针对贫困地区特色主导产业，鼓励地方发展特色农业保险；加强贫困地区农村信用体系建设；等等。

（二）普惠金融政策

2013年11月中共十八届三中全会提出了"发展普惠金融"的目标。同年12月中共中央、国务院印发了《关于创新机制扎实推进农村扶贫开发工作的意见》，提出建立精准扶贫工作机制，完善金融服务机制，充分发挥政策性金融的导向作用，支持贫困地区基础设施建设和主导产业发展；引导和鼓励商业性金融机构创新金融产品和服务，增加贫困地区信贷投放；加快推动农村合作金融发展，强化农村信用社支农服务功能，规范发展村镇银行、小额贷款公司和贫困村资金互助组织；完善扶贫贴息贷款政策，扩大扶贫贴息贷款规模；进一步推广小额信用贷款；推动金融机构网点向贫困乡镇和社区延伸，改善农村支付环境；加快信用户、信用村、信用乡（镇）建设；发展农业担保机构；扩大农业保险覆盖面；为农业产业化龙头企业、家庭农场、农民合作社、农村残疾人扶贫基地等经营组织提供更优质的金融服务。

2014年，人民银行等七部门联合发布了《关于全面做好扶贫开发金融服务工作的指导意见》，提出要全面做好贫困地区的金融服务，到2020年，具备商业可持续发展条件的贫困地区基本实现金融机构乡镇全覆盖和金融服务行政村全覆盖，建成多层次、可持续的农村支付服务体系和完善的农村信用体系，贫困地区金融生态环境进一步优化，使贫困地区金融服务水平接近全国平均水平，初步建成全方位覆盖贫困地区各阶层和弱势群体的普惠金融体系。同时，该指导意见将贫困地区基础设施建设、经济发展和产业结构升级、就业创业和贫困户脱贫致富、生态建设和环境保护作为重点支持领域。

2015年12月，国务院发布了《推进普惠金融发展规划（2016—2020年）》，指出要发展普惠金融，立足机会平等要求和商业可持续原则，以可负担的成本，为有金融服务需求的社会各阶层和群体提供适当、有效的金融服务，其中，小微企业、农民、城镇低收入人群、贫困人群和残疾人、老年人等特殊群体是普惠金融重点服务对象，让所有市场主体都能分享金融服务，推动"大众创业、万众创新"，增进社会公平和社会和谐，促进全面建成小康社会。

（三）全面、综合、精准金融扶贫政策

随着扶贫实践的发展，金融扶贫已经进入经济社会发展政策的各个方面，尤其是"三农"事业发展的整体战略中。2014 年 4 月，国务院办公厅印发了《关于金融服务"三农"发展的若干意见》，提出要优化县域金融机构网点布局，重点向中西部及经济落后地区倾斜；推动农村基础金融服务全覆盖，深化助农取款、汇款、转账服务和手机支付等多种形式，提供简易便民金融服务；进一步发挥政策性金融、商业性金融和合作性金融的互补优势，切实改进对农民工、农村妇女、少数民族等弱势群体的金融服务。

2015 年 10 月中共中央发布了《关于制定国民经济和社会发展第十三个五年规划的建议》，明确指出要加快金融体制改革，健全商业性金融、开发性金融、政策性金融、合作性金融分工合理、相互补充的金融机构体系；着力加强对中小微企业、农村，特别是贫困地区的金融服务；要加大中央和省级财政扶贫投入，发挥政策性金融和商业性金融的互补作用，整合各类扶贫资源，开辟扶贫开发新的资金渠道。

2015 年 11 月，中共中央、国务院印发了《关于打赢脱贫攻坚战的决定》，将金融扶贫作为扶贫攻坚支撑体系的重要支柱。该决定指出，要鼓励和引导商业性、政策性、开发性、合作性等各类金融机构加大对扶贫开发的金融支持；运用多种货币政策工具，向金融机构提供长期、低成本的资金，用于支持扶贫开发；设立扶贫再贷款，实行比支农再贷款更优惠的利率，重点支持贫困地区发展特色产业和贫困人口就业创业；动用财政贴息资金及部分金融机构的富余资金，对接政策性、开发性金融机构的资金需求，拓宽扶贫资金来源渠道；为易地扶贫搬迁提供融资支持；国家开发银行、农发行要分别设立"扶贫金融事业部"；农行、邮政储蓄银行、农村信用社等金融机构要延伸

服务网络，创新金融产品，增加贫困地区信贷投放；建立和完善省级扶贫开发投融资主体；支持农村信用社、村镇银行等金融机构为贫困户提供免担保扶贫小额信贷，由财政按基础利率贴息；加大创业担保贷款、助学贷款、妇女小额贷款、康复扶贫贷款实施力度；优先支持在贫困地区设立村镇银行、小额贷款公司等机构；支持贫困地区培育发展农民资金互助组织，开展农民合作社信用合作试点；支持贫困地区设立扶贫贷款风险补偿基金；支持贫困地区设立政府出资的融资担保机构，重点开展扶贫担保业务；积极发展扶贫小额贷款保证保险，对贫困户保证保险保费予以补助；扩大农业保险覆盖面，通过中央财政以奖代补等支持贫困地区特色农产品保险发展；加强贫困地区金融服务基础设施建设，优化金融生态环境；支持贫困地区开展特色农产品价格保险，有条件的地方可给予一定保费补贴；有效拓展贫困地区抵押物担保范围。

为落实这一决定精神，增强扶贫金融服务的精准性和有效性，2016年人民银行等七部门印发了《关于金融助推脱贫攻坚的实施意见》（以下简称《意见》），强调要紧紧围绕"精准扶贫、精准脱贫"基本方略，坚持精准支持与整体带动结合，坚持金融政策与扶贫政策协调，坚持创新发展与风险防范统筹，以发展普惠金融为根基，全力推动贫困地区金融服务到村到户到人，努力让每一个需要金融服务的贫困人口都能便捷地享受到现代化金融服务。

《意见》要求，人民银行分支机构要加强与各地相关部门的协调合作和信息共享，及时掌握贫困地区特色产业发展、基础设施和基本公共服务等规划信息，指导金融机构认真梳理精准扶贫项目金融服务需求清单，找准金融支持的切入点。各金融机构要积极对接建档立卡贫困户，建立精准扶贫金融服务档案，精准对接特色产业发展、贫困人口就业就学、易地扶贫搬迁、贫困地区重点项目等领域的金融服务需求，提升贫困户发展能力，支持贫困人口脱贫致富；要大力推进贫困地区普惠金融发展，加强贫困地区支付基础设施建设，持续推动结算账户、支付工具、支付清算网络的应用；探索农户基础信用信息与建档立卡贫困户信息的共享和对接，完善金融信用信息基础数据库，探索建立针对贫困户的信用评价指标体系。

《意见》强调，要发挥好各类金融机构助推脱贫攻坚的主体作用。国家开发银行和农发行加快设立"扶贫金融事业部"，大中型商业银行要稳定和优化县域基层网点设置，鼓励和支持中国邮政储蓄银行设立三农金融事业部，农村信用社、农村商业银行、农村合作银行要继续发挥好农村金融服务主体的作用；支持在贫困地区稳妥规范发展农民资金互助组织，开展农民合作社信用合作试点。

《意见》指出，要拓宽贫困地区企业融资渠道。支持证券、期货、保险等金融机构在贫困地区设立分支机构；鼓励和支持贫困地区符合条件的企业通过主板、创业板、全国中小企业股份转让系统、区域股权交易市场等进行融资，发行企业债券、公司债券、短期融资券、中期票据、项目收益票据、区域集优债券等债务融资工具；支持贫困地区开展特色农产品价格保险，改进和推广小额贷款保证保险，增加农业保险密度和深度。

《意见》明确，完善精准扶贫金融支持保障措施。设立扶贫再贷款，利率在正常支农再贷款利率基础上下调1个百分点，引导地方法人金融机构加大对贫困地区的支持力度。有效整合各类财政涉农资金，充分发挥财政政策对金融资源的支持和引导作用。金融机构要加大对贫困地区发行地方政府债券置换存量债务的支持力度，稳步化解贫困地区政府债务风险。推行和落实信贷尽职免责制度，根据贫困地区金融机构贷款的风险、成本和核销等具体情况，对不良贷款比例实行差异化考核，适当提高贫困地区不良贷款容忍度。

《意见》要求，持续完善脱贫攻坚金融服务工作机制。建立和完善人民银行、银监、证监、保监、发展改革、扶贫、财政、金融机构等参与的脱贫攻坚金融服务工作联动机制，加强政策互动、工作联动和信息共享。建立和完善脱贫攻坚金融服务专项统计监测制度，及时动态跟踪监测各地、各金融机构脱贫攻坚金融服务工作情况，积极开展专项评估，丰富评估结果运用方式，增强脱贫攻坚金融政策的实施效果。

三 与金融扶贫相配套的货币、监管和财税支持政策

为了推动农村（尤其是中西部）地区加快发展步伐，中国政府从货币、财税和监管等方面制定了一系列政策，引导金融机构增加农村金融服务供给。

（一）货币政策

为鼓励和引导农村金融机构更多地将新增或者盘活的信贷资源配置到"三农"领域，人民银行运用了差别化存款准备金、支农再贷款、扶贫再贷款和再贴现等政策。首先是差别化存款准备金政策。2012 年人民银行决定，对于符合审慎经营要求且"三农"和小微企业贷款达到一定比例的商业银行、法人在县域的农村商业银行、农村合作银行、农村信用社和村镇银行等采取低于其他商业银行的法定存款准备金率，2014 年对于达到一定标准的农村金融机构的这一要求再次降低。例如，对法人机构在县域的农村合作银行、农信社和村镇银行的存款准备金率按 13% 执行，而同期大型金融机构的存款准备金率为 20.00%，中小型金融机构为 16.50%。

其次是支农再贷款。1999 年人民银行就开始实行支农再贷款制度，支持农村金融机构增加农村信贷资金投放。支农再贷款的使用范围从最初的农信社扩大到设在市区、县域和村镇的农村商业银行、农村合作银行、农信社、村镇银行等存款类金融机构法人。该政策要求借用支农再贷款期间，农村金融机构涉农贷款增量不得低于借用的支农再贷款总量，借用支农再贷款发放的涉农贷款的加权平均利率要低于其他同期同档次涉农贷款加权平均利率。2014 年人民银行要求，力争贫困地区支农再贷款余额占所在省（区、市）总额的比重高于上年同期水平，并对贫困地区符合条件的农村金融机构发放的支农再贷款在现行优惠利率基础上再降低 1 个百分点。

再次是扶贫再贷款。2016 年人民银行在 832 个连片特困地区和国家扶贫开发工作重点县以及未纳入上述范围的 411 个省级扶贫开发工作重点县设立

了扶贫再贷款，实行比支农再贷款更为优惠的利率，要求金融机构将扶贫再贷款优先用于建档立卡贫困户和带动贫困户就业发展的企业，包括家庭农场、专业大户、农民合作社等经济主体；地方法人金融机构运用扶贫再贷款资金发放的贷款利率不得超过人民银行公布的一年以内（含一年）贷款基准利率。2016 年底，全国扶贫再贷款余额为 1127 亿元。[①]

最后是再贴现管理政策，引导金融机构优化信贷结构，支持涉农信贷投放。人民银行要求对各分支机构对涉农票据等优先办理再贴现，各省每季度末再贴现票据余额的涉农票据占比高于 30%，再贴现支持的金融机构办理再贴现票据的贴现利率应低于该金融机构同期同档次的贴现加权平均利率，以降低农村融资成本。

（二）金融监管政策

为了增加农村金融服务供给，中国政府就金融监管政策做出一系列改革。首先是适度放开农村金融市场准入，2007 年中国银行业监督管理委员会（以下简称银监会）发布了《关于调整放宽农村地区银行业金融机构准入政策更好支持社会主义新农村建设的若干意见》，提出创制三种新型农村金融机构，即村镇银行、贷款公司和农村资金互助社。[②] 为了鼓励金融机构到贫困地区设立村镇银行，2009 年银监会发布了《关于做好〈新型农村金融机构 2009 年—2011 年总体工作安排〉有关事项的通知》，要求银行业金融机构主发起人首先考虑在国定贫困县和中西部地区发起设立村镇银行，并决定实施准入挂钩措施，即优先支持在西部设立村镇银行，如果在东部省份设立村镇银行，则在西部省份设立的数量不应少于东部。这些措施增加了农村金融供给，增强了市场竞争力。其次是引导加大涉农信贷投放，对金融机构创新涉农业务产

[①] 中国人民银行农村金融服务研究小组：《中国农村金融服务报告 2016》，中国金融出版社，2017，第 68 页。

[②] 其中村镇银行在十年中发展迅速，截至 2017 年底，全国村镇银行数量已达 1562 家。参见中国银行业监督管理委员会网站，《银行业金融机构法人名单》，http://www.cbrc.gov.cn/govView_97A2236F09D84AC9B82046CE8B705716.html。

品以及在服务薄弱地区设立机构网点，积极开辟准入绿色通道。最后是修改存贷比口径计算方法，将支农再贷款和"三农"专项金融债所对应的贷款从存款比计算公式的分子中扣除，对农信社和村镇银行等涉农金融机构实行弹性存贷比考核和差异化存款偏离度考核。其他监管政策还包括降低农户贷款的风险权重，提高涉农贷款不良贷款容忍度，等等。

（三）财税支持政策

财税政策的主要目的是鼓励和支持金融机构在贫困地区和面向贫困户增加金融服务供给。其一是定向费用补贴政策，鼓励金融机构在西部偏远地区乡（镇）解决农村基础金融服务薄弱和"空白"问题。从 2008 年起，中央财政对符合一定条件的村镇银行、贷款公司和农村资金互助社三类新型农村金融机构，按当年贷款平均余额的 2% 给予补贴。2010 年中央财政又将西部 12 省（区）的 2255 个基础金融服务薄弱乡镇的银行业金融机构网点也纳入补贴范围。

其二是县域金融机构涉农贷款增量奖励政策，鼓励县域金融机构增加涉农贷款。2008 年起，中央财政对试点地区符合一定条件的县域金融机构当年涉农贷款平均余额增量超过 15% 的部分，按 2% 给予奖励，奖励资金由中央和地方财政按规定的比例分担。

2016 年财政部制定了《普惠金融发展专项资金管理办法》，将农村金融机构定向费用补贴和县域金融机构涉农贷款增量奖励作为普惠金融发展专项资金（以下简称专项资金）纳入其中，进一步明确和完善了这两项政策的使用规则。

其三是农业保险保费补贴政策。为增强农业生产抵御灾害能力，解决农村金融发展"后顾之忧"，促进农业防灾救灾方式由"政府救济""事后救灾"向"保险理赔""事前防灾"转变，2007 年起中国政府实施了中央财政农业保险保费补贴政策，在农户和地方自愿的基础上，为投保农户（包括规模经营主体）提供一定的保费补贴，补贴险种逐步增加至种植、养殖和林业 3 大类15 个品种，基本覆盖了关系国计民生和粮食安全的大宗农产品，并鼓励地方开发特色险种。

其四是税收优惠政策。针对农业贷款成本高、风险大和低收入农户贷款难的问题，2010年财政部和国家税务总局决定自2009年1月1日至2013年12月31日，对金融机构5万元以下的农户小额贷款的利息收入免征营业税，在计算应纳税所得额时，按90%计入收入总额；对保险公司为种植业、养殖业提供保险业务取得的保费收入，在计算应纳税所得额时，按90%比例减计收入；对中和农信项目管理有限公司和中国扶贫基金会举办的农户自立服务社（中心）从事农户小额贷款取得的利息收入在计算应纳税所得额时，按90%计入收入总额。2014年，国务院又决定将此项政策延续到2016年底，并对县域农村金融机构的金融保险业收入减按3%的税率征收营业税，并将享受税收优惠的农户小额贷款限额从5万元提高到10万元。对县域的农村合作金融机构和新型农村金融机构减按3%征收营业税。2017年财政部和国家税务总局联合发布的《关于延续支持农村金融发展有关税收政策的通知》提出，2017年1月1日至2019年12月31日，对金融机构农户10万元以内的小额贷款的利息收入，免征增值税，且在计算应纳税所得额时按90%计入收入总额。对保险公司为种植业、养殖业提供保险业务取得的保费收入，在计算应纳税所得额时，按90%计入收入总额。

四　扶贫金融的进展与成效

金融机构是在贫困地区经济发展的大背景下，将扶贫融于支持贫困地区经济社会发展，尤其是产业发展当中。利用金融手段参与扶贫的金融机构不仅包括上述商业银行和农信社，还有人民银行、开发性和政策性银行以及保险公司等。

（一）政府主导的扶贫贴息贷款

中国政府主导的扶贫贴息贷款在贫困地区及其贫困人口脱贫的过程中发挥了巨大作用，但是也存在很多问题。

1. 扶贫贴息贷款是中国扶贫资金的重要来源

1986~2013 年，中国累计发放专项扶贫贷款 4717.67 亿元，平均每年 168.49 亿元。从扶贫贷款与财政专项扶贫资金发放量的时间序列看，中国扶贫贷款具有以下几个特征：第一，扶贫贷款是实现政府扶贫目标一个非常长期的且重要的政策工具，从扶贫贷款在扶贫资金投入中的比例就可以看出来。从 1986 年到 2013 年的 28 年间，扶贫贷款的年度发放额只在 5 年中少于财政专项扶贫资金，在其他年份都高于后者，甚至在 1988 年达到后者的 3.05 倍，在 2013 年也达到后者的 2.13 倍（见表 6-1）。

表 6-1 中国扶贫贷款与财政专项扶贫资金的投入量（1986~2013 年）

单位：亿元

年份	扶贫贷款（1）	财政专项扶贫资金（2）
1986	23.00	19.00
1987	23.00	19.00
1988	30.50	10.00
1989	30.50	11.00
1990	30.50	16.00
1991	35.50	28.00
1992	41.00	26.60
1993	35.00	41.20
1994	45.50	52.35
1995	45.50	53.00
1996	55.00	53.00
1997	85.00	68.15
1998	100.00	73.15
1999	150.00	78.15
2000	150.00	88.15
2001	185.00	100.02

续表

年份	扶贫贷款（1）	财政专项扶贫资金（2）
2002	185.00	106.02
2003	185.00	114.02
2004	185.00	122.01
2005	90.00	129.93
2006	141.61	137.01
2007	124.48	144.04
2008	214.32	167.34
2009	259.96	197.30
2010	436.30	222.68
2011	453.90	272.00
2012	538.00	332.05
2013	839.10	394.00

资料来源：国务院扶贫开发领导小组办公室《中国扶贫开发年鉴》编委会：《中国扶贫开发年鉴2015》，团结出版社，2016。

2. 财政贴息资金发挥了很好的杠杆作用

2001~2013 年，中央财政对专项扶贫贷款累计贴息 71.05 亿元[1]，而由表 6-1 可以看出，此间相应的扶贫贷款发放额是 3837.67 亿元，放大倍数为 54.01。可见，中央财政扶贫资金的杠杆率是很高的。某种程度上，扶贫贴息贷款政策缓解了贫困地区的资金加速向发达地区外流的趋势。

3. 扶贫目标有一定程度的偏离

扶贫贴息贷款是否瞄准了目标对象，首先需要厘清扶贫贷款的目标，然后再考察扶贫贷款的分配和使用是否与设立该项政策的目标吻合。由于金融扶贫存在直接与间接两种方式，带来了评价中有争议性的"资金到户"还是

---

[1]　国务院扶贫开发领导小组办公室《中国扶贫开发年鉴》编委会：《中国扶贫开发年鉴 2014》，团结出版社，2016，第 24 页。

"效益到户"问题，使得评判扶贫贷款分配和使用是否偏离目标变得复杂。相对于资金到户来说，贷款效益到户的评估在方法、数据方面都具有更大的困难。在 20 世纪 80 年代末期出现的扶贫贷款转向经济实体的政策调整，主要是基于扶贫贷款效益到户的假设。

关于资金是否到户，需要考察两个问题：一是是否存在"贷富不贷穷"的问题，二是是否存在扶贫贷款的溢出问题。有学者研究发现，从 2004 年不同收入组农户得到的扶贫贷款比重及与其人口比重的比值来看，当年扶贫贷款带有明显的照顾低收入农户的倾向，未出现"贷富不贷穷"的问题，但是，农行利用政策的弹性和实际工作中贫困户、低收入户不易界定的问题，将扶贫贷款更多地贷给了低收入户和中等收入农户；从农户得到的扶贫贷款金额的比重来看，贫困户和低收入户获得的扶贫贷款占 1/3 强，约 2/3 的扶贫贷款溢出到《中国农村扶贫开发纲要》所确定的目标对象之外，但是溢出的扶贫贷款主要集中于贫困县的中等收入农户。[1]

4. 财政贴息对农村金融市场发育产生负面影响

贴息贷款的存在，扭曲了农村金融资源的配置，阻碍了农村金融市场的发育，不利于贫困的持续缓解和贫困地区正常金融秩序的建立，而且，因贴息贷款不可能长期存在，所有的贴息贷款政策都不可能成为解决贫困人口资金短缺的可持续的经济方式。[2]

（二）公益性组织的小额信贷

1. 缓解了农村信贷约束，改善了信贷分配公平性

小额信贷扶贫思想强调直接解决贫困人口在生产和生活中的资金困难，帮助其创收，摆脱贫困。在缺乏正规金融机构信贷服务的情况下，小额信贷成为农户生产性贷款的最重要来源，缓解了农村信贷市场中生产性贷款的约束问题，有助于改善农村信贷市场运作效率低下的局面，改善了农户的初始

---

① 吴国宝等：《中国农村贫困户信贷服务研究》，中国国际扶贫中心课题报告，2007 年 4 月。
② 吴国宝：《农村小额信贷扶贫试验及其启示》，《改革》1998 年第 4 期。

资源禀赋或生产机会，具有增加农民收入的潜力；小额信贷可以把信贷基尼系数降低 5~8 个百分点，改善信贷在农户之间的分配不平等状况。[①]

2. 非金融服务提高了贫困人口自我发展的能力

公益性组织的小额信贷在向中低收入农户提供发展家庭生产的小额信贷服务的同时，还提供提高贫困人群发展能力的其他非金融服务，如技能培训、文化教育、金融培训、社区组织能力建设，以及一些扶贫济困的慈善救济活动等。

3. 部分公益性小额信贷机构实现了可持续发展，形成长期扶贫的能力

既要实现扶贫的目标，又要实现自身可持续发展，是公益性小额信贷发展的难点。中国的部分小额信贷项目通过机构化和专业化，逐步实现了这双重目标。从 1993 年开始，中国社会科学院农村发展研究所先后在河北、河南和陕西等地引进孟加拉乡村银行（Grameen Bank，国内亦有译为"格莱珉银行"）小额信贷模式（以下简称 GB 模式），建立了社团法人的扶贫经济合作社，开展扶贫试验，取得了一系列成功。同时，中国国际经济技术交流中心与 UNDP 合作的小额信贷项目也纷纷转制为社团法人形式的专门小额信贷机构，独立运行。中国扶贫基金会在其各地的小额信贷项目基础上，成立了民办非企业法人的农户自立服务社（中心），进而于 2008 年成立了中和农信资产管理公司，成为覆盖范围最广、客户数量最多、规模最大的公益性小额信贷专业机构。至 2017 年底，中和农信小额信贷已覆盖全国 21 个省（区、市）280 个县，其中大部分为国家和省级贫困县，有效客户 381929 人，其中农户占比为 92.70%，女性客户占比为 82.90%，累计放款 278.43 亿元，200 多万笔，贷款余额 590 多万元，户均余额 15555 元。[②]

[①]　孙若梅：《小额信贷与农民收入——理论与来自扶贫合作社的经验数据》，中国经济出版社，2005，第 227~230 页。

[②]　中和农信资产管理有限公司网站，http://www.cfpamf.org.cn/，访问时间：2018 年 3 月 10日。

4. 公益性小额信贷的发展面临诸多困难

首先，公益性小额信贷机构缺乏金融机构的法律地位，即使是中和农信资产管理公司，服务范围如此大，也不是持牌的金融机构。没有合法地位，导致公益性小额信贷机构的筹资渠道狭窄，只能主要依靠捐赠资金，而捐赠资金数量有限，机构的资金规模难以扩大，服务规模和能力都难以提高。在这种情况下，公益性小额信贷机构也难以招聘到高水平的专业人才。这些都限制了公益性小额信贷机构的可持续发展能力和助推脱贫攻坚的能力。

公益性小额信贷机构化发展，是寄希望于机构的可持续发展带来的可持续扶贫能力，因为贫困需要长期的干预才可能摆脱。但是，机构化带来了机构本身的生存需要及其员工福利不断提高的需要，因此，全球范围内机构化的小额信贷都有不同程度的目标偏离，即不再或很少为小额信贷项目初期确定的最贫困人群服务。有研究表明，如果小额信贷以最贫困群体为目标，需要专门的瞄准工具，并支付相应的成本。[1]

（三）贫困村村级互助资金

借助贫困村村级互助资金这一平台，财政扶贫资金能够按照贫困社区农民的真实需求得以使用，而且可以滚动使用、保值增值，是对已有扶贫制度安排的一种创新，建立起以贫困农民需求为导向的扶贫资金决策机制，促进扶贫开发的政府供给与贫困农户的需求相匹配。这种"造血式"扶贫方式不仅使财政扶贫资金达到了瞄准贫困群体的目标，还提高了贫困群体的自我组织与自我发展能力。同时，互助资金具有社区内部信息对称的优势，可以降低信贷交易成本和风险，提高还款率，实现扶贫信贷资金可持续运转，从而提高政府扶贫资金的使用效率和使用效果的可持续性。[2]

---

[1] 孙若梅：《小额信贷与农民收入——理论与来自扶贫合作社的经验数据》，中国经济出版社，2005，第 227~230 页。

[2] 杜晓山、林万龙、孙同全：《贫困村互助资金模式的比较研究》，国务院扶贫办外资中心课题报告，2009。

据国务院扶贫办的不完全统计，截至 2013 年底，中国 28 个省（区、市）1407 个县 19397 个贫困村开展了互助资金试点，互助资金总规模 45.17 亿元，其中中央财政扶贫资金 11.54 亿元，省级专项财政扶贫资金 22.79 亿元，农户缴纳互助金和其他资金 11.5 亿元；加入资金互助社的农户 191.46 万户，占试点村总户数的 30.72%，加入资金互助社的贫困户 98.88 万户，占贫困户的 41.2%；累计发放借款 88.73 亿元，其中向贫困户发放借款 48.19 亿元，占发放借款总额的 54.31%；累计借款 204.48 万人次，其中贫困户借款 116.24 万人次，占 56.85%；累计占用费收入 5.35 亿元；累计还款 69.05 亿元；累计逾期还款 37651 笔，逾期金额 2.17 亿元，逾期率 2.45%；累计损失金额 2522 万元。[①]

2014 年以来，贫困村村级互助资金在发展中出现了三种变化。一是随着经济的发展，资金需求规模整体提升，原来设定的 3000~5000 元贷款上限已经不能满足贫困村发展生产的需求，资金需求额度开始变大。因此，一些村的 30 万~50 万元的互助资金逐渐被村里大户所使用，借款期限也变长至 1 年。二是互助资金的功能发生变化，即将互助资金转变为担保资金，向银行贷款，放大倍数一般为 10。这样，一个村每年可以有 300 万~500 万元的贷款额度，从而能够满足村里产业发展的资金需求。三是一些互助资金办不下去了。其中不完全是管理能力的问题，也有互助资金被村干部等强势人群占用的原因。这样的互助资金一般都被当地政府叫停，然后直接转用于村里的公益事业，例如修路或者建广场。

（四）政策性银行扶贫新机制

中国的政策性金融机构包括国家开发银行（以下简称国开行）和农发行。国开行根据自身特点，在扶贫领域主要从三个方面进行。一是深化与政府的合作，加强扶贫开发机制建设，例如与国务院扶贫办签署了开发性金融扶贫协议，共同探索支持贫困乡村发展特色产业等精准扶贫模式。二是帮助贫困

---

① 国务院扶贫开发领导小组办公室《中国扶贫开发年鉴》编委会：《中国扶贫开发年鉴 2014》，团结出版社，2016，第 23 页。

地区科学制定发展规划，例如，针对贫困地区制定扶贫开发规划，在特色产业发展、基础设施建设的融资机制等方面提供咨询服务。三是加大对重点领域的支持力度，例如，加大在易地扶贫搬迁与城乡统筹、棚户区改造、新农村建设和特色产业发展相结合以及与贫困人口生产生活密切相关的农村公路、安全饮水、农村电网和危旧房改造等基础设施建设方面的信贷支持力度，并创新了"四台一会"模式①，发挥财政资金的杠杆作用和国开行的批发融资优势，为贫困农户发展生产提供融资服务，支持贫困乡村和农户发展特色产业。此外，国开行还开展教育扶贫贷款，为贵州的四个定点扶贫县提供贷款。2016年国开行设立了扶贫金融事业部，专职开展扶贫工作，按照"易地扶贫搬迁到省、基础设施到县、产业发展到村（户）、教育资助到户（人）"的思路，持续加大融资融智支持脱贫攻坚力度。

截至2015年底，国开行为贫困地区大学生发放了879亿元助学贷款，惠及2003个县的1524万人次贫困家庭学生，同时贷款270亿元支持青海、山西和内蒙古等贫困地区校园安全工程建设，贷款已覆盖832个国家级贫困县和集中连片特困县中的727个县，累计发放贷款1.56亿元。②

2016年4月农发行组建了扶贫金融事业部，并在22个省（自治区、直辖市）分行设立扶贫业务处；有扶贫开发任务的二级分行在客户业务部门加挂扶贫业务部的牌子；在全国832个国家级贫困县，有农发行机构的，在县级支行加挂"中国农业发展银行××县（市）扶贫金融事业部"的牌子；无机构的，派驻扶贫金融专员，从而实现了贫困县全覆盖。此外，农发行已对537个国家级贫困县给予了信贷支持。2015年底共审批易地搬迁贷款项目412个，金额2700亿元，利率平均下浮15.7%，平均的贷款期限21年，惠及搬迁人口518万人，其中建档立卡户占62.7%。农发行根据不同县域的产业特点、资源禀赋

---

① 四台一会，即以地方政府的国有资产运营公司为融资平台、担保公司为担保平台、金融办为管理平台并以社会公示平台披露贷款信息，创建信用促进协会为借款人进行增信。

② 郭梦云：《国家开发银行发挥开发性金融作用，大力支持"三农"发展》，见张承惠、郑醒尘等编著《中国农村金融发展报告2015》，中国发展出版社，2016，第134~136页。

和经济社会发展趋势确定相应的金融产品和服务模式。[①]农发行还制定政策性金融扶贫五年规划，率先在银行间债券市场成功发行扶贫专项金融债和普通扶贫债，在扶贫任务较重的省份创建金融扶贫实验示范区。2016 年底，农发行在全国 839 个贫困县的贷款余额达到 7928.75 亿元。[②]

（五）商业银行扶贫金融机制与产品创新

除了农行和农村信用社（含农村商业银行和农村合作银行，以下简称农信社）参与提供政府主导的扶贫贴息贷款之外，整体而言，包括农信社系统在内的商业银行仍然是农村地区乃至贫困地区信贷资金的最大投放者。2011 年以来，农行制定了扶贫开发的政策和工作制度，在总行成立了集中连片特困地区金融服务工作领导小组，与国务院扶贫办签署了《金融扶贫合作协议》，制订了 14 个片区综合金融服务方案和主导产业金融服务方案。农行的金融扶贫行动仍然突出基础设施建设和产业带动扶贫，至 2016 年初，农行累计投放贷款 3783.4 亿元支持贫困地区交通、水利等基础设施建设，贷款 1331.9 亿元支持上千家农业产业化龙头企业。此外，农行还创新金融产品和服务，在西藏累计为农牧民发放信用贷款 376 亿元，覆盖了全区 90% 以上的农牧户；在贵州发放生态移民工程贷款 6.4 亿元，支持建设安置房 10781 套，惠及 4.5 万人；在甘肃省以"政府政策性担保公司＋农户"模式累计发放农户贷款 152.9 亿元，支持农户 22.6 万户；在内蒙古以"政府风险补偿金＋农户"模式，累计发放贷款 63.1 亿元，支持农户 11.2 万户、扶贫企业 94 家。[③]

农信社是中国农村金融市场的主力军，农信社的信贷服务是中国完成脱贫攻坚任务的重要力量。农信社除了配合政府发放扶贫贴息贷款之外，其扶贫作用主要体现在涉农贷款上。截至 2016 年底，农信社的涉农贷款和农户贷

① 杨根全：《中国农业发展银行的发展与创新》，见张承惠、郑醒尘等编著《中国农村金融发展报告 2015》，中国发展出版社，2016，第 140 页。
② 中国人民银行农村金融服务研究小组：《中国农村金融服务报告 2016》，中国金融出版社，2017，第 34 页。
③ 国家统计局住户调查办公室：《2015 中国农村贫困监测报告》，中国统计出版社，2016，第 90 页。

款余额分别为 8.19 万亿元和 3.96 万亿元，分别占全国全部金融机构涉农贷款和农户贷款余额的 55.93% 和 29%。各地方农信社还根据本地特点，创造了许多金融扶贫模式。例如四川农信社推出"新型农业经营主体＋贫困户"模式、宁夏回族自治区泾源县农信社建立了"资金跟着穷人走、穷人跟着能人走、能人跟着产业走、产业跟着市场走"的金融扶贫模式，把银行贷款用于发展种植、养殖、加工等能增加贫困户收入的产业项目上。[①]

此外，中国其他各类商业银行纷纷以各种形式参与到扶贫工作中。建设银行通过新农村贷款、城镇化贷款、PPP 模式系列贷款，加大对贫困地区基础设施和公共服务设施建设的金融服务支持力度。包头商业银行（以下简称包商行）探索互联网金融扶贫新模式，在江西省的定点扶贫县鄱阳县试行。该模式在线下依托包商行与友成基金会合作建立的扶贫志愿者驿站，由金融扶贫志愿者团队深入鄱阳当地乡镇农村收集当地农户的资金需求，线上依托包商行原小马 Bank 平台（后来扩大到点融网等平台）募集社会资金，来满足当地农户的贷款需求。2014年 3 月至 2015 年 8 月，包商行在鄱阳县的普融惠农项目组累计通过互联网平台募集 1289.6 万元，解决了 171 笔当地农户和农业合作社等的贷款需求。

（六）保险业扶贫保险产品创新

保险业在扶贫方面提供的具体产品主要是在医疗保险、农业保险和信贷保证保险等方面。因病致贫或返贫是中国剩余贫困人口致贫的重要原因。中国各地普遍开展了基本医疗保险、大病保险和医疗救助三重医疗保障，并且降低保费，提高保额，减少了因病致贫和返贫现象的发生。2016 年全国大病保险已覆盖 9.2 亿城乡居民。累计超过 700 万人直接受益，大病患者医疗费用实际整体报销比例达到 70%。[②] 农业保险对农民减少自然灾害所带来的种植

---

① 中国人民银行农村金融服务研究小组：《中国农村金融服务报告 2016》，中国金融出版社，2017，第 6、31 页。

② 中国人民银行农村金融服务研究小组：《中国农村金融服务报告 2016》，中国金融出版社，2017，第 74 页。

养殖业损失起到了一定的作用。例如，2015 年辽宁省遭遇特大旱灾，农业保险支付赔款 15 亿元，地方政府基本未再拨付救灾资金。[①] 小额贷款保证保险、借款人意外伤害保险、保单质押等方式为贫困户借款起到了一定的融资增信作用，带动了银行对贫困户的贷款发放。目前，全国已有 25 个省（自治区、直辖市）、73 个地（市）开展了小额贷款保险试点，如浙江景宁县利用扶贫专项资金为低收入农户统一购买小额贷款保证保险并全额贴费贴息，银行机构凭保单发放免息免担保贷款。

（七）资本市场扶贫

2016 年证监会发布的《关于发挥资本市场作用服务国家脱贫攻坚战略的意见》为贫困地区企业上市融资带来了巨大便利。2016 年中国上市成功的企业从 IPO 申请被受理到完成上市发行，平均耗时 799.956 天，约合 2.2 年；2017 年上市企业花费的这个时间约为 2.1 年。而来自西藏的两家企业从申报到上市发行分别仅用 9.8 个月和 11.2 个月，低于平均水平。同时，这项政策也有利于吸引外埠企业到贫困县投资，以便上市融资，并有利于带动贫困县税收收入的快速增长。[②]

截至 2018 年 3 月，已有 12 家贫困县企业通过绿色通道发行上市，募集资金超过 30 亿元，63 家企业已经启动上市工作，82 家公司在新三板挂牌。2017 年 12 月 22 日，苹果期货合约在郑州商品交易所正式挂牌交易，这是全球首个鲜果期货品种。苹果期货推出后，可以形成公开透明的市场价格，防止出现农民惜售或者抛售，并且会形成产品标准，什么样的产品就是什么样的价格，这样可以提升农产品质量，进而推动产业发展。[③]

---

① 中国人民银行农村金融服务研究小组：《中国农村金融服务报告 2016》，中国金融出版社，2017，第 74 页。

② 李海波：《关于创新金融扶贫模式的探讨——基于河北模式的讨论》，《农村金融研究》2017 年第 5 期。

③ 罗燕：《证监会：将资本活水引入贫困地区》，《民生周刊》，http://www.msweekly.com/show.html?id=97433，2018 年 3 月 10 日。

（八）农村互联网金融

互联网金融是中国农村金融扶贫政策工具的一种新形式，发展迅速，方兴未艾。早在 2009 年宜信公司就成立了"宜农贷"平台，从城市募集低成本资金，提供给贫困地区的公益性小额信贷组织，用于向贫困人口提供信贷支持，至 2016 年底已资助农户 21587 位，提供信贷资金近 2.3 亿元[①]，引导了城市资金向贫困农村的回流。2015 年，阿里巴巴旗下的互联网金融企业蚂蚁金服建立起农村支付、保险和贷款平台。2016 年，蚂蚁金服成立了农村金融事业部，专责农村支付、保险、融资、征信等业务，并向中和农信资产管理公司注资，提供数字技术服务，通过中和农信开展扶贫信贷业务。2015 年京东金融发布了农村金融战略，要做农村全产业链和全产品链的金融服务，专为农村市场开发了消费信贷、生产信贷、理财和众筹产品。京东集团在贫困县、乡、村建立综合服务站，集金融服务、信息服务、电商服务、商超服务、物流服务等功能于一体。截至 2016 年 8 月，京东已经建成 1500 多家县级服务中心，1500 多家服务店，招募 27 万名乡村推广员，覆盖 27 万个行政村。一方面，京东金融为农户提供消费信贷服务，累计交易额超过 5 亿元；另一方面，为广大种植养殖农户提供贷款服务，累计贷款金额 3.45 亿元。[②] 其他电商企业也纷纷开拓农村金融市场。

（九）货币与监管政策的影响

在货币政策方面，截至 2013 年底，人民银行向 832 个贫困县下达再贷款、再贴现限额 612.7 亿元和 30.3 亿元，同比增长 23.8% 和 20%，其中再贷款余额 551.8 亿元，同比增长 36.7%，高于全国增速 14.3 个百分点。[③] 在支农再贷

---

① 宜农贷网站，http://www.yinongdai.com/，2017 年 10 月 9 日。
② 孙冰：《互联网金融农村拓荒记》，《中国经济周刊》2016 年第 31 期。
③ 国务院扶贫开发领导小组办公室《中国扶贫开发年鉴》编委会：《中国扶贫开发年鉴2014》，团结出版社，2016，第 226 页。

款的基础上，2016 年政府推出扶贫再贷款，实行比支农再贷款更优惠的利率，重点支持贫困地区发展特色产业和贫困人口就业创业。2016 年末，扶贫再贷款发放余额达到 1127 亿元。[①]

在监管政策方面，银监会为了引导村镇银行发起人到经济欠发达地区设立村镇银行，实行了"东西挂钩、城乡挂钩、发达与欠发达挂钩"、"一行多县"和"老、少、边、穷等经济欠发达地区地市级总分行制村镇银行"等政策，着力扩大村镇银行在欠发达地区的覆盖面。村镇银行作为新型农村金融机构，自产生以来覆盖面持续扩大，截至 2016 年底全国已经组建 1519 家，资产规模达到 1.24 万亿元，农户贷款和涉农贷款余额分别为 3234 亿元和 5550 亿元，覆盖了全国 1259 个县，其中 64.5% 设在中西部地区[②]，共有 401 家村镇银行设在国家扶贫开发工作重点县和集中连片特殊困难地区县，对贫困地区的农村金融市场形成补充。

此外，银监会还落实城乡金融服务网点设立挂钩政策，对贫困地区网点适度放宽准入标准，建立绿色准入通道，缩短审批时间。截至 2015 年底，贫困地区已设立县级银行业金融机构 5185 个，服务网点 43598 个，共布放自助设备 120.3 万台，其中 ATM 59207 台、POS 机具 83.8 万台。[③]

五　经验、挑战和展望

金融政策是经济政策的重要组成部分。经济体制的变革决定了金融制度的变迁。改革开放 40 年来，金融在扶贫中的作用日益受到重视，并发挥着越来越重要的作用。这种趋势与中国从计划经济体制转向市场经济体制是相一致的，是中国开发式扶贫战略的重要支撑，也是中国金融体制改革的成果。

---

① 中国人民银行农村金融服务研究小组：《中国农村金融服务报告 2016》，中国金融出版社，2017，第 20 页。
② 中国人民银行农村金融服务研究小组：《中国农村金融服务报告 2016》，中国金融出版社，2017，第 8 页。
③ 潘功胜：《加快农村金融发展推进金融扶贫探索实践》，《行政管理改革》2016 年第 6 期。

金融扶贫的政策与方式随着经济发展和扶贫开发实践而不断发展，既重视解决贫困户家庭的发展融资问题，又重视产业和区域经济发展的带动作用；既重视物质条件的改善，又重视制度方面有利于穷人发展政策的改进；既注重找出直接导致贫困的原因，更注重规避环境因素和基础条件的影响；既需要具体而直接的扶贫干预，更需要全面、系统和综合的普惠金融体系建设。

（一）经验

在40年的减贫与发展过程中，总体上中国的金融扶贫政策与行动取得了良好的扶贫效果，可以总结出以下几条基本经验。

1. 金融扶贫需要政府发挥关键性的引领和主导作用

尽管金融应该是市场化行为，但是在"扶贫市场"上存在市场失灵的问题，需要政府的"有形之手"进行调节。首先，政府应制定出明确且切实可行的减贫战略目标，并清晰描述金融在其中的地位、作用和运行路线图。其次，建立配套、协调的政策体系，形成组合拳，形成合力，对金融机构形成有效的激励与约束机制，为金融机构参与扶贫创造良好的条件和氛围。中国政府采取的各种财税、货币和监管等政策措施，总体上看，有效地撬动和引导了金融机构开展各种扶贫行动。最后，中国的政治优势与制度优势对扶贫政策的贯彻落实发挥了保障性作用。

2. 金融机构需要把握好商业利益与社会责任之间的关系

商业性金融机构既要为股东利益服务，也要为社会利益服务，不仅把企业经营好，而且要从国家战略的高度、从社会发展的全局出发，树立正确的义利观，平衡好追求商业利益和履行社会责任之间的关系，做到社会效益与商业可持续原则兼顾，从内部授权、绩效考核、资源配置等方面对贫困地区予以倾斜，加大对贫困地区金融资源的投入。

3. 发挥贫困人口的主观能动性是金融扶贫发挥作用的基本前提

金融扶贫与财政资金扶贫不同，需要借款者"有借有还"，这与中国开发式扶贫的宗旨是一致的。因此，金融扶贫的基本要求是借款人具有发展的意愿和还款的可能性，同时，在发展的过程中增强其发展能力。从这个意义上看，并不是所有贫困人口都适合使用金融扶贫方式。那些没有生产能力、仅能靠救济维持生计，或者缺乏还款意愿的贫困人口，就不适合以信贷方式予以扶持。

4. 金融扶贫需在多方面、多层次以多种形式展开

中国金融扶贫包括多个方面：从对贫困人口的直接帮助到产业扶贫，再到基础设施建设和移民搬迁；从信贷支持到保险和资本市场扶贫；从信贷产品和服务机制创新到普惠金融体系建设。在此过程中，金融扶贫政策和措施逐步完善，形成了综合的金融扶贫政策体系、组织体系和产品服务体系。金融机构与地方政府、企业与贫困人群共同创造了丰富多样的金融扶贫模式，为金融发挥扶贫作用创造了良好的条件。

（二）挑战

为了在 2020 年完成脱贫攻坚任务，中国的金融扶贫工作主要面临以下五个方面的挑战。

第一，贫困地区脱贫发展需要的资金量巨大。仅以易地扶贫搬迁为例，国家发改委预计需要 6000 亿元，其中银行贷款就需要 3500 亿元，占近 60%。况且还有产业扶贫、基础设施建设和精准到户扶贫信贷资金，等等。

第二，剩余的扶贫对象经济活动能力弱，使用金融手段扶贫的难度大。2015 年全国建档立卡扶贫对象中有 46% 被归于因病、因残致贫之列，还有 10% 左右的扶贫对象是因缺劳力致贫，这两部分人群合起来占到扶贫对象的一半以上。[1]

第三，贫困人口分布分散，且所在地自然条件和基础设施条件相对落后，要做到精准扶贫，瞄准的成本大大高于以往。全国还有约 1000 万建档立卡贫

---

[1]　李培林、魏后凯主编《中国扶贫开发报告（2016）》，社会科学文献出版社，2016，第 48 页。

困人口居住在"一方水土养不起一方人"地区，需要通过易地搬迁来摆脱贫困，这是脱贫攻坚工作中最难啃的"硬骨头"[1]。

第四，剩余的贫困更加严重、复杂和顽固，不仅贫困户家庭缺乏金融机构需要的抵押物，当地政府也是财力单薄，成立的政府融资平台也难以为开发性或政策性的长期信贷提供充足的担保。

第五，在上述情况下，政府怎样运用好财税、货币和金融监管等政策工具，帮助金融机构防范和化解风险，是各级政府面临的巨大考验。金融扶贫不同于财政扶贫，贫困户和地方政府对于获得的信贷资金是要还本付息的。所以，地方政府要加强金融扶贫信贷风险分担机制建设，降低建档立卡贫困户融资成本和潜在风险，增强金融扶贫的可持续性。

（三）展望

展望 2020 年之后，相对贫困问题仍将长期存在，解决不平衡不充分发展的任务仍很艰巨，仍然离不开金融的全面而深入的参与，以实现全体人民的共同富裕。因此，金融扶贫仍需要重点解决以下四个方面的问题。

第一，需要建立健全农村普惠金融体系，推动政策性金融、商业性金融、合作性金融和民间金融共同良性发展，发挥各类金融机构主体的优势，基于资金安全、风险可控和社会责任兼顾的原则，创新有利于减贫的金融服务机构、产品、工具和技术，改善贫困地区和贫困人口金融服务的可得性，提高金融扶贫的力度和深度，形成持续支持减贫的金融服务体系。

第二，需要继续加强贫困地区支付基础设施建设，推动结算账户、支付工具、支付清算网络的应用；巩固和扩大助农取款服务在贫困地区乡村的覆盖面；鼓励探索利用移动支付、互联网支付等新兴电子支付方式开发贫困地区支付服务市场。同时，需要加强贫困地区信用体系建设，完善金融信用信息基础数据库，探索建立针对贫困户的信用评价指标体系，为金融扶贫创造

---

① 李培林、魏后凯主编《中国扶贫开发报告（2016）》，社会科学文献出版社，2016，第48页。

良好的信用环境。

第三，需要在贫困地区改进金融风险分散机制，更好地调动金融机构参与支持扶贫开发的积极性。一是要发挥存款保险制度的积极作用，维护贫困地区金融稳定，保护贫困地区存款人权益；二是要健全农业信贷担保体系；三是创新精准扶贫保险产品和服务，不断增加农业保险密度和深度，通过财政以奖代补等方式支持贫困地区发展特色农产品保险，改进和推广小额贷款保证保险，为贫困户融资提供增信支持①；四是优化贫困地区金融生态环境，转变金融发展理念，减少对金融微观活动的干预，尊重金融机构的经营自主权，加强地方社会信用体系建设，维护司法公正，严厉打击逃废债行为，保护债权人合法权益。

第四，因应金融科技的飞速发展与广泛应用，积极探索金融科技扶贫的解决方案，因此，需要重视和支持各类互联网金融企业开展农村金融业务，争取实现"弯道超车"，解决贫困地区金融服务匮乏的难题。

---

① 2016 年 5 月，中国保监会和国务院扶贫办联合发布了《关于做好保险业助推脱贫攻坚工作的意见》，提出到 2020 年基本建立与国家脱贫攻坚战相适应的保险服务体制机制的总体目标。而中共中央、国务院《关于打赢脱贫攻坚战的决定》指出，2020 年要实现农村贫困人口脱贫，全面建成小康社会。可见，这个保险业助推脱贫攻坚的目标时间与中央总体部署不匹配。鉴于贫困地区自然条件的恶劣和农业的弱质性，农业保险对于贫困地区产业的发展极为重要，因此，应加快与贫困地区相适应的农业保险机制建设和产品开发，真正对 2020 年前的脱贫攻坚工作发挥助推作用。

第七章　中国产业扶贫

　　产业扶贫是中国特色扶贫开发模式的重要特征，是开发式扶贫的主要措施。产业扶贫在中国改革开放以来的扶贫历程中，政策表述与实施重点有所不同，但核心内容基本一致，即：立足贫困地区生态环境和资源优势，以市场为导向，充分发挥龙头企业、农民合作组织等市场主体作用，通过适当的利益联结机制，带动和帮助贫困农户发展生产、增加收入。

　　产业扶贫政策出发点是希望通过龙头企业、农民合作组织等市场主体把分散的小农户与外面的大市场连接起来，降低农业生产的自然风险、市场风险，培植、壮大贫困地区特色支柱产业，带动贫困农户稳定增收脱贫。产业扶贫是国家扶贫开发专项政策中一项旨在促进贫困地区经济发展、提升贫困人群自身发展能力，实现脱贫致富的重要举措。

一　产业扶贫政策演变

　　改革开放 40 年来，中国产业扶贫按时间顺序大致可以分为以下几个阶段。

（一）第一阶段　制度变革促进农业发展

　　1978 年开始的改革开放发端于农村经济体制改革。以家庭联产承包责任制、市场化为取向的农产品交易制度和以农村乡镇企业崛起为主要内容的一系列农业、农村发展政策变革，对中国农村经济全面恢复与国民经济迅速发展发挥了关键性作用，并通过农产品价格的提升、农业向附加值更高的产业转化、农村劳动力在非农产业就业三方面渠道，将经济增长的利益传递到大多数农村人口，提高了农村大多数居民的收入水平。

这一阶段，除了制度改革推动减贫外，政府还针对贫困地区开展区域性扶贫行动，重点支持贫困地区改善农业基础设施条件以促进农业发展。

1980 年，国家财政设立"支援经济不发达地区发展资金"，专门支持革命根据地、少数民族地区、边远地区、贫困地区（"老少边穷"地区）发展农业、乡镇企业和文化医疗卫生事业。

1982 年，中央财政专项拨款 20 亿元，对甘肃的定西、河西地区和宁夏的西海固地区实施"三西"农业建设计划，重点支持这三个地区改善农业基础设施条件，发展种养业，推广应用农业科学技术，稳定解决贫困农户经济来源，稳定解决多数贫困农户的温饱问题。"三西"农业建设计划的设想：农户层面，进行多样化的产业开发，以改善农户家庭经济结构；企业层面，设立龙头骨干项目，形成主导产业，加快贫困地区经济开发的进程；政策层面，稳定发展个体经济和私人经济。

1984 年 9 月中共中央、国务院发出《关于帮助贫困地区尽快改变面貌的通知》，提出集中力量解决 18 个连片贫困地区的贫困问题。虽然没有明确"产业扶贫"说法，但提出了尽快改变面貌的产业发展路径，包括：一是放宽政策，进一步在土地经营形式，以及林场、水面、矿藏承包经营等方面放宽政策；二是减轻负担，减轻贫困地区税负、给予贫困地区经营主体税收优惠；三是促进商品经济，搞活商品流通、加速商品周转等；四是产业发展方面，在指导思想部分指出"山区要认真重视发展林业、畜牧业、加工业、采矿业及其他多种经营，建立合理的生产结构，……变单一经营为综合经营，变自然经济为商品经济"。

这个时期，产业扶贫是通过经济体制改革促进农业发展带动农村地区增收与放宽政策、减轻负担两个方面，实现贫困地区整体性缓贫。

（二）第二阶段　扶持经济实体发展生产

制度变革促进经济发展的减贫效应逐渐下降，特别是在区位条件较差的地区，区域集中性贫困突出，依靠整体经济增长的溢出效应已经很难带动贫困地区发展、贫困人口脱贫。

1986 年 4 月六届全国人大四次会议将扶持"老、少、边、穷"地区的经济发展专门作为一项重要内容列入《中华人民共和国国民经济和社会发展第七个五年计划》中。针对老区，提出"尽快把山区的农林牧业搞上去，并因地制宜发展相应的农畜产品加工、养殖业；根据当地资源条件，积极兴办小铁矿、小煤窑，建设小水电等"；针对少数民族地区，提出"要发挥资源优势，改善农牧业生产条件，搞好粮食生产，植树种草，逐步实现生态环境良性循环"；并制定资金扶持、税收优惠等政策措施。

1986 年 6 月，国务院贫困地区经济开发领导小组在其成立后召开的第一次会议上提出：认真总结新中国成立以来扶贫工作的经验教训，彻底改变过去那种单纯救济的扶贫办法，改变不适宜贫困地区发展的生产方针，实行新的经济开发方式。"起步阶段，要着重发展那些投资少、见效快、家家户户都能干，都得利，有助于尽快解决群众温饱问题的产业"。

1987 年 10 月，国务院下发《关于加强贫困地区经济开发工作的通知》，指出贫困地区经济开发的主要内容。一是要发展商品经济、优化产业结构；贫困地区产业政策的重点是：用先进的技术和物质手段改造传统的种养业，积极发展乡镇企业和各种家庭手工副业。二是因地制宜兴办乡村扶贫经济实体，对扶贫经济实体的资金扶持要采取多种形式，可以直接扶持，可以由贫困户带资入股，也可以采取其他形式。

经过系列调整与改革，中国农村贫困地区的扶贫工作进入历史新时期，其突出特点表现为扶贫战略由救济性扶贫向开发式扶贫转变。开发式扶贫战略的核心是希望通过开发当地自然资源、经济资源和人力资源，发展商品经济，提高贫困人口、贫困地区的自我发展能力，从根本上脱贫致富。开发式扶贫的主要举措是在贫困地区推广实用技术、推动科技进步，实施大型科技推广应用计划，如"星火计划""丰收计划""燎原计划"，促进正规、非正规教育的发展，对农民进行实用技术培训等，在开发式扶贫的思路下，政府扶贫资金主要投向基础设施、教育、就业、环境等为农户创造脱贫机会、提高致富能力的领域中。[①]

这一阶段依然没有"产业扶贫"的说法，但是，明确了贫困地区经济开发的内容是改造传统种养业、重点发展有助于尽快解决温饱问题的产业，还强调要"因地制宜兴办扶贫经济实体"，这些措施主要是"通过扶贫经济实体带动贫困地区产业发展，实现贫困人口脱贫致富"。

科技扶贫在这个阶段发挥了重要作用，其中影响大的项目有河北省太行山开发研究、大别山经济开发、地膜杂交玉米推广等。这些项目的成功经验分别如下。①先从投资少、见效快的项目着手，让农民先富起来，再进一步综合治理开发山区。②用科学技术培训农民，改造传统产业；与具有先进技术和管理经验的企业联合、合作开发项目，做到投资一个、成功一个；帮助贫困地区培养人才，形成不撤走的科技扶贫团。③扶贫部门提供资金、技术、良种、地膜等生产资料，农业部门负责向农户进行技术培训、提供配套服务，通过推广杂交玉米地膜覆盖栽培增产技术，提高粮食产量，帮助贫困户解决温饱问题。

（三）第三阶段 脱贫致富与农业产业化相结合

1994年中国政府制定《国家八七扶贫攻坚计划》，标志着扶贫开发工作进入集中力量扶贫攻坚阶段。

此阶段，产业扶贫的理念主要体现在扶贫开发的基本途径和主要形式中。扶贫开发的基本途径：（1）产业选择：重点发展见效快、效益高的种植业、养殖业和相关的加工、运销业，通过专业化生产逐步形成商品生产基地或区域

---

① 李周主编《中国反贫困与可持续发展》，科学出版社，2007，第79页。

性的支柱产业；（2）龙头企业：积极发展资源开发型和劳动密集型的乡镇企业；坚持兴办贸工农一体化、产供销一条龙的扶贫经济实体，帮助贫困县兴办骨干企业；等等。

"八七扶贫攻坚计划"在实施前两年中减贫速度比较慢，为了如期实现计划，1996年10月中共中央、国务院发布《关于尽快解决农村贫困人口温饱问题的决定》，继续加大政府扶贫工作的支持力度。其中，关于产业扶贫的措施是："把有助于直接解决群众温饱问题的种植业、养殖业和以当地农副产品为原料的加工业作为扶贫开发的重点"。理由是，从多年的实践看，与其他产业比较，种植业、养殖业、林果业和以当地农产品为原料的加工业是最有效的扶贫产业。扶贫攻坚必须把发展这些产业作为重点，优先安排。扶持方式是"主要支持带动贫困户脱贫的龙头企业，把贫困户脱贫致富与发展农业产业化结合起来"。这是"龙头企业""农业产业化"首次出现在扶贫开发相关文件中，表明中国政府产业扶贫的思路越来越清晰，对扶贫产业、扶贫载体的指向也越来越具体。

农业产业化的概念最早出现于1993年7月《农民日报》对山东省潍坊市农业产业化发展经验的报道中，其内涵被概括成24个字，即"确立主导产业，实行区域布局，依靠龙头带动，发展规模经营"。1995年12月《人民日报》又对潍坊市的农业产业化经验进行了长篇报道，文中对农业产业化的诠释是"以国内外市场为导向，以提高经济效益为中心，对当地农业的支柱产业和主导产品实行区域化布局、专业化生产、一体化经营、社会化服务、企业化管理，把产供销、贸工农、经科教紧密结合起来，形成一条龙的经营体制"。此后，农业产业化经营被当作推进农业现代化的重要途径而在全国推广，并很快出现在上述扶贫文件中。

帮助贫困人口发展种植业、养殖业，重点解决贫困人口温饱问题的产业扶贫方式是"八七"扶贫攻坚时期农村反贫困主要模式之一。以贫困人口赖以生存的种植业、养殖业作为扶持主导产业，优点比较明显：首先，可以通过提高农户的农产品、畜产品产量解决贫困人口温饱问题，减贫见效快；其次，投资规模小，易于实施、推广；最后，贫困人口参与度高，都是当地农民熟悉的生产活动，容易被接受。

（四）第四阶段　作为"两翼"之一的产业化扶贫

2000 年，中国基本完成"八七扶贫攻坚计划"，但是，中国扶贫任务依然艰巨：剩余的 3000 万绝对贫困人口主要分布在生产生活条件更差的地区，不仅脱贫难度大，而且极易返贫，贫困地区的粮食安全问题也没有从根本上得到解决。为此，2001 年，中国政府颁布了《中国农村扶贫开发纲要（2001—2010 年）》（以下简称《纲要 1》），对 21 世纪前十年的农村扶贫开发工作进行了全面部署。以此为标志，中国农村扶贫开发工作进入一个新阶段，其突出特点是，在继续坚持开发式扶贫的同时，政府出台了多项惠农亲贫政策，形成一个多部门、多政策综合参与的"大扶贫"格局。

《纲要 1》把推进农业产业化经营作为新时期八个扶贫开发的内容和途径之一，具体包括三方面内容：一是从产业规划角度，确立主导产业，提出"按照产业化发展方向，连片规划建设，形成有特色的区域性主导产业"；二是从组织模式角度，扶持龙头企业，要积极发展"公司＋农户"和订单农业；三是从产业链角度，实施产业化经营，提出"引导和鼓励具有市场开拓能力的大中型农产品加工企业，到贫困地区建立原料生产基地，为贫困农户提供产前、产中、产后系列化服务，形成贸工农一体化、产供销一条龙的产业化经营"，以及"加强贫困地区农产品批发市场建设，进一步搞活流通，逐步形成规模化、专业化的生产格局"。

至此，产业化扶贫、劳动力转移培训与整村推进作为扶贫工作三项重点内容，共同构成新阶段扶贫开发"一体两翼"模式。

产业扶贫的主要政策内容包括两个方面：国家扶贫龙头企业的资格认证和管理政策、针对国家扶贫龙头企业开发提供的优惠支持政策。优惠支持政策具体体现为：信贷扶贫政策、税收优惠政策、财政资金扶持政策、土地使用政策、社会帮扶政策等。

（五）第五阶段　专项扶贫中的产业扶贫

进入 21 世纪的第二个十年，中国政府又颁布了《中国农村扶贫开发纲要（2011—2020 年）》（以下简称《纲要 2》），《纲要 2》将产业扶贫作为专项扶贫的一项予以明确，并就产业扶贫指出了具体途径：充分发挥贫困地区生态环境和自然资源优势，推广先进实用技术，培植壮大特色支柱产业，大力推进旅游扶贫；促进产业结构调整，通过扶贫龙头企业、农民专业合作社和互助资金组织，带动和帮助贫困农户发展生产；引导和支持企业到贫困地区投资兴业，带动贫困农户增收。

《纲要 2》中对于产业扶贫的表述与《纲要 1》有所不同。

一是首次提出要大力推进旅游扶贫。随着居民收入水平提高，旅游需求越来越大，部分贫困地区拥有美丽的自然风光和良好生态环境，具备发展旅游扶贫的优势。

二是产业扶贫组织形式多元化，包括扶贫龙头企业、农业专业合作社、互助资金组织等，而《纲要 1》中的扶贫组织主要是指农产品加工企业。

三是产业扶贫的范围扩大了，《纲要 2》中支持企业到贫困地区投资兴业，范围比较广，可以是农、林、牧、渔，也可以是制造业。《纲要 1》中，鼓励的是农产品加工企业到贫困地区建立生产基地，以及为了搞活流通而加强农产品批发市场建设。

通过前后两个《纲要》关于产业扶贫的主要内容比较，可以发现，《纲要 2》中"产业扶贫"的产业范畴要比《纲要 1》的"农业产业化"宽泛，这是因为，农业在国民经济中的地位逐步弱化，农业收入对农民收入增长的贡献逐步降低，因此，新的扶贫战略必须从农业之外来设计。其次，"扶贫"所依托的组织更多元，扶贫形式更丰富。

2014 年《关于创新机制扎实推进农村扶贫开发工作的意见》（以下简称2014《意见》）提出组织实施扶贫开发 10 项重点工作，其中两项分别是特色产业增收工作和乡村旅游扶贫工作。特色产业增收工作中，强调提高贫困户的参与度、受益度，积极培育贫困地区农民合作组织，探索企业与贫困农户建立利益联结机制。乡村旅游扶贫工作中，建议依托贫困地区优势旅游资源，发挥精品景区辐射作用，带动农户脱贫致富；重点支持贫困乡村旅游发展；结合特色景观旅游村镇、历史文化名村名镇和传统村落及民居保护等项目建设，促进休闲农业和乡村旅游业发展。

通过多年的扶贫开发实践，对开发式扶贫的理解更加科学、认识更加深化。相应地，对产业扶贫也有新的认识：一是对资源的认识，不仅局限于当地的自然资源，还包括人文资源、人力资源；二是对资源的开发，不能只从经济效益角度出发，而是要强调资源利用与生态环境的关系，最好是结合生态保护与减贫目标；三是对扶贫产业的认识，不局限于种植业、养殖业，还应扩展到农村二、三产业，如乡村旅游、农村电商、光伏扶贫等。

（六）第六阶段　精准扶贫方略中的产业扶贫

2015 年，中央召开扶贫工作会议并印发《中共中央国务院关于打赢脱贫攻坚战的决定》（以下简称 2015《决定》）指出"发展生产脱贫一批"，把发展特色产业脱贫作为实施精准扶贫方略、加快贫困人口精准脱贫的主要内容。具体包括：（1）产业角度，实施贫困村"一村一品"产业推进行动，扶持建设一批贫困人口参与度高的特色农业基地；（2）带动脱贫角度，加强贫困地区农民合作社和龙头企业培育，发挥其对贫困人口的组织和带动作用，强化其与贫困户的利益联结机制；（3）产业链角度，支持贫困地区发展农产品加工业，加快一、二、三产业融合发展，让贫困户更多分享农业全产业链和价值链增值收益。此外，还强调深入实施乡村旅游扶贫工程，完善资源开发收益分配政策，引导企业设立贫困地区产业投资基金等。

为了贯彻落实中央决策部署，2016 年 5 月，农业部、国家发展改革委、国务院扶贫办等九部门联合印发《贫困地区发展特色产业促进精准脱贫指导意见》，指出：当前贫困地区特色产业发展总体水平不高，资源优势尚未有效转化为产业优势、经济优势，成为农村贫困人口增收脱贫的瓶颈。

按照精准扶贫、精准脱贫的基本方略，以建档立卡贫困人口长期稳定增收为产业扶贫的出发点，发挥新型经营主体和龙头企业带动作用，加快培育一批能带动贫困户脱贫的特色优势产业。为了推进产业扶贫，重点做好：科学确定特色产业，促进一、二、三次产业融合发展，发挥新型经营主体带动作用，完善利益联结机制，增强产业支撑保障能力，加大产业扶贫投入力度，创新金融扶持机制，加大保险支持力度。

2016年11月，国务院印发《"十三五"脱贫攻坚规划》，将产业发展脱贫列为首要的一章，并细分为农林产业扶贫、旅游扶贫、电商扶贫、资产收益扶贫、科技扶贫五个方面。明确强调建立健全产业到户到人的精准扶持机制。希望贫困人口劳动技能得到提升，贫困户经营性、财产性收入稳定增加。《"十三五"脱贫攻坚规划》构建了产业扶贫的框架体系，是操作性更强的脱贫攻坚工作行动指南。

精准扶贫阶段的产业扶贫，强调因户施策，通过龙头企业、农民合作组织等市场主体帮助农户提高生产要素投入，或提供技术支持，建立产业到户到人的精准扶持机制，带动农户参与到经济活动中，贫困户获得稳定的经营性收入。

二 产业扶贫实践形式

中国产业扶贫形式根据扶贫战略或政策的阶段性变化而有所不同，相应地，在实践中先后出现不同的产业扶贫方式，从早期的兴办扶贫经济实体，到扶持农业产业化龙头企业，再到后来的发展特色产业、农业园区开发、乡村旅游扶贫等多种形式齐头发展。

（一）兴办扶贫经济实体

兴办扶贫经济实体的现实逻辑源于社队企业。新中国的农村工业兴起于20世纪50年代，后因政策变化而大规模缩减。改革开放后，中央出台文件明确社队企业的地位和作用，扶持社队企业发展。1984年，国家根据发展新形势，将社队企业改称乡镇企业，范围也由乡村两级办的企业扩大到农民户办、联户企业，并采取了更积极的扶持政策。社队企业以及乡镇企业的发展，不仅直接缓解了农村的普遍贫困，而且改变了部分农村地区的产业结构，形成一、二、三产业共同发展的格局。

基于乡镇企业在部分地区发展的成功经验，1987 年国务院《关于加强贫困地区经济开发工作的通知》首次将"因地制宜兴办乡村扶贫经济实体"作为贫困地区经济开发的主要措施，认为"这种扶持一个点，安排一批人，带动一大片的做法，突破了就贫困户解决贫困户问题的传统做法，提高了资金的使用效益和还款能力，……闯出了依靠经济组织扶贫的新路子"。并指出，"扶贫经济实体，必须以扶贫为使命，以办龙头企业为重点，具有安置一批贫困户就业，带动一批贫困户发展生产的双重功能"，"扶贫经济实体，国家企业事业单位可以办，集体可以办，农村能人和城市下乡的科技人员也可以办。谁有条件办，谁办得好就支持谁"，"对扶贫经济实体的资金扶持要采取多种形式，可以直接扶持，可以由贫困户带资入股，也可以采取其他形式"。

1994 年"八七"扶贫攻坚计划再次提出"坚持兴办贸工农一体化、产加销一条龙的扶贫经济实体，承包开发项目，外联市场，内联农户，为农民提供产前、产中、产后的系列化服务，带动群众脱贫致富"。

对扶贫经济实体的扶持措施主要是给予贴息贷款。在扶贫贴息贷款计划启动初期，贷款要求优先提供给贫困户发展种养业和农产品加工，经过两年多实践，因贫困户自身能力的制约不能充分利用贴息贷款，于是，从 1989 年开始，扶贫贴息贷款主要投放给贫困地区的经济实体，并要求使用贴息贷款的经济实体的新增员工中至少一半来自贫困户。

1993 年国务院决定 1993~2000 年，中国人民银行每年在中西部地区新增50 亿元的乡镇企业贷款规模，由中国农业银行负责具体工作，重点支持集中连片的工业小区和骨干企业，同等条件下，适当照顾中西部的"老、少、边、穷"地区的经济发展。贴息贷款的投向之所以由农户转向县、乡办企业，是因为，当时认为贷给企业有三个优点，一是通过企业发展带动农民增收效果比贷给农户好；二是贷给企业的资金规模大于农户的小规模，更容易有规模效益；三是在贷款回收时，企业比农户的回收成本低。支持扶贫经济实体的减贫理论，是希望通过扶贫经济实体的发展，带动贫困农户发展农业生产，以及提供就业机会来提高农户的经营收入和工资收入。然而，由于农业生产薄利的产业特性、贫困地区市场发育程度低等内外原因，将专项扶贫贷款发放给企业并没有达到预期的扶贫效果，于是，从1996年起扶贫贴息贷款的投向又回归于农户的种植业和养殖业。不过，扶贫资金投向贫困农户的实际效果却不太令人满意。

专栏1　江苏省兴办扶贫经济实体

20世纪80年代中期，江苏省依靠乡村企业兴办经济实体，1985年底全省共办乡镇福利企业1200多个，吸收贫困户和优抚对象1.2万人进厂务工，提取全年利润的一部分补助敬老院和对特困户的救济，一部分用于扶贫。同时发挥乡镇企业优势，积极安排贫困户进厂务工，仅1984年、1985年两年中，乡镇企业务工人员就超过7万人。到1987年，全省兴办各种扶贫经济实体1300余个，吸收贫困户2万余户；组织扶贫经济联合体4200多个，参加的贫困户超过2.7户。其组织形式：①本着就近、自愿、互利的原则联合起来兴办双扶厂、矿、店等，从事加工、开采、养殖、运输、建筑、经商、服务等多种行业；②组织双扶服务中心或扶贫生产基地，主要由乡政府或县主管部门牵头，组织有关部门力量，为分散扶持从事种植业、养殖业或加工业的贫困户，开辟经营门路，提供产前、产中、产后服务。在分配方式上，具有多样性，有单纯按劳分配或按股分成的，有按股金、劳力技术和生产资料结合分配收益的，也有按劳分配、按资分利、劳资结合的，各种分配方式都以互利为原则，使贫困户得到实惠，这些双扶经济实体和经济联合体以独特的功能，提高了扶贫的经济效益和社会效益。

（摘自《江苏省志》）

（二）支持扶贫龙头企业

1996 年《关于尽快解决农村贫困人口温饱问题的决定》提出"主要支持带动贫困户脱贫的龙头企业，把贫困户脱贫致富与发展农业产业化结合起来"。"龙头企业"作为带动贫困户的组织载体第一次出现在国家扶贫文件中，之后，扶贫开发工作的一个重要内容便是通过支持扶贫龙头企业带动贫困户脱贫。

《纲要 1》把"积极推进农业产业化经营"作为扶贫开发的主要内容和途径，提出要"引导和鼓励具有市场开拓能力的大中型农产品加工企业，到贫困地区建立原料生产基地，为贫困农户提供产前、产中、产后系列化服务，形成贸工农一体化、产供销一条龙的产业化经营"。

2000 年《关于扶持农业产业化经营重点龙头企业的意见》，对龙头企业的评价甚高，"龙头企业担负着开拓市场、技术创新、引导和组织基地生产与农户经营的重任，是推进农业和农村经济结构战略性调整的重要力量"，"龙头企业的兴衰不仅影响企业自身的发展，而且关系到农业增效、农民增收和农村稳定，因此，扶持龙头企业就是扶持农业、扶持农民"。

于是，从 2000 年开始，农业部优先扶持一批有优势、有特色、有基础、有前景的农业企业作为国家重点龙头企业。截至 2016 年底，全国有 1131 家农业产业化国家重点龙头企业通过第七次合格监测。[①]

不过，对国家扶贫龙头企业的认定却比较晚。2005 年，国务院扶贫办认定了 260 家首批国家扶贫龙头企业作为扶贫贴息贷款的重点扶持对象，并要求各省（自治区、直辖市）积极为国家扶贫龙头企业创造良好的外部环境，扶贫部门要把扶持国家扶贫龙头企业的发展作为主要任务之一。

2008 年，进行第二批申报认定，此次申报的重点确定为在国家扶贫开发重点县注册或基地主要在重点县的种植业、养殖业、农产品加工等企业。经过两次申报和审核，全国范围共认定了 625 家国家扶贫龙头企业。此外，各省（自治区、直辖市）扶贫部门也认定了省级扶贫龙头企业。

从全国来看，扶贫贴息贷款大部分投向龙头企业，2003 年用于产业化扶贫的贴息贷款达 50 亿元，占全部扶贫贴息贷款的 57.2%。2004 年政府实施的优惠政策给 11 个省的产业化扶贫项目带来资金总额 17 亿元，其中信贷扶贫资金占 61.7%。[②]

《纲要 2》再次提出"通过扶贫龙头企业、农民专业合作社和互助资金组织，带动和帮助贫困农户发展生产"。

2014《意见》强调，"鼓励企业从事农业产业化经营，发挥龙头企业带动作用，探索企业与贫困农户建立利益联结机制，促进贫困农户稳步增收"。2015《决定》指出，"加强贫困地区农民合作社和龙头企业培育，发挥其对贫困人口的组织和带动作用，强化其与贫困户的利益联结机制"。

各级政府或有关部门给予龙头企业的政策支持，有扶贫贴息项目贷款、特色产业基地建设、企业用工、贫困劳动力就业技能培训等方面的专项扶贫

---

① 农业部：《关于公布第七次监测合格农业产业化国家重点龙头企业名单的通知》，http:// www.moa.gov.cn/。
② 刘坚主编《新阶段扶贫开发的成就与挑战》，中国财政经济出版社，2006，第 178 页。

支持[1]，还有税收和财政的优惠政策、加大扶贫信贷资金投入、简化审批手续、提供土地使用便利、社会帮扶措施向龙头企业倾斜等。

到 2015 年末，中国农业银行在 832 个贫困县支持了 651 家农业产业化龙头企业、3.1 万个专业合作社及社员和 7.5 万户家庭农场（专业大户），贷款余额达 297.4 亿元。

截至 2016 年底，22 个扶贫任务重的省份已发展农业龙头企业 8.8 万家，其中省级以上龙头企业 1.2 万家；全国 758 个贫困县（不含西藏）发展农民合作社 44.2 万家，带动 1500 多万户农户；农业部 100 个样本贫困县新型农业经营主体直接带动贫困人口覆盖度达到 49.8%。

龙头企业通过为贫困农户提供产前、产中、产后系列服务，形成产供销一条龙的产业化经营，促进贫困地区的产业规模化、专业化发展，带动贫困户减少交易费用、增加经营收入。

专栏 2　扶贫龙头企业发展壮大

自 2004 年国务院扶贫办启动扶贫龙头企业认定工作以来，在多项优惠政策扶持下，新疆扶贫龙头企业队伍已从最初的 7 家，发展壮大到 236 家。其中，国家级扶贫龙头企业 16 家，自治区级扶贫龙头企业 220 家，成为贫困地区产业发展的重要生力军。

2004 年以来，自治区把发展扶贫龙头企业作为产业化扶贫的关键措施，大力实施"龙头带动、效益覆盖"战略，以项目贴息贷款

---

① 中国扶贫在线：《扶贫龙头企业》，http://f.china.com.cn/。

为抓手，不断优化发展环境，强化服务措施，大力支持企业加快发展，有力地促进了贫困地区产业化进程。近十年来，236家扶贫龙头企业以贫困地区资源为依托，创建了涵盖林果种植、民族手工、牲畜养殖等多项优势特色的产品品牌，同时涉及生物科技、仓储物流、纺织、节能建材等行业，带动贫困地区构建了较为完善的产业发展体系。

截至2015年，236家扶贫龙头企业已覆盖全疆13个地州市的74个县（市），实现了扶贫龙头企业对重点县（市）全覆盖，成为推动县域经济发展的重要力量之一。各贫困县以扶贫龙头企业为核心，内向生产基地和广大贫困户延伸，外向市场延伸，形成了生产、加工、销售三位一体的较为完整的产业链，推动规模化经营和标准化生产，有效降低了企业及贫困户的市场风险，形成了推动贫困地区经济结构调整、产业经营水平提升、贫困户增收、企业发展的"多赢"格局。

（摘编自李行《扶贫龙头企业成贫困地区产业发展生力军》，《新疆日报》2015年5月28日）

（三）发展特色产业项目

农业产业是农村贫困人口生活和收入的主要来源，有劳动能力的贫困人口需要通过发展产业脱贫，尤其是本地特色产业。发展特色产业涉及对象最广、涵盖面最大，是提高贫困地区自我发展能力的根本举措。《纲要1》提出，"对具有资源优势和市场需求的农产品生产，要按照产业化发展方向，连片规划建设，形成有特色的区域性主导产业"。《纲要2》再次提出："充分发挥贫困地区生态环境和自然资源优势，推广先进实用技术，培植壮大特色支柱产业"，"到2020年，初步构建特色支柱产业体系"。2014《意见》提出"指导连片特困地区编制县级特色产业发展规划。加强规划项目进村到户机制建设，切实提高贫困户的参与度、受益度"。2015《决定》指出发展特色产业脱贫是实施精准扶贫方略的主要内容，"制定贫困地区特色产业发展规划"，"扶持建设一批贫困人口参与度高的特色农业基地"。

贫困地区根据比较优势原则，依托当地地形、气候、土壤等自然地理条件和特色资源优势，选择最能发挥当地经济和市场优势的特色产业和品种作为主导产业、支柱产业，培育、扶持农民合作社、家庭农场、龙头企业等农业经营主体，发挥其带动作用，让本地更多农户融入特色产业生产体系和经营体系中，把资源优势转化成竞争优势，实现产业发展、农户增收的目标。经过多年不断发展，许多贫困地区的特色产业已经成为脱贫致富的主导产业，如陕西洛川苹果、江西赣南脐橙、广西百色芒果、四川苍溪猕猴桃、安徽岳西茭白、甘肃定西马铃薯、山西平顺中药材、河南信阳毛尖、贵州黔西南薏仁、河北平泉食用菌、湖北罗田黑山羊、宁夏盐池滩羊等。

专栏3　静宁的苹果越来越"大"

甘肃省静宁县30年锲而不舍发展苹果产业，使中国"驰名商标"——"静宁苹果"成为闻名全国的脱贫致富产业，引领众多的静宁人走上了致富之路、希望之路。

在这片干旱缺水、自然条件严酷、国家扶贫开发工作重点县的土地上，如何让老百姓摆脱贫困，走向富裕，过上幸福美好的日子，是好多年来尤其是近 30 年来静宁县历届领导苦苦思索的命题。

20 世纪 80 年代初，静宁县南部乡镇部分群众传承庄前屋后栽植果树的习惯，自发零星栽植果树的做法启迪了乡镇领导发展苹果产业的思路。

1988 年，该县在反复调查研究的基础上，因势利导，将苹果产业定位为脱贫致富的主导产业，并下发《关于发展果树生产的决定》，掀起全县第一轮建园热潮，当年新植果园 2.4 万亩。

为了确保苹果产业顺利发展，该县一方面依托整村推进、退耕还林等项目支撑，从种苗调供、技术推广等多方面提供资金扶持，落实优惠政策，调动农民发展果品产业的积极性和主动性；另一方面制定"县级领导包乡、乡镇领导包村、驻村干部包组、村组干部包户"的目标考核机制，各级领导带头讲给农民听，做给农民看，带着农民干，有效推动苹果产业向纵深发展。

2012 年，静宁县建成 30 万亩绿色基地、4000 亩良好农业规范基地和 4.5 万亩出口创汇基地。先后荣获中国地理标志产品保护等 4 张国家级名片和"中国苹果之乡""中国驰名商标"等 6 个国家级称号。

2014 年，全县果园面积达到 101.2 万亩，占耕地总面积的 68%，户均 10.6 亩，产值 24 亿元，实现了百万亩优质苹果生产大县目标，位居全国县区苹果种植面积之首。

规模的优势成就了静宁苹果品牌的优势，也造就了苹果的价格优势。近年来，静宁苹果的价格连续高居全国之首，全县有 15.4 万贫困人口实现了稳定脱贫。

在苹果特色产业主导下，静宁县还实现了产业次生效应最大化。苹果在为民生财的同时，也造就了静宁的秀美山川和美丽家园，保护了当地的生态环境，全县森林覆盖率达到 60% 以上。

在苹果产业发展过程中，生产、包装、加工、贮藏、销售等产业链上的环节应运而生，催生出一大批加工企业。目前，全县已建成包装、加工、贮藏、营销 4 大类龙头企业 50 多家，其中年贮藏能力可达 45.1 万吨的苹果贮藏基地在全省首屈一指，年产 2.1 亿平方米纸箱的包装企业在西北名列前茅，从业人员 1400 多人。此外，还带动果品经销、中转和长途运输、餐饮、住宿等行业从中受益，间接从业人员 2 万余人次，年收入约 1.88 亿元。尤其是形成了劳动力就地转移的劳务模式，全县果园雇工每年达 50 万人次，劳务收入 4000 多万元。

（摘编自马堆荣《苹果的智慧——"静宁苹果"发展 30 年启示回眸》，《平凉日报》2015 年 10 月 10 日；惠程华《静宁：小苹果"写"出脱贫"大文章"》，《甘肃日报》2016 年 1 月 15 日）

（四）扶持传统手工业

作为一个拥有悠久历史的文明大国，中国在历史进程中出现过许许多多的手工技艺，缔造了诸多各具特色的灿烂文化，但随着全球工业化的加速发展，加上传统手工业自身发展受到地域、产品数量等制约，许多传统手工技艺面临巨大的生存危机。发展传统手工业不仅是对传统文化和技艺的传承，还是文化与产业的融合与创新，是脱贫致富的主要措施。

我国部分贫困地区手工业资源丰富，工艺精湛且极富民族文化特色，如刺绣、纺织、剪纸、工艺品制作等。2015《决定》提出，"统筹使用涉农资金，重点支持贫困村、贫困户因地制宜发展种养业和传统手工业等"，首次将发展传统手工业作为扶贫开发的主要内容之一。

实践中，部分地方政府把手工业作为贫困地区群众脱贫致富的重要抓手，依托当地加工传统特色和优势，采用家庭作坊、手工艺合作社等形式，扶持手工业发展，带动农村富余劳动力特别是农村妇女从事传统手工艺劳作，不仅实现了"不离家门"的就业，还增加了贫困户的家庭收入。如，河北省平乡县依托儿童玩具、老粗布等传统特色手工业，采用"企业＋贫困户＋保底分红＋企业用工"的合作模式，实施扶贫股份合作制，带动妇女创业就业。

在发展特色产业项目、扶持传统手工业的过程中，提供技术培训、无偿提供种苗、结对帮扶也是一项重要内容。一些贫困地区或依托科技培训中心，或结合产业扶贫基地，通过举办实用技术培训、技术示范、配套服务等方式，让大多数农户掌握实用技术，既促进产业发展，又提升贫困农户的发展能力。

专栏4　家门口的"车间"

在山东省鄄城县，一个个扶贫车间已经成为支撑贫困户脱贫的支点，极大地激发了贫困户通过就业脱贫的内生动力。

所谓扶贫车间，其实是企业设在村庄里的加工点。随着近年来企业"招工难、用工贵"问题的出现，鄄城县一些头发制品、户外家具等劳动密集型企业开始在周边一些村庄设置加工点，把部分加工工序放到这里，吸引周边劳动力就业。由于扶贫效果好，这些车间被老百姓叫作"扶贫车间"。

企业到村里设置加工点的做法，引起鄄城县有关部门的注意，认为这是一条促进脱贫的有效路子。他们立即行动，在农村建设一批车间，一方面引导更多企业将劳动密集、技能要求不高的工序放到车间里做，另一方面鼓励贫困户到车间打工、在家门口就业。

扶贫车间利用各级扶贫资金建设，建成后交给村集体运营，村集体将车间租给企业使用，每年收取一两万元租金。另外，扶贫车间配建一部分光伏发电设备，每年也有约 2 万元的收益。有的村集体每年可以从扶贫车间收入三四万元，这笔钱又能用于绝对贫困户的救助和村内公益事业。

农村贫困人口大多数具备劳动能力或具备部分劳动能力，但他们有的没文化、没技术，有的年龄大或身体有残疾，还有的上有老、下有小，这些人不能或不宜外出打工，缺乏就业机会就成了他们致贫的痛点，开在家门口的扶贫车间则给他们提供了和城里一样的兼顾工作和生活的"上班、下班"新模式。

据统计，鄄城县目前建成的扶贫就业车间有 536 个，覆盖全县所有的行政村，直接安置和辐射带动就业 6.7 万余人，其中贫困人口 2.7 万多人。2016 年，鄄城县 1.35 余万名贫困群众通过到扶贫车间务工实现了脱贫。

（摘编自娄辰《找准致贫痛点　搭建脱贫支点——山东鄄城扶贫车间见闻》，新华社济南，2017 年 2 月 24 日）

（五）开发农业园区

农业园区是基于区域自然资源优势、运用已有的农业科技优势，以促进区域农业结构调整和产业升级为目标，以农业科技开发、示范、生产、推广等活动为主，集生产、生活、生态于一体的现代农业生产经营区。农业园区包括现代农业示范区、农业观光园区、生态农业园区等各种不同称谓的园区。

自 2010 年中央 1 号文件做出创建"国家现代农业示范区"的部署后，农业部先后分三批认定了 283 个国家现代农业示范区。以粮食、肉类等为主导产业的示范区占 60%，以蔬菜、水果、花卉等特色产业为主导的示范区约占 40%。[①] 虽然这些"国家现代农业示范区"多数并不在贫困地区，但还是对周边贫困县有较强的示范、辐射、带动作用。

2015《决定》建议"引导中央企业、民营企业分别设立贫困地区产业投资基金，采取市场化运作方式，主要用于吸引企业到贫困地区从事资源开发、产业园区建设、新型城镇化发展"等。其实，部分省份在这之前就已积极投资建设扶贫产业园区。如，贵州省 2013 年投资 15 亿元建设 16 个扶贫产业园区[②]；截至 2015 年 7 月，青海省投入财政扶贫资金 2.5 亿元，建立扶贫产业示范园 15 个，其中，2014 年已建成 4 个省级扶贫产业示范园。[③]

专栏5 旧貌换新颜的磨盘岭

磨盘岭是山西曲沃县城东 15 公里处的一个旱塬疙瘩，因状若叠起来的几块磨盘而得名。十几年前，磨盘岭还是一个无水无路的荒丘野岭。

---

① 农业部：《国家现代农业示范区建设有关情况》，农业部网站，2015 年 2 月 11 日。
② 《贵州省快速推进现代高效农业扶贫产业示范园区建设》，《贵州日报》2013 年 7 月 3 日。
③ 孙海玲：《青海省 15 个扶贫产业园区强势助推精准扶贫》，《青海日报》2015 年 7 月 16 日。

2001 年，曲沃县在磨盘岭北部的河槽地实施国家农业综合开发项目，结合河槽地三面环岭、土壤肥沃、地热水资源丰富的独特小环境，运用市场引导和利益驱动机制，发展设施蔬菜产业，走出了一条以菜促农、以菜富农的新路子。

最初，为解除村民对发展大棚菜认识不到位、怕担风险的顾虑，曲沃县农发办当年给每一个建棚农户补贴 8000 元，产权归建棚者所有。同时，组建专业的中介机构——星海蔬菜协会，采用"协会＋农户"的模式，为棚户提供棚体建造、物资供应、技术指导、信息反馈等配套服务，解了农户"想干没钱干，想干不会干"的后顾之忧。当年园区只建起大棚 31 栋，但亩棚年均收入却达到 2 万元，是种植粮食收入的十几倍。

看到种植大棚蔬菜当年投资、当年实现收益的效果，村民建蔬菜大棚的积极性空前高涨。第二年园区新建蔬菜大棚 200 余栋，第三年新建蔬菜大棚 700 余栋。磨盘岭及其周边村蔬菜大棚的建设，带动了曲沃县设施蔬菜产业的迅速发展。到目前，曲沃县蔬菜大棚已由起初的 31 栋，发展到现在的 7000 多栋；占地面积由起初的 100 亩，扩大到现在的 3 万余亩；建棚村由起初的 2 个，扩展到现在的 70 个；种植户由起初的 31 户，增加到现在的 5600 多户。现面积最大的村达到了户均 1 亩棚，"第五代"大棚亩均收入达到 5.5 万元以上。仅此一项，全县农民年均增收 3 亿多元，曲沃县因此被省政府确定为"全省一县一业蔬菜示范基地县"。

与此同时，曲沃县农发办以迅速发展的设施蔬菜产业为平台，运用市场机制，把龙头企业、合作社和农民的利益紧密连在一起，形成了"龙头企业＋合作社＋农户"的经营发展模式。龙头企业把重点放在营造发展环境上，坚持抓农民标准化生产、争创蔬菜品牌和营销市场建设"三个不放手"。合作社突出三大任务：一是为建棚户统一采购质优价低的建棚物资；二是组织专业技术员统一指导；三是每年都组织有一定经验的"老棚户"为"新建棚户"安装大棚设施，保证建棚质量。农户则通过合作社提高与龙头企业交易时的产品价格，获得较高收入。这种模式充分利用龙头企业资金、技术、管理和合作社组织农民的优势，较好地反映农民的利益要求，实现了龙头企业、合作社发展和农民致富的三方共赢。

如今的磨盘岭项目区已形成大棚蔬菜生产区、"赏花摘果"游览采摘区、有机蔬菜栽培体验区、综合功能服务区、农民文化广场娱乐健身区六个特色区域，成为名副其实的高效农业产业区、新农村建设示范区、生态农业观光区。

（摘编自范珍《磨盘岭演绎现代农业传奇》，《山西日报》2014年7月9日）

（六）促进乡村旅游扶贫

很多贫困地区虽然地理位置偏远，但是自然风光秀美、生态环境良好，旅游资源丰富，具有较大的开发潜力，可以通过旅游扶贫实现脱贫致富。旅游扶贫是在具有旅游资源、区位优势和基础设施满足一定条件的贫困地区，通过开发旅游带动区域经济发展、贫困群众脱贫的一种扶贫方式。

　　我国旅游扶贫是随着旅游业的不断发展而不断丰富其实践和理论的。20世纪80年代初期和中期，一些距离中心城市或重点旅游线路比较近的老、少、边、穷地区，顺应市场需求、选择发展旅游产业，很快取得脱贫致富的效果。国家的"七五"计划时期，一些有较高质量旅游资源的地区得到政府资金支持，在旅游扶贫方面取得明显成效。

　　这些地区的成功实践引起了旅游部门和理论界的重视，国务院扶贫办和国家旅游局从1996年秋季起，相继召开旅游扶贫工作会议，对旅游扶贫开发工作进行专题研究和工作总结。2000年8月挂牌的全国第一个国家级"旅游扶贫试验区"——宁夏六盘山旅游扶贫试验区，拉开了"三区"建设工作的序幕，其他各省份也纷纷开展"三区"建设，如广东省从2002年5月起全面启动旅游扶贫计划，采取政策扶贫、规划扶贫、信息扶贫、教育扶贫和人才扶贫等多种方式，对省内贫困地区展开旅游扶贫工作。[①]

　　作为扶贫开发政策的"大力推进旅游扶贫"最早出现在《纲要1》中，之后，2014《意见》提出更具体的内容："围绕美丽乡村建设，依托贫困地区优势旅游资源，发挥精品景区的辐射作用，带动农户脱贫致富"，"加大政策、资金扶持力度，促进休闲农业和乡村旅游业发展"。2015《决定》强调，"依托贫困地区特有的自然人文资源，深入实施乡村旅游扶贫工程"。

　　2015年全国休闲农业和乡村旅游接待游客超过22亿人次，营业收入超过4400亿元，从业人员790万人，其中农民从业人员630万人，带动550万户农民受益。与2012年的年接待游客8亿人次、实现营业收入超过2400亿元相比，收入几乎是翻一番。[②]

---

①　丁焕峰：《国内旅游扶贫研究述评》，《旅游学刊》2004年第3期，第32页。
②　赵琳琳：《发展乡村旅游助推农村产业结构调整》，中国产经新闻，2016年5月12日，http://www.ccom.cn/。

专栏6 旅游扶贫试验区扶贫效应显现

宁夏六盘山是古丝绸之路东段北道必经之地，也是红军长征时翻越的最后一座大山，因毛泽东一首《清平乐·六盘山》而为人熟知。然而，由于深处内陆、交通闭塞、区域经济发展水平较低等原因，独特的自然、历史、人文优势并未很好地转化成旅游资源，直到2000年国家批准在此设立六盘山旅游扶贫试验区。

经过十多年的开发，宁夏六盘山旅游品牌已初步形成，包括以六盘山红军长征纪念馆为重点的红色旅游区、以六盘山国家森林公园为重点的生态观光和休闲度假旅游区、以火石寨国家地质公园为重点的地质观光旅游区、以须弥山石窟为重点的丝绸之路文化旅游区。

与此同时，旅游扶贫效应不断显现：2013年，固原市接待游客量219.8万人次，实现旅游社会收入8.89亿元。目前，当地已有2万多农户通过发展农家乐、果树采摘、手工艺品和土特产销售等方式参与旅游产业发展。如六盘山森林公园脚下的泾源县冶家村三分之一农户都发展起农家乐，多数农家乐年收入超过10万元。

（摘编自赵倩《宁夏：旅游扶贫试验区引领六盘山旅游走出深闺》，中央政府门户网站，www.gov.cn，2014年5月27日）

三　产业扶贫的组织模式与利益联结方式

（一）产业扶贫的组织模式

根据产业化扶贫过程中发挥龙头企业带动作用的组织形式，可将产业化扶贫模式分为：龙头企业带动型、合作社或大户带动型、农业园区带动型、电商平台带动型等几种模式。

（1）龙头企业带动型。以一些经济实力较强的农产品加工或运销企业为龙头，围绕一种或几种产品的生产、加工、销售与农户实行联合，进行一体化经营。这种模式的特点是，农户家庭分工生产农副产品，龙头企业负责加工和销售，此外，龙头企业还可能为农户提供一些产前、产中的服务。双方的权利义务关系由合同界定。[①] 实践中，龙头企业带动型有"龙头企业＋农户""市场＋农户""基地＋农户"等不同的形式。

"龙头企业＋农户"是农业产业化发展初期最主要的组织模式，但这种模式没有办法制约任何一方的违约机会主义行为。由于在签订合同时就准确地预见未来农副产品的价格是不可能的，因此，只要市场价格与合同价格不一，就会有一方违约。为了尽可能克服违约机会主义行为，优化双方的签约环境和市场地位，实践中逐渐衍生出"公司＋大户＋农户""公司＋合作社＋农户"等通过大户、合作社作为中介联结的第二种组织模式。

（2）合作社或大户带动型。以各类农村专业合作社或大户为龙头，组织产前、产中、产后服务，使众多分散的农户联合起来形成较大规模的组织，在龙头企业的带动下实现规模收益。具体实践模式有"龙头企业＋合作社＋农户""龙头企业＋大户＋农户"。

这种模式与"龙头企业带动型"模式的区别在于，合作社或大户充当中介，一方面发挥服务功能，既可为农户提供农用物资采购、技术帮助等产前、产中服务，也可为龙头企业提供收购、粗加工等服务；另一方面，合作社或大户可以提高分散农户与龙头企业的谈判地位，有可能分享农产品加工、销售环节的利润，增加收益。同时，还可以帮助龙头企业降低与单个农户谈判的事前签约费用和事后监督费用等各种交易费用，提高效率与产品质量。

---

① 周立群、曹利群：《农村经济组织形态的演变与创新》，《经济研究》2001 年第 1 期，第 70 页。

尽管"龙头企业＋合作社或大户＋农户"的模式在稳定契约方面具有一定的组织优势，然而，它们仍然存在着一些信息和履约方面的制度缺陷。[①]

产业化经营的组织模式选择有其自身的经济规律，有学者用交易成本理论解释产业特性与组织模式的对应关系。[②]对于资产专用性不强，技术要求较低，但市场壁垒高，即对规模效应要求较高的农业产业，如水果、蔬菜、糖料、烟叶等，采用市场导向型模式比较经济。对于资产专用性较强，技术要求较高，但市场壁垒低，即对规模效应要求不高的农业产业，如，动物良种繁育、畜牧禽水产品养殖等，比较适合采用龙头企业带动型的组织模式。对于资产专用性极强、技术要求高，同时对市场控制的要求也非常高的农业产业，如农产品精深加工，不仅应采用企业制度，还应加大企业对市场的控制和整合力度。

（3）农业园区带动型。这里的农业园区是多种形式的，可以是农业产业园区、现代农业园区、农业观光园区、生态庄园，还可以是农业综合开发示范区、特色乡镇。其共同特点是：在具有一定资源、产业和区位等优势的农业区内划定相对较大的地域范围，用非农思维发展农业，以提高农业收益、增加农民收入、推进农业现代化进程为目标，集农业生产、生态、观光、休闲等多功能为一体的农业生产经营区。

农业园区带动贫困人口脱贫的途径主要是：增加农业产值、提供就业机会、拓宽农产品销售渠道、改善生产生活环境。

（4）电商平台带动型。近年来随着互联网的迅速发展而出现的一种新型模式，是依托互联网电子商务平台，推动贫困地区特色农产品销售的一种销售组织模式。大部分贫困地区处于偏远山区，远离城市，市场需求信息不畅通、交通落后，借助电商的网络系统，推动农业生产和农村流通向精细化、高效化发展，使贫困人口离市场更近，可以提高农产品的商品化率。

在实践中，电商平台带动型有以下几种形式：一是信息平台形式。生产

---

① 周立群、曹利群：《农村经济组织形态的演变与创新》，《经济研究》2001 年第 1 期，第 73 页。
② 涂俊：《农业产业化经营组织模式与产业特征匹配性初探》，《经济经纬》2007 年第 4 期，第 102~105 页。

者和消费者在企业或第三方网站等网络平台上发布供求信息，并进行交易协商，但双方并不在平台上直接交易。二是交易平台模式。生产者、消费者均通过网络平台完成交易，平台为双方提供信息、交易、支付等服务。三是网络直销模式。农产品经营主体（农户、合作社、龙头企业等）在自己建立的网站上发布信息、完成交易。

（二）产业扶贫的利益联结方式

利益联结是产业化发挥扶贫作用的基础，也是产业化经营主体与扶贫对象之间的利益分配关系。利益联结方式不同，则两个主体之间的关系紧密程度、承担风险程度、利益分配方式就有所不同。

（1）市场联结方式。发挥农业产业化带动作用的龙头企业与农户的关系完全是市场交易关系，企业根据市场行情和自身加工的需要，在市场上收购农产品，价格随行就市，双方没有合同约束。市场联结方式的优点是，龙头企业和农户都可以随自己的意愿自由决定交易对象，获取最大的市场利益。但其缺点也很明显，对于龙头企业来说，每一次收购都需支付交易费用，且由于原料收购时间、收购数量的不确定性，难以保证统一规格、统一质量的原料。对于农户而言，每个农户为了寻找合适的交易对象都要付出交易费用。此外，龙头企业和农户双方都面临不确定的价格波动风险，因此，这种方式稳定性差，对农户的带动作用小。

严格来讲，市场联结方式不属于产业化扶贫方式，但是，在市场体系不健全，加工业发展滞后，农民专业化生产程度低、组织化程度低的情况下，这种联结方式作为初级形式具有存在的合理性和广泛的适应性。另外，对于市场需求多元化、耐储藏的部分农产品来说，市场联结方式也是一种成本—收益最优的合作方式。

（2）合同联结方式。龙头企业根据自己对农产品的需要，通过与农户或中介如合作社、农村经纪人、经营大户，签订具有法律效力的产销合同，明确规定双方在生产、销售、服务等方面的权利和义务，以合同关系为纽带，形成比较稳定的交易关系和合作伙伴。合同联结方式的优点是能兼顾企业和农户的利益，农户在经营上的不确定性因素相对减少，销售难的问题得以缓解，还可能获得生产技术指导，有利于其进行专业化生产；企业则能以较低的交易费用稳定获得规格、质量统一的原料。其缺点则是，企业和农户都有机会主义行为倾向，导致合同不能履行，订单或合同形同虚设。

（3）股份合作方式。农户或贫困户通过投入劳动，或者以土地、资金等生产要素入股，以股权为纽带与龙头企业或合作社形成利益联结关系。参股农户可以按劳获酬、凭股分红，还可以从龙头企业、合作社获得一些服务，这种联结方式让农户与企业之间形成真正的"风险共担、利益共享"的稳定关系，农户在这种方式中成为产、供、销环节中平均利润的分享者。

（4）资产收益扶持方式。2015年11月《中共中央关于制定国民经济和社会发展第十三个五年规划的建议》提出，"对在贫困地区开发水电、矿产资源占用集体土地的，试行给原居民集体股权方式进行补偿，探索对贫困人口实行资产收益扶持制度"，这是中央层面首次提出的政策表述。同年11月29日，《关于打赢脱贫攻坚战的决定》中提出"探索资产收益扶贫"，主要内容："在不改变用途的情况下，财政专项扶贫资金和其他涉农资金投入设施农业、养殖、光伏、水电、乡村旅游等项目形成的资产，具备条件的可折股量化给贫困村和贫困户，尤其是丧失劳动能力的贫困户"。

资产收益扶持制度，是将财政扶贫资金、承包土地经营权和部分农村集体资产量化，作为贫困户在农村新型经营主体中的股份，使贫困户享受分红、就业、技术指导、产品回购等多种收益，从而建立市场主体、合作组织与贫困户的利益联结方式。[1]目前在实践中的具体做法：利用财政专项扶贫资金或部分支农资金作为贫困人口的股份，参与专业大户、家庭农场、农民合作社等新型经营主体和龙头企业、产业基地的生产经营和收益分红，以增加贫困人口的财产性收入。

---

① 余佶：《资产收益扶持制度：精准扶贫新探索经济》，《红旗文稿》2016年第2期。

资产收益扶持方式本质上是股份合作制，但与前文的"股份合作方式"不同之处在于：贫困户入股的资产并非自己所有。

四　产业扶贫效果及其评价

中国产业扶贫经历了兴办扶贫经济实体、农业产业化扶贫及产业扶贫几个阶段，已经从局部探索转入全面推进、从倚重农业产业转入一、二、三产业融合，成为开发式扶贫的重要形式，产业扶贫的资金支持也逐渐增加，但是想准确评价产业扶贫的脱贫效果却并不容易。理论上，产业扶贫涉及产业发展、产业链延伸、减贫实现等不同层次的目标。由于对产业扶贫内涵的理解不同，因此，对产业扶贫效果的关注点也不同，偏重产业发展的学者强调产业扶贫带来的产业发展效果，及其带动区域经济增长、惠及贫困人口脱贫的情况；偏重产业扶贫的学者认为重点在贫困户通过参与产业活动脱贫增收的情况。本章试图从国家扶贫开发工作重点县的扶贫资金投向、产业结构转型、贫困户收入及文献研究几个角度简要评价产业扶贫效果。

（一）扶贫资金投向促进农业发展

从贫困重点县扶贫资金的投资方向看，2002 年以前主要投向种植业和畜牧业，投向这两个产业的扶贫资金明显高于农副产品加工、林业（见表 7-1）；从 2002 年开始，投向林业的扶贫资金明显增加，并超过种植业、畜牧业，直到 2010 年；2014 年，种植业又成为扶贫资金主要投资行业。

扶贫资金的产业项目投向，首先促进了产业的发展，由于贫困地区基础设施薄弱、发展资金不足，贫困农户依靠自身力量发展缓慢。通过扶贫资金的支持，贫困地区改善了农业发展条件，直接促进了相关产业的发展。其次，扶贫资金投向在产业间的变化促进了农业内部结构的优化。从 1998 年优先支持种植业、畜牧业这两类带动农户数量多的细分产业，到 2002 年支持关乎生态环境的林业发展，直接促进农业内部结构调整。

　　需要指出的是，科技扶贫在农业生产中发挥了重要作用。通过引进和推广适合贫困地区的实用农业技术、培训贫困地区的干部和农民等方式，帮助贫困地区推广和应用先进适用的农业技术，提高农业生产率。例如：1989~1994年，中国政府在贫困地区实施了以推广杂交玉米地膜覆盖技术为内容的"温饱工程"，6年累计增产粮食112亿千克，增加收入87亿多元，帮助近1300万贫困户解决了吃饭问题。[①]

表7-1 贫困重点县扶贫资金的投向

单位：亿元

年份	种植业	林业	畜牧业	渔业	农副产品加工
1998	34.9	8.0	24.3	1.6	8.5
1999	49.7	10.5	33.0	3.3	14.1
2000	47.1	10.0	29.3	2.5	11.8
2001	38.7	8.8	22.4	1.4	12.1
2002	25.1	26.0	23.0	—	15.6
2003	22.2	37.3	24.7	—	17.2
2004	26.2	45.9	26.5	—	15.3
2005	23.6	46.2	23.2	—	10.2
2006	31.5	48.1	27.0	—	13.0
2007	39.4	53.6	31.5	—	11.0
2008	48.8	55.7	40.5	—	17.1
2009	68.9	69.9	52.4	—	19.7
2010	75.1	59.0	51.8	—	17.7
2014	130.1	69.9	75.4	—	22.7
2015	172.3	101.7	101.9	—	26.8

资料来源：历年《中国农村贫困监测报告》，国家统计局。

　　从参与项目村的比例看，基本是逐年上升，从2002年的29.6%上升到2010年的52.2%。参与项目形式中，"现金扶持"形式上升比较明显，"实物扶持""技术援助"形式变化不大（见表7-2）。

[①] 李周主编《中国反贫困与可持续发展》，科学出版社，2007，第140页。

　　从扶贫重点县得到扶贫项目的农户比例看，2002~2010 年得到扶贫项目的农户比例基本上小于 3%（见表 7-3）。相对来说，得到种植业项目的农户比例最大，在 2%~3.5%，畜牧业次之，得到林业、农副产品加工类扶贫项目的农户比例更低，不足 1%。

表 7-2　扶贫重点县到村扶贫项目情况

单位：%

年份	当年参与项目的村比例	参与项目形式		
		现金扶持	实物扶持	技术援助
2002	29.6	19.9	18.4	10.0
2003	33.2	21.8	22.2	11.8
2004	39.9	28.8	22.8	12.9
2005	37.3	29.2	18.5	10.3
2006	43.0	34.7	19.3	12.5
2007	51.0	43.6	18.0	12.6
2008	48.3	41.8	18.2	13.1
2009	50.7	44.1	18.3	14.8
2010	52.2	46.8	19.0	14.3

资料来源：历年《中国农村贫困监测报告》，国家统计局。

表 7-3　扶贫重点县按得到扶贫项目分组的农户比例

单位：%

年份	种植业	林业	畜牧业	农副产品加工
2002	2.8	0.8	1.7	0.1
2003	2.0	0.8	1.8	0.1
2004	2.4	0.4	1.8	0.0
2005	2.1	0.3	1.6	0.0
2006	2.2	0.3	1.1	0.0
2007	2.6	0.6	1.4	0.1
2008	2.0	0.5	1.1	0.0
2009	3.0	0.5	1.2	0.1
2010	3.2	0.6	0.9	0.0

资料来源：《2011 中国农村贫困监测报告》，国家统计局，2011。

从可获得的全国扶贫重点县主要农牧业产品人均产量看（见表7-4），2002~2010 年，奶类产品人均产量稳步增长，蔬菜、肉类人均产量小幅下降，粮食、水果、禽蛋等产品均是在波动中小幅增长。

表 7-4 全国扶贫重点县人均农牧业产品产量

单位：千克 / 人

年份	粮食	棉花	油料	蔬菜	水果	肉类	禽蛋	奶类
2002	476.2	3.0	22.8	144.8	45.0	44.8	2.6	5.5
2003	458.1	6.6	23.7	136.8	39.9	39.5	2.9	5.7
2004	482.4	7.8	23.3	133.9	45.1	39.6	2.7	6.5
2005	494.6	7.9	21.6	132.9	39.9	38.7	2.2	7.5
2006	455.0	9.6	20.2	132.6	45.2	38.8	2.7	7.8
2007	454.0	10.5	17.6	126.6	41.9	35.1	2.4	8.3
2008	493.4	10.0	21.6	124.0	50.5	33.9	2.9	9.4
2009	509.2	8.7	22.2	121.8	54.7	37.4	3.0	8.2
2010	511.4	6.9	17.6	119.4	50.0	38.9	2.9	7.2

资料来源：历年《中国农村贫困监测报告》，国家统计局。

专栏7 产业扶贫促进农业发展典型

为发挥典型引路作用，农业部总结了一批可复制、可推广、接地气、服水土的产业扶贫范例，翻开农业部编制的《发展特色优势产业带动精准脱贫范例》，一条条贫困人口参与度高、特色产业竞争力强、贫困农户增收可持续的产业扶贫路径展现眼前。产业不同、模式各异，却都将靶心牢牢地指向一个目标——最大限度地带动贫困群众通过产业脱贫致富。

连续四年位居全国初级农产品类地理标志产品价值榜榜首的赣南脐橙经验，树起了做优、做强、做响品牌扶贫富民的标杆。

延长薏仁米产业链带富一方的贵州黔西南经验、蘑菇产业帮扶"零成本投入、零风险经营、零距离就业"的河北平泉经验给贫困地区如何立足市场需求、依靠企业带动就地致富提供了思路。

"政府＋金融＋保险＋公司＋农户"五位一体扶持黑山羊养殖的湖北罗田经验为金融惠农蹚出了一条切实可行的路子。

着眼于当地资源禀赋和国内外市场需求，培育差异化比较优势、生产适销对路农产品的广西百色，把芒果作为特色产业大力推动，走出一条产品差异化的路子，借助芒果的力量，当地 6.8 万户 25.23 万人告别了贫困。

（摘编自《农民日报》2017 年 6 月 1 日）

（二）产业扶贫推动结构转型

产业扶贫在促进农业发展、农业内部结构优化的同时，也带动贫困地区的三次产业结构转型，其带动路径：一是从第一产业为主向第一、二、三产业协调发展方向转型；二是第三产业在总量增长的同时，生产性服务业稳步增长。

全国扶贫重点县地区生产总值，从 2000 年的 6008.5 亿元增加至 2014 年的 40702 亿元，逐年增长，其中，2003~2008 年增长速度比较快，2009~2011 年波动较大。地区生产总值的一、二、三产业增加值变化特点：第一产业增加值所占比重逐年下降，从 2001 年的 36.3% 下降到 2014 年的 22.9%，下降 13.4 个百分点；

第二产业增加值所占比重逐年上升，2001 年为 31.9%，2014 年占比则上升至 43.3%；第三产业增加值的绝对额逐年上升，但占比变化不大（见表 7–5）。

表 7–5　全国扶贫重点县地区生产总值及构成

单位：亿元，%

年份	地区生产总值（当年价格）	第一产业增加值及占比	第二产业增加值及占比	第三产业增加值及占比
2000	6008.5	2158.3 （35.9）	2025.7 （33.7）	1823.8 （30.4）
2001	5974	2171 （36.3）	1910 （31.9）	1893 （31.6）
2002	6774.4	2332.7 （35.0）	2208.2 （33.1）	2133.5 （32.0）
2003	7493.2	2449.8 （32.5）	2704.0 （35.9）	2374.0 （31.5）
2004	9151.3	2960.7 （32.5）	3402.7 （37.4）	2735.7 （30.1）
2005	11056.2	3282.2 （29.7）	4143.8 （37.5）	3635.8 （32.9）
2006	13004.4	3558.4 （27.4）	5200.8 （40.0）	4241.4 （32.6）
2007	16131.0	4206.6 （26.1）	6812.4 （42.2）	5109.7 （31.7）
2008	19941.6	4934.1 （24.7）	8882.5 （44.5）	6123.0 （30.7）
2009	22196.9	5198.7 （23.4）	9758.4 （44.0）	7241.9 （32.6）
2010	27075.2	6054.4 （22.4）	12462.4 （46.0）	8558.3 （31.6）
2011	28599	7080 （24.7）	12550 （43.8）	8969 （31.3）
2012	33095	8036 （24.3）	14692 （44.4）	10366 （31.3）
2013	37097	8743 （23.5）	16410 （44.2）	11944 （32.2）
2014	40702	9354 （22.9）	17628 （43.3）	13721 （33.7）

（三）产业扶贫对贫困人口收入的影响

从全国扶贫重点县农村居民人均纯收入及其构成来看（见表7-6、表7-7），2001~2010年，贫困县农村居民人均纯收入逐年上升，从2001年的1277元上升到2010年的3272.8元（当年价格）。同时，人均纯收入的构成也发生变化，最显著的是家庭经营收入所占比重逐年下降，从2000年的68.3%下降到2010年的53.7%，下降14.6个百分点；与此相对应的则是工资性收入所占比重在波动中上升，从2000年的28.7%上升到2010年的35.7%，上升7个百分点。另外，转移性收入所占比重上升明显，从2000年的1.7%上升到2010年的8.9%。

表7-6　扶贫重点县农村居民人均纯收入及构成

单位：元

年份	纯收入	工资性收入	家庭经营收入及分业收入					
			总收入	种植业	牧业	林业	工业	第三产业
2000	1337.8	383.9	914.5	576.8	215.9	—	—	—
2001	1277.0	382.2	848.3	532.8	210.6	—	—	—
2002	1305.2	435.5	796.0	445.1	189.2	29.0	22.1	73.0
2003	1406.3	451.4	885.1	522.2	181.1	54.0	22.8	77.3
2004	1585.3	489.4	997.2	624.2	216.3	46.1	25.1	82.6
2005	1725.6	560.8	1042.6	645.8	50.4	218.6	28.9	96.3
2006	1928.4	644.2	1144.0	727.8	207.9	63.4	33.1	106.6
2007	2278.0	783.6	1306.0	—	—	—	—	—
2008	2610.8	887.7	1467.0	—	—	—	—	—
2009	2842.1	1011.2	1522.4	—	—	—	—	—
2010	3272.8	1168.5	1756.2	—	—	—	—	—

表7-7 扶贫重点县农村居民人均纯收入及其构成

单位：%

年份	工资性收入	家庭经营收入	财产性收入	转移性收入
2000	28.7	68.3	-1.2	1.7
2001	29.9	66.4	1.5	2.1
2002	33.4	61.0	1.0	4.7
2003	32.1	61.5	1.9	4.5
2004	30.9	62.9	1.8	4.4
2005	32.5	60.4	1.6	5.5
2006	33.4	59.3	1.7	5.6
2007	34.4	56.2	1.6	8.2
2008	34.0	56.2	1.6	8.2
2009	35.6	53.6	1.4	9.4
2010	35.7	53.7	1.7	8.9

注：2011年后数据统计口径与之前不同，没有收入构成数据。
资料来源：2001~2011年中国农村贫困监测报告，国家统计局。

从扶贫重点县农村人均纯收入增长率看，2001~2004年人均纯收入增长率逐年上升，2003年、2004年家庭经营收入增长率超过人均纯收入、工资性收入增长率，表明家庭经营收入增长幅度较大。2005~2007年是又一个连续上升的小周期，但在这三年中，工资性收入增长率快于家庭经营收入、人均纯收入增长率。2008年、2009年连续两年增长率下降，家庭经营收入增长率下降最明显（见表7-8）。

表7-8 扶贫重点县农村人均纯收入增长率

单位：%

年份	人均纯收入增长率	工资性收入增长率	家庭经营收入增长率
2001	-4.5	-0.4	-7.2
2002	2.2	13.9	-6.2
2003	7.7	3.6	11.2
2004	12.7	8.4	12.7

续表

年份	人均纯收入增长率	工资性收入增长率	家庭经营收入增长率
2005	8.9	14.5	4.6
2006	11.8	14.8	9.7
2007	18.1	21.6	14.2
2008	14.6	13.3	12.3
2009	8.9	13.9	3.8
2010	15.2	15.5	15.4

　　从中西部20个省区的农村居民（包括非贫困农民）人均纯收入构成变化来看：（1）家庭经营收入比重基本是下降的，下降超过全国平均水平的有内蒙古、吉林、黑龙江、河南、青海等省区，其中，吉林、黑龙江、河南是粮食生产大省，内蒙古、青海则是畜牧业占主导地位的省区；（2）工资性收入比重多数是上升的，但吉林、黑龙江、甘肃三省的农民工资性收入比重却是下降的；（3）转移性收入比重都是上升的，但上升的幅度差异较大，其中，内蒙古、黑龙江、青海、宁夏、新疆等省区上升幅度明显高于其他省区（见表7-9）。

表7-9　分省区农村居民人均纯收入构成

单位：%

省区	工资性收入				家庭经营收入				转移性收入			
	2002年	2005年	2009年	2010年	2002年	2005年	2009年	2010年	2002年	2005年	2009年	2010年
平均	33.4	32.5	35.6	35.7	61.0	60.4	53.6	53.7	4.7	5.5	9.4	8.9
河北	44.2	40.9	47.1	46.3	51.6	53.4	48.5	44.4	2.6	4.5	7.9	7.4
山西	43.0	42.9	44.1	42.9	52.3	49.9	44.9	45.2	4.6	6.0	9.3	8.8
内蒙古	25.1	22.2	28.1	28.9	69.2	62.7	49.5	50.2	3.7	11.7	19.4	17.8
吉林	22.6	16.3	18.3	16.8	70.6	60.7	62.7	61.4	6.3	14.6	16.2	12.9
黑龙江	18.4	9.6	8.3	7.4	76.4	73.7	63.9	66.6	4.1	11.0	23.9	21.8
安徽	48.0	46.8	46.4	46.2	47.0	48.3	46.7	46.4	4.7	4.5	5.5	5.4
江西	41.8	39.4	41.0	40.6	54.7	55.6	51.5	51.8	2.6	3.0	6.4	6.7
河南	30.7	33.6	40.0	40.6	64.1	62.6	53.9	53.6	4.7	2.7	5.1	5.1

续表

省区	工资性收入				家庭经营收入				转移性收入			
	2002年	2005年	2009年	2010年	2002年	2005年	2009年	2010年	2002年	2005年	2009年	2010年
湖北	37.3	39.4	44.5	44.2	56.8	53.8	47.2	48.1	5.2	5.1	7.2	6.7
湖南	33.2	33.4	38.0	39.1	59.4	59.4	51.7	51.2	7.0	6.5	9.2	8.9
广西	29.3	33.7	35.0	37.0	64.9	61.3	57.9	55.8	4.6	4.1	6.2	6.4
海南	9.3	12.7	16.3	15.8	86.8	74.7	76.3	77.0	3.2	7.1	7.1	6.7
四川	34.3	29.2	33.2	35.0	56.9	64.1	56.5	54.8	5.3	5.8	9.7	9.2
贵州	31.3	32.8	37.1	37.1	62.8	61.5	53.2	53.0	5.0	4.6	8.6	8.5
云南	24.4	22.4	26.6	27.3	69.4	71.2	61.6	61.0	5.2	4.8	9.9	9.7
陕西	43.1	44.9	44.2	44.1	47.6	43.6	42.3	42.7	7.8	8.2	11.6	9.8
甘肃	37.2	33.7	33.8	34.8	56.7	58.2	49.6	54.0	5.0	5.9	15.0	9.9
青海	31.3	28.0	34.1	33.1	63.5	63.8	53.3	49.2	2.9	5.8	10.7	15.3
宁夏	32.7	34.9	40.8	41.7	61.1	49.7	45.5	45.9	6.7	14.3	12.9	11.7
新疆	13.2	12.3	15.3	14.5	83.8	83.4	75.1	75.5	2.4	3.5	8.8	9.2

资料来源：历年《中国农村贫困监测报告》，国家统计局。

案例 8　山西省隰县玉露香梨产业扶贫

山西省隰县位于临汾市西北边缘，地处吕梁山南部，属于黄土高原残垣沟壑区，县域内丘陵起伏，土地零散而瘠薄，是国家扶贫开发工作重点县、吕梁山片区扶贫开发工作重点县。全县 97 个行政村 8 万农业人口中，建档立卡贫困村 79 个，贫困人口 1.5 万余户、3.9 万余人，约占农村人口的 50%。近十年来，隰县政府在省市有关部门指导下，坚持发展梨果产业，通过特色优势产业带动经济发展、农户脱贫增收。

（1）隰县梨果产业发展基础

隰县位于北纬 36 度的黄土高原核心地带，这里是世界梨果专家公认的优质水果生产区域。海拔较高、光照充足、昼夜温差大的自然条件，特别适宜梨树生长和果实的糖分积累，为优质梨果提供了生长环境。

隰县梨果种植历史悠久，据史料记载，早在 1500 年前就开始种植梨树，明清年间，隰州金梨成为宫廷贡品。新中国成立后，隰县梨果发展较快，在老品种金梨、香水梨的基础上，20 世纪 60 年代增加了鸭梨等品种。改革开放以来，隰县历届政府依托本地自然资源优势，坚持发展梨果产业。

（2）隰县梨果产业化发展之路

20 世纪 90 年代，隰县梨果产业步入发展快车道。逐步完善社会化服务体系，成立县果树开发服务中心，为全县梨果产业发展进行产、供、销一体化服务；不断加大物资技术投入，科学规划，集中连片形成规模。1997 年在习礼村建立了"百种精品梨园"，引进新品种 108 个，培育出了一批适宜隰县发展的主栽梨品种，到 2000 年全县已形成习礼、阳德等 5 个千亩精品梨果示范基地。与此同时，通过抓品牌提高梨果知名度。1995~2001 年，隰县及其梨果连续获奖：1999 年，隰县被农业部命名为"中国金梨之乡"，2001 年被国家林业局命名为"中国酥梨之乡"；2013 年隰县香梨荣获"中华梨王"称号，2014 年 7 月，玉露香梨荣获"中国大美梨"称号。

尽管隰县梨果产业既有规模也有良好效益，但是，梨果品质在全国范围没有明显优势、特色，且面临产量日益过剩的市场局面。为了寻求梨果产业的创新、升级及可持续发展，2010 年，隰县提出主打玉露香梨。

玉露香梨是隰县1984年引进的品种，经过多年不断对比、淘汰、试验，选择出适宜当地栽培的品种"玉露香"。隰县玉露香继承了母本库尔勒香梨"果色泛红、肉嫩清甜、汁多无渣"的特点，又传承了父本雪花梨"果实饱满、果肉洁白、含糖量高"的品质，皮薄核小，可食率高达90%。

2010年，隰县被山西省政府确定为"一县一业"玉露香梨生产示范基地县。隰县通过五大工程来促进梨果产业的突围和发展。一是实施优质果基地续建工程。结合退耕还林、退耕还果以及其他相关项目的实施，逐步形成了品种优、规模大，新老更替、效益突出的优质梨果基地。二是实施高接换优工程。逐步对全县8个乡镇分布不均的品种老化、效益低下的劣质果园进行全面改造。三是实施果树大改形工程。四是实施绿色果品生产基地建设工程。五是实施苗木基地建设工程。

2013年隰县再次以玉露香梨为主导产业，提出"主攻玉露香，八年奔小康"的奋斗目标，开始主推玉露香梨。按照产业规划，从2014年开始，坚持每年新栽2万亩，高接换优2.5万亩，确保2020年全县玉露香梨栽植面积28万亩、挂果面积20万亩，实现人均纯收入达到3万元以上，种植面积占比、从业人员占比和人均纯收入占比达到三个80%。

2014年11月，隰县玉露香梨在出口检疫中，经多点取样检测，15项药物、重金属残留均未检出，达到出口美国的标准，玉露香梨成功出口美国。

2017年10~12月，隰县广鑫公司先后6批次将玉露香梨样品空运加拿大，接受国际市场品鉴。玉露香梨征服了加拿大客户的味蕾，拿下了加拿大市场的通行证。

2018 年初，该公司与加拿大签订了首份出口订单，并确立了 2018 年 100 万斤玉露香梨出口购销意向。

（3）梨果产业扶贫模式及效果

隰县梨果产业在发展过程中，通过合作社带动农户、企业带动农户，以及新兴起的电商带动，发挥了产业扶贫作用，起到了明显的扶贫脱贫效果。

第一，合作社带动农户。

为了应对果品市场不稳定、坐等客商上门的被动局面等情况，隰县早在 20 世纪 90 年代就大力推进果业专业合作社发展，培育了一批经营规模大、服务水平高、产品质量优、民主管理好、增收能力强的果业专业合作社，成为全县梨果产业发展的主力军。

现在全县有果业专业合作社 120 多个，几乎所有的梨果种植户都加入了果业专业合作社，实现了统一技术服务、统一生产标准、统一注册商标品牌，统一定价销售，有效解决了农户小生产和社会大市场的矛盾，增强了抵御各种风险的能力。

第二，企业带动农户。

随着隰县梨果产业的发展，一些企业投资建设果品储存库，进行冷链运输，形成带动农户的生产、储存、销售产业链。

2013 年以来，针对果业产业链中相对薄弱的运输、储存、加工、包装、装卸、配送等环节，隰县积极开展招商引资活动，发展物流产业项目。山西省晋煤集团投资 2 亿元建设储销综合开发项目，包括建设 20 万吨大型数控恒温库、冷链运输、电子商务平台。民营企业京润泽公司，投资 9000 万元建设储藏加工项目，包括建设 15 万吨大型数控气调库、周转库房、分拣车间、清洗车间、加工车间、鲜果交易市场设施等。

这些投资物流产业项目的企业，将以订单方式与果业专业合作社和果农进行合作，拉长产业链条，增加产品附加值，形成以市场牵龙头、龙头带基地、基地连农户的产供销一体化的产业化经营模式。

第三，"互联网＋"驱动。

2015 年开始，围绕玉露香梨产业发展，为解决农产品"卖难"问题，隰县大力实施电商扶贫工程，形成以二维码为中心，一个网站和一个微站，一个电商众创园和多个线下体验园的"一码两站三园"的电商扶贫众创空间运营模式。目前，共有 1140 个电商创业团队，其中农村电商服务站 158 个，专业合作社 88 个，各类公司 39 个，个体户 842 个，分布外省市的农村电商服务站 13 个。

2016 年，隰县电商通过线上线下销售额达 1.13 亿元，其中扶贫销售额 1771 万元。按玉露香梨出园价每斤 3.8~5.2 元算，果农直接增收 4500 万元。

从产业扶贫的作用方式看，隰县香梨产业通过带动就业方式扶贫。一是果园雇工。在疏花疏果、套袋、解袋、收获等农忙季节，要雇用大量的劳力从事果园管理操作。隰县果园每年需要雇用打工者约 2 万人，按平均日工资 100 元计，每人年收入 5000 元左右。二是餐饮等服务行业雇工。每年果品收购季节开始，全国各地的果商云集隰县，宾馆、酒店等餐饮服务行业处于旺季，需要雇用临时从业人员约 5000 人次。

2016 年山西隰县全县依托玉露香梨产业脱贫达 603 户，共计

1965 人，真正打造出了甜蜜的"脱贫梦"。到 2017 年底，山西隰县的玉露香梨种植面积已达到 20 万亩，挂果面积 4.3 万亩，产量 1500 万千克，出园价每千克 1.6~2.5 元，总产值约 1.2 亿元，面积和产量位居全国第一。

（摘编自《隰县玉露香梨：品种、品质和品牌》白皮书，2017 年 4 月；山西省临汾市扶贫办内部资料：《隰县发展特色扶贫主导产业经验介绍》，2017；《隰县玉露香梨品牌战略发布 品牌化提升扶贫效率》，人民网山西频道，2017 年 4 月 8 日，http://sx.people.com.cn）

（四）产业扶贫成效评价

尽管产业扶贫已经有三十多年的实践，国内对农业产业化和扶贫的研究成果很丰富，但是直接研究农业产业化的扶贫效果，尤其是产业扶贫对贫困人口脱贫增收、对产业链延伸、对区域产业结构影响的并不多，而且研究结论不一致，有对农业产业化扶贫效果给予肯定的，也有一些研究通过案例分析发现产业扶贫还存在不容忽视的困境与问题。

迄今所能查阅到的直接对产业扶贫进行评估的研究非常少，李周等在对《中国农村扶贫开发纲要（2001—2010 年）》进行中期评估时所做的"产业化扶贫方式"专题评估最权威。在评估报告中，他们从产业化扶贫政策、扶贫龙头企业与产业化扶贫的效果三个方面分别进行了评价。

他们认为：产业化扶贫政策对扶贫龙头企业和贫困农户都有积极影响。对扶贫龙头企业的积极影响表现在：部分企业的资金短缺问题得到了较好的解决，企业生产基地建设进展顺利，企业经营环境得到改善。贫困地区在扶贫政策和各类扶贫资金的支持下，培育出一批适应市场经济要求、有一定规模和实力的龙头企业。产业化扶贫政策对贫困农户的积极影响表现在：贫困农户得到了信贷资金、多种多样的技术服务、风险基金、市场营销网络的支持。

扶贫龙头企业的扶贫效果包括：促进企业提高效率、农民增收、政府增税、农业技术推广、农村社会公益事业发展等。

产业化扶贫还能促进产业结构优化、农业生产布局专业化、优质品牌形成。

从某一具体产业来看产业化扶贫效果，是产业扶贫评价的另一种研究视角，但研究成果也不多，左停等曾研究内蒙古自治区奶牛饲养业的产业化扶贫效果，研究发现，在奶牛的来源、饲养，牛奶的收集、加工这一链条上，奶农处于弱势位置，在产业化经营中，最贫困人口参与到经济活动中并不容易，因而这部分群体很难从中受益。[1]

郭建宇从农业产业化对贫困人口的收入、机会、能力方面的影响来考察农业产业化减缓贫困效果，研究发现：①农户通过农业产业化经营降低进入市场成本，提高商品化程度，增加农业生产收入，减缓贫困；②龙头企业为附近农民提供就近打工机会，增加农民打工收入；③龙头企业为农户提供种子、农药、化肥等生产要素，增加农户参与产业化经营的机会；龙头企业还为农户提供技术指导，增进农户生产效益；④农业产业化实践通过农户与龙头企业合作关系增强了农户应对风险的能力。[2]但是，农业产业化扶贫需要具备一定的条件，如存在较大规模能够对所在地区具有带动作用的龙头企业或其他组织、农户具备从事专业化生产的条件等，只有当这些条件存在或成熟时，农业产业化扶贫才能有效。

概括来说，产业化扶贫对贫困户的影响表现为提高收入与增强发展能力。产业扶贫项目包括种植业、养殖业，以及近年快速发展的乡村旅游扶贫项目。从种养业扶贫项目看，农户受益形式主要是直接现金补贴和实物补贴等。从

---

[1] 左停等：《精准扶贫：技术影响、理论解析和现实挑战》，《贵州社会科学》2015 年第 8 期，第 157 页。

[2] 郭建宇：《农业产业化与减缓农村贫困》，中国财政经济出版社，2008。

乡村旅游扶贫项目来看，农户受益方式主要是直接补贴资金、完善基础设施以及带动周边农户农产品销售并增加村内务工机会。①

部分新闻媒体对产业化实践的报道普遍认为产业化扶贫效果显著。如，《甘肃日报》2016 年 10 月 10 日报道：甘肃定西的马铃薯产业，从脱毒种薯培育、农民种植、鲜薯购销与贮藏到马铃薯精淀粉与变性淀粉加工，形成了完整的产业链条和产业集群。2015 年，定西市马铃薯产业总产值达到 135 亿元，农民人均产业纯收入 1280 元，占人均纯收入的 22%。全市万吨以上马铃薯加工龙头企业 27 家，加工能力 65.8 万吨，其中精淀粉及其制品加工能力达 45 万吨、变性淀粉及高档休闲食品、主食产品加工能力达 20.8 万吨。2015 年生产马铃薯精淀粉及其制品 20 万吨。②

《贵州日报》报道本省晴隆县作为"贫困＋石漠化"的典型，从 2000 年开始，创造了以退耕还草，集经济效益、生态效益和社会效益于一体的生态畜牧业"晴隆模式"。2001 年以 2000 余只波尔山羊种羊起步，到 2011 年实现存栏羊 42 万只，覆盖 1.28 万农户，75% 已脱贫致富，人均养羊收入 5296 元，创立了草地生态畜牧业的晴隆样本。

为了延伸产业链、提高养殖业的附加值，晴隆县 2013 年引进海权清真肉羊食品加工有限责任公司，建成集屠宰、排酸、分割、真空包装、速冻、冷藏为一体的现代化一流肉羊加工厂，年设计屠宰能力达 120 万只羊，是国内专业肉羊加工行业规模最大的加工企业。公司自 2013 年 11 月建成投产以来，秉承"一生鲜草，一碗好肉"的理念，生产绿色、健康、安全、高端的各种羊肉食品，产品销往北京、上海、广州等地，成为大型连锁餐饮羊肉的供货商和合作商。让晴隆种草、养羊产业实现"种—养—加"一条龙的生产模式，拓展了"晴隆模式"的内涵，延长了产业链。③

①　汪三贵等：《连片特困地区扶贫项目到户问题研究》，《中州学刊》2015 年第 3 期，第 69 页。
②　甘肃日报：《定西加快建设中国薯都促进产业转型升级》，每日甘肃网，2016 年 10 月 10 日，http://www.gansudaily.com.cn/。
③　《晴隆海权肉羊销售收入近 2 亿元》，《贵州日报》2016 年 2 月 1 日，http://www.people.com.cn/。

专栏 9 农业部推进农业产业扶贫的情况

农业部把农业产业扶贫作为优化农业供给结构、补齐农业现代化短板、实现全面小康的重要举措，作为农业农村经济工作的大事要事，调动全国农业系统力量务实推进，取得了积极进展。

贫困地区多样化的资源优势逐渐转化为产业优势、经济优势和后发优势，贫困农民腰包逐渐鼓起来了。2013~2016 年贫困地区农村居民人均收入连续保持两位数增长，年均实际增长 10.7%，其中国家扶贫开发工作重点县农民收入是 2012 年的 1.52 倍、2010 年的 2 倍，2017 年继续保持较好增长势头。

农业产业扶贫成就得益于六个方面的工作举措。

第一，产业指导取得新进展，努力实现户户有增收门路。坚持加强顶层设计、强化发展指导，帮助贫困地区转变发展理念、明确重点任务。农业部联合八部门印发《贫困地区发展特色产业促进精准脱贫指导意见》，组织 22 个扶贫任务重的省份、832 个贫困县编制完成产业精准扶贫规划。在深入调研的基础上，会同地方干部群众研究提出了产业扶贫"五个一"工作路径，即编制一个好规划、选准一个好产业、打造一个好龙头、创新一个好机制、完善一个好体系，为各地推进产业扶贫绘制路线图。

第二，政策扶持有了新突破，贫困群众真正感到帮扶温暖。中央专门出台支持贫困县统筹使用财政涉农资金政策，农业部在项目资金支持、一二三产业融合、一村一品示范创建、新型职业农民培育等相关文件中明确向贫困地区倾斜。各地围绕资金整合、主体培育、金融扶持、保险服务等方面，出台一系列针对性、操作性强的政策举措。

第三，市场引领采取新举措，贫困地区农产品销路更加畅通。针对贫困地区农产品卖难问题，组织贫困地区合作社、企业等农业生产主体，参加各种展销活动，支持各地打造特色优势品牌，发展电子商务，利用各类媒体加大宣传推介力度，让好产品卖得出、卖个好价钱。在第十四届、第十五届中国国际农产品交易会期间举办产业扶贫专题展，组织 80 多个贫困县、200 多家企业参展，现场贸易额超过 5 亿元。2017 年 3 月，会同北京、天津组织 120 家企业、批发市场、经销商与环京津 28 个贫困县签订 168 项合作协议，帮助销售了一大批特色农产品。

第四，龙头培育迈出新步伐，带动脱贫能力明显增强。支持贫困地区培育种养大户、家庭农场、农民合作社、农业企业等新型经营主体，积极牵线搭桥帮助引进农业产业化龙头企业，一批扶贫"龙头"成长壮大、落地生根，成为带动脱贫的"火车头"。鼓励引导各地探索推广订单帮扶、股份合作、生产托管等龙头带贫模式，让广大贫困群众分享更多产业发展红利。截至 2016 年底，22 个扶贫任务重的省份已发展农业龙头企业 8.8 万家，其中省级以上龙头企业 1.2 万家；全国 758 个贫困县（不含西藏）发展农民合作社 44.2 万家，带动 1500 多万户农户；农业部 100 个样本贫困县新型农业经营主体直接带动贫困人口覆盖度达到 49.8%。

第五，科技帮扶呈现新亮点，支撑保障水平逐步提高。依托现代农业产业技术体系专家团队和农技推广队伍，在贫困地区开展农技服务，在 7 个重点贫困地区实施农技推广服务特聘计划试点。在环京津

28 个贫困县开展"万名农技人员进山上坝服务行动""万名脱贫带头人培育行动"。近几年，每年都有 60 多人在贫困地区挂职帮扶，2017 年又从部属事业单位选派 28 名处级干部到环京津 28 个贫困县，开展技术指导，提高产业扶贫水平。

第六，典型引路开创新局面，产业扶贫范例推广反响热烈。农民搞产业最讲眼见为实，跟他们讲十遍，不如让他们看一次。2016 年，总结了洛川苹果、赣南脐橙、定西马铃薯 3 个范例，随后，在全国层面又先后遴选了广西百色芒果、贵州黔西南薏仁、河北平泉食用菌、湖北罗田黑山羊、安徽岳西茭白、河南信阳毛尖、山西平顺中药材、宁夏盐池滩羊、四川苍溪猕猴桃等 10 多个立得住、叫得响、推得开的产业扶贫范例，会同国务院扶贫办举办 12 期产业扶贫现场观摩，现场培训 700 多个贫困县负责同志。这些范例都是基层的实践创造，干部群众往往一看就有信心、一看就懂、一学就会、一点就通。通过现场观摩等形式，很好地发挥了树榜样、受启发、找差距、增信心的作用，让基层干部群众真正想干、敢干、能干、会干。

（摘编自 2017 年 10 月 16 日农业部新闻发布会上发展计划司副司长刘北桦发言内容，农业部网站）

（五）产业扶贫存在的问题

虽然上述研究是对农业产业化扶贫效应的肯定，但是有学者研究发现产业化扶贫在实践中也面临困境。

其一，产业化扶贫推进中面临尴尬局面。

产业化扶贫在推进过程中遭遇企业热、农民冷、政界热、实践冷等冷、热尴尬境地。[①] 从参与式治理角度看，产业扶贫在践行参与式理念的过程中，出现了目标偏离和实践变形，本应是多元主体的互动参与异化为政府主导下的被动参与，包括龙头企业、农村经济合作组织和贫困农户在内的参与主体难以与地方政府进行平等对话和协商，直接影响到产业扶贫的脱贫绩效及农民参与产业扶贫活动的积极性。[②]

其二，产业扶贫瞄准率不高。

从扶贫瞄准角度来说，我国扶贫政策经历了县级瞄准、村级瞄准，到现在的农户瞄准，这一变化反映出扶贫政策瞄准精度不断提高和瞄准目标的逐渐下沉。从理论上讲，扶贫瞄准精度的增加有助于提高扶贫资源使用效率，但实践表明，产业扶贫仍然存在瞄准率不高的问题。

汪三贵等基于乌蒙山片区三省六县的调研，研究连片特困地区扶贫项目到户情况，发现 2012 年、2013 年主要扶贫项目总到户率约 30%，产业扶贫项目的到户率更低，仅约为 8%。[③] 产业扶贫项目的建档户总到户率与非建档户差距不大，2012 年分别为 8.7%、7.5%，2013 年分别为 8.7%、6.7%。他们认为扶贫到户中贫困瞄准偏离以及财政扶贫资金 "益贫" 效率低下的原因主要有：扶贫资金分配缺少灵活性、扶贫项目管理和审批程序复杂、扶贫相关部门之间协调不足、贫困县获得项目难度大、深度贫困户遭到排斥、扶贫项目与农户需求不完全一致。

瞄准目标偏离对扶贫工作的影响主要在于会降低扶贫政策和项目实施的效率和有效性，从而直接导致政策和项目实施结果同预期目标相背离。[④]

---

① 向长贤：《当前产业化扶贫中的 "热" "冷" 现象分析》，《老区建设》2008 年第 1 期，第 37 页。

② 胡振光等：《参与式治理视角下产业扶贫的发展瓶颈及完善路径》，《学习与实践》2014 年第 4 期。

③ 汪三贵等：《连片特困地区扶贫项目到户问题研究》，《中州学刊》2015 年第 3 期。

④ 左停等：《精准扶贫：技术靶向、理论解析和现实挑战》，《贵州社会科学》2015 年第 8 期，第 157 页。

扶贫政策要求短期内出效益的政绩诉求及扶持力度不能完全支付行动成本等制度约束，也会将识别出来的贫困村和贫困农户排除。在中部某省区，当地扶贫部门要扶持贫困农户发展大棚种植蔬菜，村委会在确定名单时更多考虑的是每个农户家里的土地环境、灌溉方便程度、运输成本、种植经验和投资能力等因素，基本上没有考虑其是不是贫困农户，因为贫困农户无法承担起蔬菜大棚种植失败的风险。①

其三，产业扶贫项目脱贫效果未达预期。

产业扶贫项目在基层运作过程中，是否真正能带动贫困群体脱贫致富？梁晨运用定性研究方法，通过武陵区4个贫困县的产业扶贫项目的3种运作模式的考察，认为地区产业发展和经济提升未必一定会带动贫困者能力提升并脱离贫困的生活困境，主要原因在于：中央设计扶贫政策的目的与地方政府的施政能力和施政动力之间、产业发展理念与扶贫理念之间存在的张力导致产业扶贫项目这一政策在具体实施过程中被扭曲，因而并未真正达到预期效果。②

除了上述问题外，各地产业扶贫实践中还表现出产业趋同、经营主体带动能力不强的共性问题。

一方面，产业趋同、特色产业优势不明显。在产业扶贫中，部分贫困地区在产业选择中，行政主导作用过大，而又忽视研究市场，盲目跟风，片面追求短期政绩，出现区域性、局部性的产业趋同，如果将当前全国所有贫困县选定的优势特色产业目录进行比较，就会发现茶叶、柑橘、猕猴桃、苹果、蔬菜、食用菌、养猪、养羊等产业高频出现。

在需求相对不变的情况下，产业雷同增加的农产品供给带来的产品销售价格下跌、滞销等情况常有发生，制约着产业增效和农户增收，直接影响到产业扶贫效果。比如，有的地方在茶叶市场供大于求的情况下，还将适合优质水稻生产的平坝水田改为种茶；有的地方核桃收购价格已经出现连续下跌，

---

① 李小云等：《论我国的扶贫治理》，《吉林大学社会科学学报》2015年第7期，第95页。
② 梁晨：《产业扶贫项目的运作机制与地方政府的角色》，《北京工业大学学报》（社会科学版）2015年第10期。

还要在农田中种植核桃树；等等。

另一方面，经营主体规模小、水平低、带动能力不强。通过扶持农业龙头企业、合作社、大户等经营主体带动贫困农户发展的产业化扶贫方式，在实践中还存在两类问题，一是部分贫困地区由于资源缺乏、市场化程度低等客观因素导致本地经营主体规模小、发育水平偏低，区域内有市场经济能力的经营主体数量很少，遑论带动农户脱贫增收。二是龙头企业、合作社、大户等经营主体虽然获得政策支持并得到发展，但由于这些经营主体与贫困户之间还是一种松散的、短期的利益联结机制，多数贫困户是通过务工或土地流转租金获得收入，并没有随着农业经营主体或产业的发展而获得更多的收入和较大的发展，经营主体的带动能力不强。

五 产业扶贫经验与发展建议

（一）产业扶贫经验总结

（1）政府提供扶持政策。近四十年的产业扶贫实践探索表明，政策扶持是产业扶贫发展的重要保障。由于贫困地区产业基础薄弱、经营主体不发育、市场经济不发达，单纯依靠贫困地区自己的力量发展产业，可能需要相当长的时间，因此，通过产业发展发挥反贫困效果需要借助政府政策支持，包括信贷扶贫政策、税收优惠政策、土地使用政策、社会帮扶政策、贴息贷款政策等。

（2）因地制宜选择产业。贫困地区扶贫产业的发展、壮大要充分考虑当地的资源禀赋、文化传统、风俗习惯，因地制宜、遵循自然规律、尊重市场规则，不能机械照搬，也不能强行移植，同时要考虑产业对贫困人口的带动能力。在贫困地区农民人均收入普遍不高的情况下，可优先发展产业，形成特色或优势产业。当产业发展具备适当条件后，通过经营主体的辐射带动，让贫困群众参与到产业生产经营活动中，实现脱贫致富目标。

（3）产业延伸融合发展。产业链的延伸、拓展与融合发展直接影响产业的脱贫效果。从产品的生产、仓储、初加工，到包装、销售形成一个链条，就可以提供更多就业机会，辐射带动能力增强。产业的融合发展同样比单一产业发展有更好的脱贫效果。

（4）贫困群众主动参与。产业扶贫要有政府支持、龙头带动以及机制创新，但最重要的是脱贫对象的自强自立。脱贫对象不自强自立，无论扶贫工作者如何兢兢业业、社会各类组织如何大力帮扶，都不可能达到脱贫致富的目的。产业扶贫通过激发扶贫对象的主动性和创造性，发展特色产业、吸纳就业，提高贫困人口自我管理水平和发展能力，不仅可以解决暂时贫困，而且是长久的脱贫之计。

（二）促进产业扶贫发展的建议

产业扶贫是带动贫困群众稳定增收、提升自我发展能力的有效途径，当前及今后一段时期内，除了社会保障"兜底"的一批贫困人口外，具备劳动能力的贫困群体都要通过产业发展来实现脱贫，为了促进扶贫产业发展、优化产业扶贫效果，需要注意以下几个方面。

（1）激发企业、贫困户参与产业扶贫的主动性和积极性

产业的发展离不开具有市场驾驭能力和资金、技术、管理等要素组织能力的龙头企业参与和引领。没有企业带动就没市场、没有产业链，所以，激发企业参与产业扶贫的积极性是推进产业扶贫的关键。一是通过"奖补"政策，鼓励产业化龙头企业到贫困地区投资建厂带动贫困群众发展产业；二是采用以结果为导向的资金分配方式，把带动贫困户脱贫效果作为分配扶贫资源的根据，在财政贴息贷款、补贴等政策支持方面，优先向带动贫困群体脱贫效果好的企业倾斜。

激发贫困户脱贫内生动力，主动参与扶贫产业发展。一是通过实行扶持与劳动挂钩的"扶勤不扶懒"的差别化措施，激发贫困人口参与产业脱贫积极性；二是通过资产收益扶贫方式，开展财政支农资金形成资产股权量化改革，财政涉农资金投入设施农业、养殖等项目形成的资产，具备条件的折股

量化给贫困村和贫困户，鼓励实施主体带动持股成员从事多种形式的合作生产经营，形成按股分红、利益共享、风险共担的利益共同体，建立贫困户直接、长期参与的利益联结机制。

政府则应避免参与产业扶贫具体活动，为市场发挥决定作用提供良好环境，通过为农民提供技术培训、信息服务，为企业提供一定的政策支持来助推产业扶贫。

（2）探索利益联结机制

龙头企业与农户之间的利益联结机制是产业扶贫顺利发展、取得成效的重要基础。农业细分产业的产品特征、生产周期等根本属性不同，决定了不同产业与农户的利益联结机制松紧程度差异较大，带动效果不同。产业扶贫的目的是通过扶持龙头企业带动贫困农户增收，因此，探索合理的、可持续的利益联结机制便成为发展产业扶贫的关键。一是继续发展通过大户、合作社等中介与分散农户形成相对稳定关系；二是总结、推广龙头企业通过股份制、股份合作制等形式与农户构成利益共同体。

（3）延伸产业链优化扶贫成效

提高产业扶贫的脱贫效果要以产业链为增收保障。目前，多数贫困地区在发展产业时仍以初级农产品生产为主，抵御市场风险能力较弱，应该以工业化的路径方式，整合技术、生产、管理、市场等各个环节，推进扶贫产业向一、二、三产业融合发展，实现从原材料生产，向生产、加工、储藏、销售的产业链延伸，拓展增收空间。

（4）开发特色绿色产品推进供给侧改革

目前产业同质化现象比较突出，不少地方都是大棚种蔬菜、栽果树、养牛羊，容易出现"增产不增收"情况。这种现象的客观原因是许多地方没有明显的优势、特色产业，在产业选择中容易重复别人的路子，主观原因则与地方政府急于脱贫，甚至搞形式主义有关系。为了避免扶贫产业趋同、同质化竞争，应坚持供给侧结构性改革，发挥贫困地区天然、绿色、无公害优势，走环保、健康、稀有之路，创新开发特色农产品。

第八章　中国移民扶贫

一　概述

（一）移民搬迁、移民扶贫与扶贫开发

在波澜壮阔的中国扶贫开发图景中，移民扶贫有着独特的重要性。"一方水土养不活一方人"是一类重要的致贫因素，包括生存条件恶劣、生态环境脆弱、自然灾害频发等，从而无法为当地人民提供基本的生存条件。在这种情况下，即使不存在其他致贫原因，也需要通过易地搬迁才能从根本上铲除致贫因素和摆脱贫困。在"一方水土养不活一方人"地区，生存条件恶劣是主要矛盾，贫困通常具有区域性和整体性。在这些地区，即使部分住户暂时不存在经济性贫困，也不能免除恶劣生存、生态条件的威胁。随着中国经济社会的发展，政府致力于为农村居民提供普惠性基础设施和基本公共服务。一些贫困地区位置偏远，基础设施建设、基本公共服务以及居民生产生活成本过高，由此导致了成本节约型扶贫移民。无论哪种类型，由于伴生了其他致贫原因，以及搬迁所带来的生计条件变化，扶贫搬迁通常不是一搬了之，而是必须要有配套性后续扶持措施，才能真正实现脱贫。

扶贫搬迁是移民搬迁的一种形式。经济社会发展过程中存在多种形式的非自愿性移民搬迁，除扶贫搬迁外，主要包括工程移民、城市建设移民、生

态环境移民、避灾移民等。从概念逻辑上，这些不同的移民搬迁的界限是清楚的。但是在实践中，扶贫搬迁与其他类型的移民搬迁往往叠加在一起，尤其是生态环境移民、避灾移民以及早期的水利工程移民。所以，具体的移民搬迁工程项目，就其搬迁目的而言，往往是复合性的，实际工作中也往往将扶贫移民和生态移民等同视之，交替使用。

（二）关于扶贫搬迁行为准自愿性的讨论

移民有自愿和非自愿之分。自愿移民是基于经济等多种因素得出的综合理性决策。在国际上，跨国或国内自发迁移是贫困家庭自我救赎和脱贫的主要方式，尤其是从发展中国家向发达国家的移民。在中国，打工一人，脱贫一家，劳动力迁移具有明显的脱贫效应，甚至可以进一步带动举家城市化迁移，这是经济增长带动就业减贫的重要途径。[1] 非自愿移民是由各种外部因素所导致的，典型的如战争、饥荒、大型工程所导致的移民。非自愿性移民是国际层面对中国移民研究的主要视角和对象，对于扶贫移民关注还不多。[2] 中国的扶贫移民有其特殊性，对于其搬迁行为是自愿性的，还是非自愿性的，目前还没有定论。国内研究大都不太重视这个问题，如果有涉及的，一般都根据《中国农村扶贫开发纲要（2001—2010年）》（以下简称《纲要1》），采取自愿移民搬迁的说法。

为了更好地评估扶贫移民政策行为及其效果，有必要对其自愿性进行进一步探讨。扶贫移民虽然需要得到住户的同意才能实行，但是其本质上是一项典型的公共政策，公共部门或政府是制订计划和实施项目的主体，即国家发展改革委，不是居民自发的行为。如果没有政府行为，扶贫移民不会发生。扶贫搬迁政策目标是搬迁户的最大利益，搬迁对象有搬迁的激励；扶贫移民

---

① 李培林、魏后凯主编《中国扶贫开发报告2016》，社会科学文献出版社，2016；贾鹏、都阳、王美艳：《中国农村劳动力转移与减贫》，《劳动经济研究》2016年第6期。

② Kimura, Y., 1993, China: Involuntary Resettlement, World Bank, Report No. 11641-CHA；杜发春：《三江源生态移民研究》，中国社会科学出版社，2014。

不会绝对性强制，但是有时也需要动员，所以兼具自愿性和非自愿性，介于自愿和非自愿之间，可以称之为准自愿性：（1）搬迁对象自身存在决策条件、方式差异，外部则面对诸多障碍和不确定性，所以搬迁意愿不可能完全相同，相同条件下愿意和不愿意搬迁的人都会存在[1]；（2）当政府制定了具体的搬迁规划目标时，一部分并非很自愿的农户就需要通过动员、更多补偿等被动方式实现搬迁；（3）扶贫移民时常与生态搬迁、工程搬迁结合在一起，其他项目的公共目标加强了非自愿性；（4）扶贫移民搬迁的工作方式与非自愿性移民安置模式相似。[2]

（三）中国移民扶贫的基本历程

移民搬迁自从新中国成立以来一直就有，而且在20世纪50年代就有相当大的移民规模。世界银行将中国的移民搬迁分为交通、水库和城镇三种类型，从1950年到1989年，累计移民搬迁数量3150万人，其中第1个10年和第4个10年分别达到860万人和1080万人；水库建设移民达到1020万人，其中前20年达到780万人。[3]新的移民搬迁形式——扶贫移民和生态移民搬迁都是20世纪80年代以来才出现，规模在当时还比较小，这可能是它们没有进入世界银行视野的原因。工程移民可能有扶贫功能，如所影响的居民原本生活在偏远贫困地区，而后搬迁安置到更好的地区；也可能损害移民生计，让他们从适宜生存的地区搬迁到条件不好以及不能适应的地区。但是依据世界银行报告的说法，工程移民通常都是工程项目的受害者而不是受益者。[4]

---

① 调研发现"自愿搬迁"户中有一部分并未表达自愿态度；冯世平：《三西移民：迁移的意愿与预期的希望》，《开发研究》2000年第5期。

② 一个典型模式是"动员—过渡—发展—融合"（RTDI模型）；Scudder T., and E. Colson, 1982, "From Welfare to Development: A Conceptual Framework for the Analysis of Dislocated People", In A. Hansen & A. Oliver — Smith ed., *Involuntary Migration and Resettlement: The Problems and Responses of Dislocated People*, Boulder: Westview Press.

③ Kimura, Y., 1993, China: Involuntary Resettlement, World Bank, Report No. 11641-CHA.

④ 魏珊：《非自愿性移民可持续发展与发展研究》，武汉大学出版社，2010。

中国有组织的扶贫移民搬迁始于20世纪70年代后期，宁夏回族自治区为解决部分地区干旱缺水而兴建同心扬黄灌区工程，并将部分新建灌区土地分配给县内其他干旱地区群众。① 因此，中国的扶贫移民搬迁至今已有近40年时间。1982年底，国家在气候干旱、土地贫瘠、生态环境恶化的"三西地区"启动以农业建设为主题的扶贫开发计划，措施之一是"水旱不通另找出路"，即移民搬迁，在宁夏西海固地区主要采取"吊庄移民"形式，在甘肃"两西"地区主要是向河西走廊有开发潜力的地区移民。② "三西"移民既是生态移民，又是扶贫移民，但主要是基于生态原因的扶贫移民，是国家层面首次提出的移民扶贫思路。1994年，《国家八七扶贫攻坚计划》首次在国家层面提出开发式移民。2001年，《纲要1》首次提出自愿移民搬迁，对于生存条件和自然资源条件缺乏的特困人口，结合退耕还林还草实行搬迁扶贫，而且要做好搬迁后的扶持工作。《中国农村扶贫开发纲要（2011—2020）》（以下简称《纲要2》）进一步提出易地扶贫搬迁，在概念上建立移民搬迁与扶贫的联系。2016年《全国"十三五"易地扶贫搬迁规划》提出进一步开展易地扶贫搬迁，完善后续扶持政策，实现约1000万建档立卡贫困人口"应搬尽搬"，稳定脱贫。

二　移民扶贫的发展历程

（一）1993年以前：自发移民扶贫

从20世纪80年代初到90年代初，搬迁扶贫还不是开发式扶贫的主要形式，但是作为地方实践，已经陆续在各地自发地展开。其中，"三西"农业建设中的移民搬迁是最早的有意识扶贫移民，在中央政府统一方针指导下实施，对其他地区的移民搬迁起到了引导示范作用。1982年12月，国务院

---

① 黄承伟：《中国农村扶贫自愿移民搬迁的理论与实践》，中国财政经济出版社，2004，第313页。

② 张百新、王增海、杜晓明编《"三西"扶贫记》，新华出版社，2012。

在干旱、贫瘠的"三西"地区设立"三西"地区农业建设国家专项计划，制定了"有水走水路，无水走旱路，水旱不通另找出路"的建设方针，即在有条件的地区兴建水利工程解决生产生活用水问题，没有水源的干旱地区发展旱作农业，缺乏足够农业生产条件的地区则开展劳动力转移就业或移民搬迁。"三西"建设作为资金拨付计划，从1983年到2015年，一共进行了4期，累计投入73亿元。

"三西"地区分属甘肃省和宁夏回族自治区，所以移民搬迁工作也是分别开展的。1983年9月，甘肃省委、省政府制订了移民工作实施方案，把解决贫困地区温饱问题同经济发展条件较好地区的开发建设结合起来，将中部干旱地区和南部山区农民搬迁到河西地区和沿黄新灌区落户。由于有可供开发的农业资源条件，河西走廊既是"三西"农业建设区域，又是省内扶贫移民的目标区域。[1]总的设想是，1983~2000年，从中部干旱困难地方迁移出60万人，其中，向中部新灌区迁移40万人，到1992年迁移24万人；往河西地区迁移20万人，到1992年迁移6万人。截至1989年底，"两西"地区迁移17万人，平均每年实现3万~4万人迁移规模。[2]

宁夏回族自治区借鉴同心扬黄灌区县内安置移民经验，制定了"以川济山，山川共济"的方针，采取移民吊庄形式，在引黄、扬黄灌区无偿划拨土地给山区县，借助国家专项资金扶持，动员南部山区生存条件恶劣地区的贫困人口迁移并从事开发性建设。宁夏第一阶段吊庄移民周期为1983~1995年，全区共建设了20个移民吊庄项目，含11个县外集中吊庄、3个县外插户吊庄和6个县内吊庄，安置移民16.1万人。

在"三西"扶贫开发启动后，其他地区也自行开展了自发的搬迁扶贫。广东在1986年底开始开展粤北石灰岩地区扶贫工作，措施之一是组织2000户居住在高山边远的农户就近搬迁至山下。1991年，广东省开展粤北石灰

---

① 张百新、王增海、杜晓明编《"三西"扶贫记》，新华出版社，2012。
② 王胜临：《甘肃两西地区移民初探》，《西北人口》1991年第1期。

岩地区人口迁移试点工程，1993 年全面铺开。[①]广西在 20 世纪 80 年代后期和 90 年代初期，在 12 个县先后进行县内移民搬迁试点[②]，1995 年完成第一阶段搬迁任务；江县扶贫李果场、田阳县"扶贫状元"莫文珍自发搬迁建设新家园、南丹县利用外资易地开发等基层实践效果明显，为其在 1993 年在全国范围内较早地实施易地安置扶贫开发打下了良好基础。[③]新疆、内蒙古、青海也都是在 1986~1987 年开始开展县、乡镇层面的扶贫移民搬迁[④]（见表 8-1）。

表 8-1　20 世纪 90 年代初期以前部分省份扶贫移民搬迁

省份	时间和阶段划分	实施形式	搬迁规模（万人）
宁夏	1983~1995 年：移民吊庄	沿黄灌区以跨县移民吊庄为主，县外插户吊庄和县内吊庄为辅	16.1
甘肃	1983~1992 年："两西"移民第一阶段	中部引黄灌区就地迁移，远距离河西移民	17*
广东	1991~1992 年：石灰岩地区"两缺"迁移试点 1993~1995 年："两缺"迁移第一阶段	劳动力转移 市外安置	1 15.78
广西	1992 年以前：县级试点和地方自发试验 1993~1996 年：区级试点	以县内安置为主，农林承包经营带动	— 8
新疆	1996 年以前：近 10 年县主导有组织搬迁	移民开发区	0.43**
青海	1986~1997 年：吊庄移民	兴海西之利，济海东之贫	3

*　指 1989 年数据；**　仅指柯坪县老齐浪扬水灌溉工程搬迁规模。

资料来源：王胜临：《甘肃两西地区移民初探》，《西北人口》1991 年第 1 期；黄承伟：《中国农村扶贫自愿移民搬迁的理论与实践》，中国财政经济出版社，2004，第 313 页。广西、广东和新疆数据来自各省份扶贫志。

---

① 《广东扶贫志》，第 54 页。

② 《广西扶贫志》，第 111 页。

③ 黄承伟：《中国农村扶贫自愿移民搬迁的理论与实践》，中国财政经济出版社，2004，第 313 页。

④ 新疆维吾尔自治区地方志编纂委员会、新疆通志扶贫开发志编纂委员会合编《新疆通志扶贫开发志：1978—2008》，新疆人民出版社，2009。

（二）1994~2000年：开发式移民

1. 政策框架

1994 年，国务院出台《国家八七扶贫攻坚计划》（以下简称"八七计划"），力争用 7 年时间，到 2020 年实现 8000 万贫困人口的脱贫任务。"八七计划"坚持开发式扶贫方针，通过发展农业和乡镇企业、推动资源开发利用和组织劳务输出等方式促进脱贫致富。"八七计划"首次在国家层面正式提出"开发式移民"，即对极少数生存和发展条件特别困难的村庄和农户，实行扶贫移民搬迁。"八七计划"还提出要认真解决库区移民和滩区、蓄滞洪区群众的贫困问题，这些是以往工程移民造成的贫困。1996 年《中共中央关于尽快解决农村贫困人口温饱问题的决定》和 1998 年《中共中央关于农业和农村工作若干重大问题的决定》也都相应地提出了开发式扶贫思路。

2. 进展情况

"八七计划"出台后，大部分省份都进行了以反贫困和保护生态环境为目的的易地扶贫试点行动，并在试点基础上实施扶贫移民搬迁工作，名称有开发式移民、异地安置、移民搬迁异地开发、异地开发扶贫、生态移民等。20 世纪 90 年代中期以来，共有甘肃、宁夏、内蒙古等 17 个省份相继开展了扶贫移民搬迁工作，截至 2000 年，全国共搬迁移民约 258 万人。[①] 在先期已经开展移民搬迁实践的省份，要么继续推进已有的移民搬迁项目，要么确立和实施新的异地搬迁安置项目；在那些前期没怎么开展搬迁扶贫试点的省份，其开发式移民工作也相应地开展得比较晚，有的是为 2000 年以后的生态移民做试点和准备。

按时间进度，"八七计划"框架下的省级层面扶贫移民搬迁工作可以分为三种类型。

---

① 黄承伟：《中国农村扶贫自愿移民搬迁的理论与实践》，中国财政经济出版社，2004，第313 页。

（1）延续和推进前期已经开展的移民搬迁项目。典型的有先期开展"三西"扶贫的宁夏和甘肃以及开展"两缺"移民的广东。1995年制定的"三西"资金管理办法加大了移民安置项目支出。[①] 宁夏在1996~2000年实施移民吊庄的第二阶段，在继续完善前期移民吊庄工程基础上，建设了2个东西合作型吊庄以及一个大规模的红寺堡移民开发区；甘肃基本延续前期做法，推进沿黄灌区移民安置和河西移民基地建设，每年移民3万~4万人；广东在1995年前已经移民近17万人基础上，利用3年时间，把高寒山区少数民族纳入范围，新增搬迁安置6.4万人，提前完成"八七计划"移民搬迁任务。

（2）基本与"八七"计划同步开展移民搬迁。这种类型的省份比较少，目前可知的主要是广西和四川。广西主要开展大石山区扶贫移民，采取异地安置形式，1993~1996年试点，1997~2000年正式实施，累计实现搬迁21.23万人。四川的形式比较特殊，省级主要是在凉山州开展扶贫移民试点，实施时间是2004~2010年，其他地区的移民搬迁同步展开，到2000年实现了30.7万人搬迁，其中凉山州为2.72万人。

（3）"八七"计划实施后才相继启动扶贫搬迁试点和正式行动。大部分省份都是这种情况（见表8-2）。例如，湖北和山西都是1996年试点，1998年实施；陕西省1997年试点，1998年实施；云南省1996年试点，1999年启动；贵州和新疆1996年启动；内蒙古1998年启动区级生态移民和城镇移民项目。其中，有些省份制订了到2000年的短期计划，如陕西、广西、湖北、山西；有些省份是跨越2000年的长期移民搬迁计划，如云南、内蒙古、青海、新疆。

---

① 1995年，财政部制定《"三西"农业建设专项补助资金使用管理办法》，将"三西专项资金"分为基本建设投资和补助性事业费两部分，其中移民安置补助属于补助性事业费的一部分；资金使用范围包括"三西"地区以及甘肃陇南10个高寒阴湿特困县。2001年，财政部对办法进行修订，加强了移民安置项目，体现在：（1）资金使用范围增加了移民安置区；（2）将移民安置补助列为资金使用重点；（3）规定河西地区的资金主要用于当地2个原国定贫困县、移民安置项目以及移民区公益设施建设；（4）移民安置补助除了移民安置费外，还可以用于移民安置区的水、电、路基础设施等补助。

表8-2 "八七计划"期间开发式移民

省份	时间和阶段	实施地区	实施形式	投入资金（亿元）	搬迁规模（万人）
宁夏	1996~2000年：开发式移民吊庄	宁南山区向中部灌区移民	合作吊庄；移民开发区	—	6.36[1]
甘肃	1993~2000年：两西移民第二阶段	中南部贫困地区向河西走廊和沿黄灌区移民	移民基地	—	40[2]
四川	1994~2000年：凉山州扶贫移民试点	高寒山区向低海拔地区移民	集中安置移民点	—	4.5（州）30.7（全省）
新疆*	1997年至今	30多个县	移民开发区，牧民定居	7.63	15.71（1994~2000年）
内蒙古*	1994年至今：盟市内搬迁 1998年至今：自治区生态移民和城镇移民	乌兰察布市阴山北麓6县旗	水利开发	—	2 1.5
陕西*	1997年：试点 1998~2000年：实施	白于山区、黄河沿岸土石山区、陕南秦巴中高山区	以插花式安置和村内安置为主，集中安置和产业转移安置为辅	6	28.8
青海*	1994年至今	高寒干旱、缺水、灾害频繁山区	整体与分散移民相结合，以自发移民为主	—	12.7（其中投亲靠友11.5）
广西	1993~1996年：试点 1997~2000年：实施	大石山区	易地安置场	10	21.23
贵州*	1996~1997年：试点	住在山洞和窝棚的特困人口	移民新村	0.8	8.5
云南*	1996~1998年试点 1999~2002年实施	16个地州市94个县市	—		19.4（到2002年8月）
湖北*	1996年试点 1998~2000年：实施	十堰市	项目开发等	—	20

续表

省份	时间和阶段	实施地区	实施形式	投入资金（亿元）	搬迁规模（万人）
广东	1993~1995 年：第一阶段 1996~1998 年：第二阶段	粤北石灰岩地区，高寒山区少数民族	市内安置； 市外安置； 自找门路	3.2 0.95	15.78 6.4
山西	1996~1997 年：试点 1998~2000 年：推进	边远山区	—	—	13 （到 2003 年底）

注：[1] 为加总数，其中红寺堡开发区为 5.13 万人，到 2000 年，2 个吊庄为 1.23 万人，到 1998 年；[2] 根据推算得出，对应于 1993~1999 年。

资料来源：带 * 的均来自黄承伟：《中国农村扶贫自愿移民搬迁的理论与实践》，中国财政经济出版社，2004，第 313 页；山西资料来自贾志军、许茂杰：《山西省实施生态移民的实践》，《中国水土保持》2004 年第 5 期；其他省份资料来自对应的扶贫志（四川省地方志编纂委员会，2012；《新疆通志·扶贫开发志》编委会，2009；广东省扶贫开发领导小组办公室，2007；广西壮族自治区地方志编纂委员会，2013）。

（三）2001~2010 年：生态移民

1. 政策框架

2000~2010 年的扶贫移民在政策框架上从属于《纲要 1》。《纲要 1》坚持开发式扶贫方针，提出推进自愿移民搬迁，对目前极少数居住在生存条件恶劣、自然资源匮乏地区的特困人口，结合退耕还林还草实行搬迁扶贫。在国家实施退耕还林工程以及西部大开发战略的背景下，这个时期的扶贫移民基本上等同于生态移民。2000 年出台的西部大开发战略，一方面要求扶贫开发资金主要投向西部贫困地区，另一方面要抓好退耕还林还草等生态建设工程。2003 年出台的《退耕还林条例》明确提出国家鼓励在退耕还林过程中实行生态移民，并对生态移民农户的生产、生活设施给予适当补助。国家"十一五"规划纲要把易地扶贫搬迁确定为"中央政府投资支持的重点领域"。

在此期间，有两个关于扶贫移民的专项文件，分别是 2001 年原国家计委《关于易地扶贫搬迁试点工程的实施意见》（以下简称《2001 年试点意见》)① 和 2006 年《"十一五"易地扶贫搬迁规划》（以下简称《扶贫搬迁"十一五"规划》)。前者首次在国家层面开展易地扶贫搬迁试点工作，后者则是首份易地扶贫搬迁专项五年规划。试点工程尚未明确涉及生态移民，但是提出了扶贫与生态建设相结合的原则。《扶贫搬迁"十一五"规划》明确地将易地扶贫搬迁视同生态移民，通过对生活在不适宜人类生存地区的贫困人口实施搬迁，达到消除贫困和改善生态的双重目标。该规划较为系统地提出了易地扶贫搬迁的指导思想、基本原则、搬迁对象及搬迁和安置方式、搬迁任务和建设内容、资金筹措以及管理和保障措施。

2. 进展情况

2001 年 9 月，原国家计委将宁夏、内蒙古、云南、贵州四省份列为易地扶贫搬迁试点省份。2004 年，广西和甘肃分别纳入试点范围。各试点省份纷纷依照国家试点意见，制订试点方案，开展试点项目（见表 8-3）。以易地扶贫搬迁国债试点资金为基础，各地还投入了以工代赈资金、专项扶贫资金、地方政府投资等作为配套。一些非试点省份参考国家试点方案，制订和实施本地的扶贫移民计划。重庆市 2001 年开始在巫山等县开展高山生态扶贫搬迁试点，2007 年制定了 2008~2012 年生态和扶贫移民规划。② 江西省 2013 年开始开展库区深山区移民扶贫，范围从最初的 3 个试点县扩展到 2008 年的 41 个西部大开发有关政策县。③ 青海省 2003 年开展生态移民试点，并制定 2004~2010 年三江源生态移民工程。④ 还有一些省份基于《2001 年试点意见》鼓励以工代赈资金投入扶贫搬迁的精神，开展了以工代赈易地扶贫搬迁工程，如四川、陕西、江西、甘肃等，形成了以以工代赈易地扶贫搬迁试点工程中央专项补助资金为纽带的扶贫移民路径。国家也相应地在 2004 年开展全国以工代赈易地移民扶贫搬迁试点工程。⑤

---

① 易地扶贫搬迁是自此开始由国家发改委（原国家计委）组织实施的移民扶贫项目，后来成为法定名称。本章中使用的"异地扶贫"等其他名称都是在此之前或之后一段时间各地实际使用的，后来逐渐统一为"易地扶贫搬迁"，特此说明。
② 《关于加快实施生态和扶贫移民工作的意见》（渝办发〔2008〕65 号）。
③ 郑瑞强：《江西扶贫移民典型模式与关键问题》，《社会福利》（理论版）2015 年第 7 期。
④ 靳薇：《青海三江源生态移民现状调查报告》，《科学社会主义》2014 年第 1 期。
⑤ 根据《江西省以工代赈易地扶贫搬迁试点工程管理办法》（赣发改地区字〔2009〕1856 号）。

表 8-3　试点省份生态扶贫起始时间

省份	政策文件	发布时间
内蒙古	关于实施生态移民和易地扶贫移民试点工程的意见	2001 年
云南	关于做好国家易地扶贫搬迁试点工作的意见	2001 年
贵州	以工代赈移民搬迁脱贫试点实施意见	2001 年
宁夏	关于实施国家易地扶贫移民开发试点项目的意见	2001 年
甘肃	甘肃省人民政府办公厅关于印发易地扶贫搬迁试点工程实施意见（试行）的通知	2004 年
广西	广西壮族自治区实施国家易地扶贫搬迁（试点）工程意见	2005 年

资料来源：根据网络信息整理。

据国务院西部开发办资料，2000 年中国需要实施生态移民的人口约有 700 万人。到 2005 年，已有 70 万人实施了生态移民。[①] 截至"十五"期末，统计显示有 1000 多万人分布在深山区、石山区、荒漠区、高寒山区、黄土高原区以及地方病高发区等基本不具备生存和发展条件地区。在"十一五"期间，国家累计安排易地扶贫搬迁中央预算内投资 76 亿元，连同地方投资总投资 106 亿元，搬迁 162.7 万人。也就是说，10 年内实现扶贫搬迁人口约 232.7 万人。

（四）2011~2020 年：易地扶贫搬迁

1. 政策框架

2011~2020 年的扶贫移民在政策框架上从属于《纲要 2》。《纲要 2》的宏观背景和目标是党的十八大提出的到 2020 年实现全面建成小康社会。相应地，其提出的扶贫开发总体目标是到 2020 年，稳定实现扶贫对象不愁吃、不愁穿，保障其义务教育、基本医疗和住房。《纲要 2》首次将移民扶贫列为专项扶贫，还提出要引导其他移民搬迁项目优先在符合条件的贫困地区实施。

在此期间的一项决定性扶贫政策是 2015 年底出台的《中共中央国务院

---

① 杜发春：《三江源生态移民研究》，中国社会科学出版社，2014。

关于打赢脱贫攻坚战的决定》，提出了精准扶贫、精准脱贫基本方略，并将
2020 年扶贫目标进一步明确为确保我国现行标准下农村贫困人口实现脱贫，
贫困县全部摘帽，解决区域性整体贫困。该决定是全面建成小康社会以及
《纲要2》扶贫目标在政策上的逻辑延伸，是确保目标实现的重要推动力量。
这个阶段的扶贫思路与以前的关键区别在于它不再是量力而行，而是要加大
力度，实现贫困人口全部脱贫，这就是脱贫攻坚的本质含义。虽然"脱贫攻
坚战"是在 2015 年提出的，但是脱贫攻坚目标却是由《纲要2》规定的。因
此，这个十年里的扶贫移民的基本特征就是扶贫搬迁的攻坚战，"应搬尽搬"
是其主要目标；生态移民不再是移民搬迁的唯一形式；生态保护不再列为扶
贫搬迁的直接目标，而是由其他专项措施去落实。

这个十年里，国家相继出台《易地扶贫搬迁"十二五"规划》和《全国
"十三五"易地扶贫搬迁规划》（以下分别简称《扶贫搬迁"十二五"规划》
和《扶贫搬迁"十三五"规划》）。其中，《扶贫搬迁"十二五"规划》指出，
需要扶贫搬迁的贫困人口规模将近 1000 万人，计划在两个五年里分别搬迁
240 万人和 760 万人；《扶贫搬迁"十三五"规划》又在前 5 年已搬迁 240 万
人规模基础上，依据精准识别和"应搬尽搬"原则，重新制定了 981 万人的
易地扶贫搬迁目标，比上一轮规划增加了 221 万人。

2. 进展情况

"十二五"期间，易地扶贫搬迁规划目标是 240 万人，实际实现搬迁
394 万人，超额完成搬迁任务。根据"十三五"规划，计划搬迁建档立卡
贫困人口 981 万人，同步搬迁人口 647 万人，合计 1628 万人，从 2016 年
到 2020 年依次计划搬迁 420 万人、557 万人、464 万人、168 万人和 19 万人。
已有资料显示，2016 年的扶贫搬迁任务顺利完成。[1]2017 年是年度搬迁
任务最重的一年，各地都纷纷加大工作力度，预计完成任务的可能性也比
较大。

---

[1] 国家发展改革委：《全国易地扶贫搬迁年度报告（2017）》，人民出版社，2017。

三　移民扶贫模式与政策

（一）移民扶贫领导和管理体制

1. 领导体制

2005 年以前，我国还没有建立明确的易地扶贫搬迁领导体制，主要是由扶贫部门在专项扶贫资金中分配一部分用于扶贫搬迁，具体工作由地方政府负责。《扶贫搬迁"十一五"规划》确立了中央统筹（领导）、省负总责、县抓落实、跨县搬迁由省或市协调的易地扶贫搬迁基本管理体制，明确了中央政府统筹和资助责任。随着扶贫搬迁经验的积累和脱贫攻坚目标任务的提出，各级政府的扶贫搬迁职责也不断丰富和具体化。根据《扶贫搬迁"十三五"规划》，省级政府对易地扶贫搬迁工作负总责，包括组织编制省级规划、确定目标任务、制定配套政策和资金筹措方案、监督检查、考核验收等工作，建立完善省内工作协调机制，层层落实责任。市县政府是易地扶贫搬迁的组织实施主体，负责搬迁对象的组织动员、审查认定、安置区选址，以及落实建设用地和组织工程实施，统筹做好土地调整、迁出区生态修复和土地复垦、户籍迁移、上学就医、社会保障、社会管理等一系列相关工作。

在明确各级政府责任基础上，易地扶贫搬迁工作的国家牵头部门经历了从扶贫办向发改委转移的过程。早期的易地扶贫和开发式移民都是在地方政府领导下，以扶贫部门为主开展的；2001 年，原国家计委开始开展易地扶贫搬迁试点工程，由此扶贫部门和发改部门同时分别组织实施易地扶贫搬迁。"十二五"时期以来，国家层面上明确了扶贫搬迁由国家发改委牵头负责，国务院扶贫办配合开展。不过直到 2014 年，扶贫部门仍然在专项扶贫框架下安排财政专项扶贫资金开展扶贫搬迁项目。2015 年以后，易地搬迁脱贫工作完全由国家发改委牵头负责，财政专项扶贫资金不再直接投向易地扶贫搬迁项目。

2. 管理体制

在省级层面，由于路径依赖，易地扶贫搬迁的组织实施并非清一色地由发改委负责，而是存在多种方式。根据汪三贵的总结，在开展脱贫攻坚之前，易地扶贫搬迁组织实施方式大体上可以分为四种。一是和国家层面一致，由发改部门牵头实施，如安徽、广西、四川、贵州和甘肃；二是由扶贫部门牵头实施，如河北、辽宁、浙江、广东、青海和新疆；三是发改、扶贫部门分别牵头，各自实施，如山西、河南、湖北和云南；四是由扶贫办或发改委以外的部门总牵头，其他部门配合，包括内蒙古、福建、江西、西藏、陕西、重庆、贵州等。[①]

开展脱贫攻坚行动以来，各地易地扶贫搬迁组织实施方式相应地有所调整，在加强领导基础上趋于一致。首先，大部分省份都建立了易地扶贫搬迁工作领导小组或协调小组、联席会议制度，少数省份由扶贫开发领导小组或脱贫攻坚领导小组直接领导；其次，大部分省份设立了易地扶贫搬迁工作办公室或类似机构作为具体的办事机构，部分省份则由扶贫办或脱贫办作为办事机构，没有明确办事机构的一般也都有"牵头单位"；最后，省级易地扶贫搬迁牵头或办事部门基本上集中于发改委或扶贫办这两个部门，少数省份设有专门的移民局，有的移民局与扶贫办合署办公（见表8-4）。

表8-4　部分省份易地扶贫搬迁工作管理体制

省份	领导机构	办事机构	办事机构所设单位	牵头单位
内蒙古	区易地扶贫搬迁工作协调小组	办公室	扶贫办	
山西	省易地扶贫搬迁工作领导小组	办公室	扶贫办	扶贫办、发改委
河北	省政府	省发改委易地扶贫搬迁（临时）办公室	发改委	
河南	省政府			发改委
安徽	省易地扶贫搬迁工作领导小组	办公室	发改委	
江西	省扶贫开发领导小组	易地扶贫搬迁工作小组	扶贫移民办	

① 汪三贵、杨龙：《易地扶贫搬迁的操作模式与政策实践》，见李培林等主编《中国扶贫开发报告（2017）》，社会科学文献出版社，2017。

续表

省份	领导机构	办事机构	办事机构所设单位	牵头单位
湖北	省易地扶贫搬迁工作领导小组	办公室	发改委	
贵州	省易地扶贫搬迁工程建设指挥部	办公室	水库和生态移民局	
广西	扶贫开发领导小组	移民搬迁专责小组	发改委	
云南	省脱贫攻坚总指挥部	扶贫办		
青海	省扶贫开发工作领导小组	扶贫局	扶贫局	
陕西	省易地扶贫搬迁联席会议			扶贫办、发改委
西藏	脱贫攻坚指挥部	搬迁组		发改委
甘肃	省易地扶贫搬迁工作领导小组	办公室	发改委	
四川	省脱贫攻坚领导小组	脱贫办	扶贫移民局	

资料来源：根据各省份出台的易地扶贫搬迁工作相关的意见、规划、方案或相关的文件资料。未列明的省份表明未能查明明确的资料。

（二）移民扶贫主要政策安排

1. 投资政策

（1）投资来源与补助规模。2000 年以前，我国并不存在真正意义上的扶贫搬迁投资政策，主要是由扶贫部门将扶贫开发专项资金的一部分分配用于扶贫搬迁项目。在 2001~2015 年，易地扶贫搬迁投资采取国家、地方和搬迁群众共同承担的方式。其中，国家投资由发改委执行，均为中央补助性投资，在"十五"时期来源为国债资金，在"十一五"和"十二五"时期为中央预算内投资。"十五"和"十一五"时期的人均补助额为 5000 元，"十二五"时期为 6000 元。地方政府结合自身财力安排一定规模的投资，"十二五"规定不得低于中央投资规模的 30%，同时还有各种配套资金。

"十三五"时期，易地扶贫搬迁投资渠道和规模大大增加。首先，投资渠道在中央预算内投资、地方自筹以及农户自筹基础上，增加了地方政府债务资金、专项建设基金、低成本长期贷款以及整合其他资金方式，在投资之外大幅度增加了融资规模。为了适应投融资渠道的增加，国家专门设计了以省级投融资主体和市县项目实施主体为核心的易地扶贫搬迁资金运作模式。其次，"十三五"易地扶贫搬迁人均补助标准进一步提高，并按照区域类型实行差异化补助，总投资规模则大大增加，高达 9463 亿元，其中占比最高的是低成本长期贷款（见表 8-5）。由于中央投资补助和搬迁户自筹都是有限度的，省级政府是本省（区、市）的易地扶贫搬迁投融资主体，实质性地体现了"省负总责"的含义。①

表 8-5 不同时期易地扶贫搬迁投资来源和中央补助标准

单位：元

时期	投资来源	人均投资	人均中央补助标准
2000 年之前		2171[1]	无
2001~2005 年	国家和地方共同负担，搬迁群众适当负担	3500~4000；5287[2]	5000
2006~2010 年	中央、地方政府和搬迁群众共同承担	6515	5000
2011~2016 年	中央、地方政府和搬迁群众共同承担	26168	6000
2017~2020 年	中央预算内投资、地方政府债务资金、专项建设基金、低成本长期贷款、农户自筹资金、地方自筹及整合其他资金	58000	分区域划定 7000、8000 和 10000 三档标准

注：[1] 为估计数据；[2] 未能找到这期间全国性数据，这里为示例数据，分别为宁夏和四川。
资料来源：《易地扶贫搬迁"十二五"规划》《全国"十三五"易地扶贫搬迁规划》；四川省地方志编纂委员会（2012）；黄承伟：《中国农村扶贫自愿移民搬迁的理论与实践》，中国财政经济出版社，2004；宁夏《关于实施国家易地扶贫移民开发试点项目的意见》（2001 年）。

（2）投资用途。对易地扶贫搬迁投资的使用范围一直有较为严格的限制，主要是规定中央投资的使用范围，其他资金需求由地方解决。从 2001 年到 2015 年，尽管表述不尽相同，但是大体相同，可以归纳为中央投资"两建""两不用"。"两建"指中央投资主要用于搬迁群众住房建设和安置点基本

---

① 何畅、张昭：《"十三五"时期易地扶贫搬迁投融资模式研究》，《开发性金融研究》2017年第 1 期。

生产生活设施建设，"两不用"指不得用于机械设备、运输工具购置，生产、加工和流通等经营性项目建设，也不得用于土地和房屋的征用补偿费。土地和房屋的征用补偿费由地方政府结合当地其他项目予以解决；生产经营项目以及生产扶持主要通过财政专项扶贫资金、农业产业化经营等项目加以解决。《扶贫搬迁"十三五"规划》在大幅度扩展投融资渠道的同时，对各渠道资金的用途做了细致安排。与之前相比，主要是增加了融资资金用于补充建档立卡搬迁人口住房建设以及开展安置区配套基础设施和公共服务设施建设（见表 8–6）。

表 8–6　"十三五"易地扶贫搬迁资金用途规定

资金来源	资金用途
中央预算内投资	建档立卡搬迁人口住房建设
地方政府债务资金、专项建设基金、低成本长期贷款	建档立卡搬迁人口住房建设；安置区配套基础设施、公共服务设施建设
农户自筹资金	自筹建房资金
地方自筹及整合其他资金	同步搬迁人口住房、土地整治、生态修复等其他工程建设，安置区建设用地征地费
后续扶持与脱贫发展	统筹整合财政专项扶贫资金和相关涉农资金；易地扶贫搬迁相关剩余资金

2. 土地政策与安置方式

（1）安置区土地政策。早期的"三西"移民和生态移民没有统一的土地政策，而是根据实际情况采取较为灵活的处理方式。在 20 世纪 80 年代和 90 年代，主导性的安置方式是利用各种土地开发、水利工程灌区开发、国有农场和林场再开发等农业土地开发利用机会，将移民搬迁与农业开发相结合，因此是典型的开发式移民。从 2000 年到 2010 年，移民安置均强调土地开发优先，要求先开发，后搬迁，采取开发耕地集中安置、依托大中型工程安置、插花分散安置等方式，以有土安置为主。一般将纳入易地扶贫搬迁所用的土地、国有荒山荒地等，无偿划拨用于移民安置；对于集体土地，多采取农户承包的形式长期使用。[1]"十二五"时期，国家政策开始提出依托中小城镇和工业园区的无土安置政策，移民生计不再完全依赖土地和农业；同时还要求各地新增建设用地指标要优先满足易地扶贫搬迁建房需求。"十三五"时期，新增建设用地计划指标继续优先保障易地扶贫搬迁工程用地，而且移民搬迁的非农业安置比例进一步提高，小城镇或工业园区安置、乡村旅游区安置、集中供养安置将占集中安置的46%。

（2）迁出区土地处置政策。迁出区需处置的土地包括宅基地等建设用地和承包耕地两类，处置政策不同。对于宅基地等农村集体建设用地，除了早期的"吊庄移民"方式允许移民迁出后还保留老家的宅基地外，一般都要求迁出后腾退宅基地并用于复垦。国家建立城乡建设用地增减挂钩制度以后，易地扶贫搬迁成为农村建设用地复垦和建设用地指标出让的重要来源。国家规定城乡建设用地增减挂钩指标进一步向易地扶贫搬迁地区倾斜，从而为扶贫搬迁提供更多的资金支持。集中连片特困地区、国家扶贫开发工作重点县和开展易地扶贫搬迁的贫困老区，可将增减挂钩结余指标在省域范围内流转使用以提高交易收益。

对于移民的承包耕地，除了在土地置换模式之下必须交出土地外，一般情况移民可以保留承包经营权。而且对于村内搬迁等就近搬迁而言，继续经营原有土地不存在问题。"十三五"规划对迁出区耕地实施两方面政策：一方面组织实施高标准农田、土地整理等工程建设，增加耕地数量，提高耕地质量；另一方面对25度以上坡耕地实施退耕还林还草，对迁出区进行生态保护修复。

3. 住房政策

早期的易地扶贫搬迁项目没有严格的住房政策，受财力限制，在保障安全基础上，所建搬迁住房等级和面积一般都不高。例如，1990~2000年，广西为移民搬迁建房标准只有25平方米/户。[2]扶贫搬迁"十二五"规划首次提

[1] 胡勇：《进一步完善我国易地搬迁扶贫政策》，《宏观经济管理》2009年第1期。
[2] 广西壮族自治区地方志编纂委员会编《广西通志扶贫志：1978—2000》，广西人民出版社，2013。

出了安置住房建设面积要求，即中央易地扶贫搬迁投资补助住房建设的面积控制在40~60平方米/户，也是比较低的。

扶贫搬迁"十三五"规划首次对安置住房建设做出了系统性规定：（1）建档立卡搬迁人口住房建设面积人均不超过25平方米。对于一些地方发生安置住房面积超标的情况，国家发改委专门组织了整治清退行动；（2）制定配套政策，包括采取集中建设公寓等方式解决单人单户建设面积偏小问题，为安置住房预留续建空间，允许地方政府参照25平方米标准决定同步搬迁人口的住房建设标准；（3）严格控制搬迁户的住房建设自筹资金比例；（4）结合新型城镇化，允许地方政府酌情采取回购符合面积控制标准的城镇商品住房方式提供安置住房。

4.后续发展政策

我国易地扶贫搬迁的基本原则历来是"搬得出，稳得住，能致富"。《2001年试点意见》以及之前的地方实践都强调先开发，后搬迁，把安置能力放在搬迁安置之前，甚至采取劳动力转移务农或就业在前、举家搬迁在后的链式搬迁过程，以降低搬迁不稳定风险。"十一五"时期，移民后期扶持的具体做法有所变化，不再强调先开发后搬迁，而是提出制定地方规划，依据规划开展搬迁工作。移民搬迁后续产业发展成为配套政策而不是前提条件，主要包括两个方面：一方面是扶持安置区产业开发、结构调整、培育增长点等促进经济长期稳定发展的途径，增强自我积累和发展能力；另一方面是加强劳动力技能培训，拓宽就业和增收渠道。

"十二五"时期，易地扶贫搬迁基本原则中增加了"能发展"，但是与之前没有本质区别。在采取措施培育发展特色优势产业基础上，"十二五"期间主要有两条后续发展政策思路：一是积极承接产业转移，调整优化产业结构，增强自我发展能力；二是通过扶贫龙头企业、农民专业合作社和互助资金组织，带动和帮助搬迁群众发展生产、增加收入。

"十三五"时期加大了对搬迁后续扶持的力度，提出了"挪穷窝"与"换穷业"并举原则，把扶持搬迁对象后续发展摆在更加重要的位置，搬迁安置与产业发展同步推进。一是支持发展特色农牧业、劳务经济、现代服务业等带动脱贫致富；二是探索资产收益扶贫、社会保障兜底等方式，拓宽搬迁对象稳定增收渠道。

由于移民搬迁和后续发展在具体工作安排上是可分的，所以实践中往往先搬迁后安置，或者重搬迁轻安置，导致一系列负面后果，难以做到稳得住和能致富。因此，很多地方致力于探索搬迁与发展并举的实践创新途径，比较典型的例子包括江西修水县的城乡一体化发展带动整体移民模式；贵州黔西南州"四方五共"工作法推动"七个搬出"模式[1]；贵州惠水县"五个三"后续发展机制[2]；四川巴州"巴山新居＋三靠五进六不选"安置模式[3]等。这些创新做法的普遍特点包括：领导重视和高位推动；与新型城镇化相结合；制度和政策创新继承等，从而相对容易取得成功。

（三）移民扶贫实施方式

1.扶贫搬迁对象和范围

扶贫搬迁的对象是在原居住地缺乏基本生存、发展条件的贫困人口。《2001年试点意见》首次指明，西部地区一部分生活在自然条件极为恶劣、人类难以生存的地方的贫困人口，需要通过易地搬迁的办法从根本上解决其脱贫和发展问题。试点期间，国家试点项目选择4个省份实施，后扩大到6个省份，一部分省份自行开展生态移民或扶贫移民。"十一五"期间，易地扶

---

[1] "四方五共"是指一整套工作方法，即搬迁户、政府、企业、社会4个利益相关方的共商、共识、共建、共享、共担；"七个搬出"包括搬出渴望、搬出文化、搬出产业、搬出倍增、搬出尊严、搬出动力、搬出秩序。

[2] "五个三"指盘活好承包地、山林地和宅基地三块地，衔接好低保、医保、养老保险三类保障，统筹好就业、就学、就医三大问题，建设好经营性场所、农耕场所、公共服务场所三个场所，完善好集体经营、社区管理服务、群众动员组织三个机制，以期为贫困户搬迁后的安置和发展提供完整解决方案。

[3] "巴山新居"是整个巴中市的农村地区新居建设工程，"三靠五进六不选"易地搬迁安置方式叠加于其上，指靠园区、靠景区、靠产业基地，进城区、进集镇、进社区、进乡村旅游区、进中心村和聚居点，有地灾隐患等6种情形不选。

贫搬迁的规划范围是西部农村贫困地区，重点是西部国家扶贫重点县。搬迁对象为规划范围内生活在规划缺乏基本生存条件地区，且具备搬迁和安置条件的农村贫困人口，目标任务150万人。"十二五"期间，搬迁范围从西部地区扩大到所有生存在环境恶劣、不具备基本生产和发展条件的深山区、石山区、荒漠区、地方病多发区等地区，目标任务240万人。但是，因采矿沉陷、开发占地、工程建设等原因需搬迁的人口，不作为易地扶贫搬迁对象。

"十三五"期间，在打赢脱贫攻坚战目标指引下，易地扶贫搬迁目标对象设定为所有需要通过"易地搬迁脱贫一批"的建档立卡贫困人口，人口规模为981万人，另有同步搬迁非贫困人口647万人，合计1628万人。这些需要搬迁的人口分布在全国22个省份约1400个县（市、区），其迁出区域被细分为五种类型：①深山石山、边远高寒、荒漠化和水土流失严重，且水土、光热条件难以满足日常生活生产需要，不具备基本发展条件的地区；②国家主体功能区规划中的禁止开发区或限制开发区；③交通、水利、电力、通信等基础设施，以及教育、医疗卫生等基本公共服务设施十分薄弱，工程措施解决难度大、建设和运行成本高的地区；④地方病严重、地质灾害频发，以及其他确需实施易地扶贫搬迁的地区。边境一线地区不纳入迁出范围。以往的易地扶贫搬迁虽然可以估计需搬迁规模，但是只能实现一小部分贫困人口的搬迁脱贫，只有到了"十三五"才真正提出了"应搬尽搬"的目标任务。

2. 迁出方式

扶贫移民迁出方式分为整体搬迁和分散搬迁两种类型。整体搬迁一般指自然村整体搬迁；分散搬迁则是根据村内住户的实际需要个别搬迁。从概念内涵看，"一方水土养不活一方人"通常意味着当地生存条件整体上不适宜人类居住，从而需要整体迁出。但是也有一部分地区并非绝对缺乏生存条件，只是人与资源关系紧张，部分迁出可以缓解整体压力。"十一五"和"十二五"期间都强调以整体搬迁为主，同时鼓励分散搬迁。"十三五"时期，由于扶贫搬迁范围的扩大，分散搬迁重要性提高，甚至超过整体搬迁。根据规划，"十三五"期间整村搬迁与分散搬迁人口比例为34.7∶65.3。其中，生存环境差、贫困程度深、地质灾害严重的村庄以自然村整村搬迁为主，优先安排。

3.安置方式

扶贫移民安置方式一直采取集中安置与分散安置相结合的方式，但是也在演变中。在早期，有组织安置通常是集中安置，投亲靠友等分散安置通常是自发的。2010年以前，集中安置与分散安置相结合通常是作为一项基本原则。在实践操作中，各地通常采取生计优先方式，结合农业灌溉工程、易地农业资源开发、设置扶贫移民开发区等方式进行集中移民安置。《2001年试点意见》对此做出一个典型表述，即宜集中则集中安置、宜分散则分散安置，宜插花则插花安置。《扶贫搬迁"十一五"规划》将其较为明确地概括为开发耕地集中安置、依托大中型工程安置和插花分散安置三种类型。可见，此时的集中安置主要是开发耕地和依托大中型工程两种方式。到了"十二五"时期，在已有安置方式基础上，新出现了探索依托中小城镇、工业园区搬迁安置，意味着工业化和城镇化开始成为移民搬迁的驱动力（见表8-7）。

"十三五"时期，集中安置方式更加多样，在已有的村内就近安置、小城镇或产业园区安置基础上，新增了移民新村、乡村旅游区以及集中供养这三种方式。移民新村是新建的农村社区，可以接纳整体迁出或分散迁出的移民。乡村旅游区安置方式是随着乡村旅游业的兴起而出现的，而且很多乡村旅游项目往往就是由扶贫开发项目兴建的，两者发挥了相互促进的作用。集中供养安置是扶贫搬迁和保障兜底的衔接，安置对象包括残疾人以及特困人员。在各种集中安置方式中，村内就近安置和小城镇或产业园区安置是最主要的，其次是建设移民新村，乡村旅游区和集中供养安置所占比例较低。

表 8-7 扶贫搬迁安置方式演变

	集中安置方式	分散安置
"十五"时期	集中安置	分散；插花
"十一五"时期	开发耕地；依托大中型工程	分散插花
"十二五"时期	就近集中；规模集中；中小城镇；工业园区	分散插花
"十三五"时期	村内就近（39%）；移民新村（15%）；小城镇或产业园区（37%）；乡村旅游区（5%）；集中供养（4%）	插花（70%）；自主（30%）

资料来源：整理自相应规划。

四 移民扶贫进展与实施效果

（一）扶贫搬迁规模

综合各种来源数据，大体上可以判断，2000 年以前，各地累计实现扶贫移民搬迁 260 万人；2001~2015 年，全国累计实现扶贫搬迁 1200 万人，其中 680 万人是在发改委投资计划下实现的；2016~2020 年，全国计划搬迁人口 1628 万人，其中 981 万人为建档立卡贫困人口；2016 年和 2017 年的扶贫搬迁均按计划推进，两年合计 589 万人（见表 8-8）。动态地看，我国扶贫移民搬迁的速度是不断加快的，从起步到 2000 年，平均每年约 20 万人；从 2001 年到 2010 年，平均每年 51 万人；从 2011 年到 2015 年，平均每年 138 万人；最近两年，平均每年接近 300 万人（见图 8-1）。2015 年以前，扶贫搬迁计划都比较保守，至少"十一五"和"十二五"时期的实际搬迁规模都明显超过了计划指标。从改革开放之初到 2017 年，我国累计实现农村贫困人口扶贫搬迁约 2000 万人。到 2020 年，我国将实现累计 3088 万人的扶贫搬迁规模，相当于 1989 年之前各类非扶贫移民搬迁规模（3150 万人）。

表8-8 改革开放以来我国扶贫移民搬迁规模

单位：万人

	搬迁规模	目标任务	备注
2000 年前	260		估计需搬迁 750 万人
2001~2015 年	680		加上其他途径，累计搬迁 1200 万人。
2001~2005 年	122		
2006~2010 年	163	150	
2011~2015 年	394	240	"十二五"估计总搬迁规模 1000 万人
2016~2020 年		1628	其中 981 万人为建档立卡贫困人口
2016 年	249	249	
2017 年		340	

资料来源：2000 年前数据来自《中国的扶贫开发》白皮书（2001 年）；其他数据来自历次易地扶贫搬迁规划。

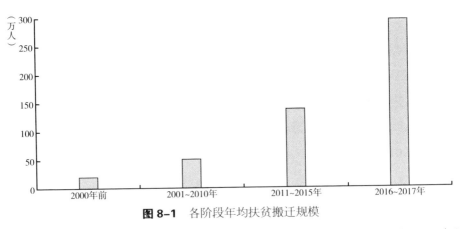

图8-1 各阶段年均扶贫搬迁规模

资料来源：同表8-8；2001~2020 年数据来自《中国农村扶贫开发的新进展》白皮书（2011 年）。

　　分省份看，以"十二五"时期为例，各地扶贫搬迁规模大体可以划分为 4 个层次。搬迁规模最大的是陕西省，为 150 万人，占总搬迁规模的将近 1/4；其次是 60 万人左右，包括甘肃和贵州；接下来是 10 万 ~30 万人，包括内蒙古、云南等 10 个省份；最后是 10 万人以下，共有 6 个，搬迁规模最小的是山东省，仅为 1.58 万人 ① （见图 8-2）。

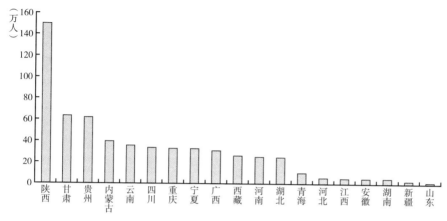

图 8-2 "十二五"时期各省份扶贫移民搬迁人数

资料来源：各省份制定的"十三五"易地扶贫搬迁规划或相关的媒体报道。

（二）扶贫搬迁的资金投入

易地扶贫搬迁需要大量的资金投入。在 2000 年以前，国家没有专项易地扶贫搬迁政策，所需资金均由地方政府解决，通常由从省到县的各级政府分摊，有的由财政设立专项资金，有的从扶贫资金中切块，还有的整合其他资金或引入社会资金。不同时期、不同地域范围的扶贫搬迁人均投入资金明显地呈现不断提高趋势，而且自 2010 年以来加速增长。大体上说，20 世纪 80 年代为人均不足 1000 元；90 年代起直至大约 2010 年，人均投入从 1000 多元至数千元不等；2010 年前后人均投入进入万元时代，并开始快速增长。例如，宁夏于 2001~2007 年实施的易地搬迁扶贫工程人均投入 9036 元，2008~2012 年实施的"十一五"中部干旱带县内生态移民，人均投入达到 1.8 万元；全国"十二五"时期易地扶贫搬迁人均投入达

---

① 部分省份未查到相应数据；此数据口径对应的是发改委投资带动的搬迁人口。

到 2.6 万元；"十三五"时期全国易地扶贫搬迁人均规划投资高达 5.8 万元
（见图 8-3）。

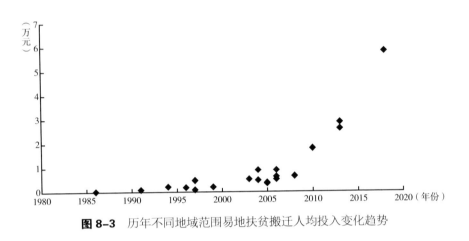

图 8-3 历年不同地域范围易地扶贫搬迁人均投入变化趋势

易地扶贫搬迁资金原则上由中央政府、地方政府以及搬迁对象共同承担，
但是在相当长时间里都是以国家出资为主，地方政府和搬迁对象出资比例很
低。2001 年以来，国家发改委通过安排专项投资，组织实施易地扶贫搬
迁工程。按照先试点、逐步扩大的原则，实施范围由最初的内蒙古、贵
州、云南、宁夏 4 省份扩大到 2015 年的 17 个中西部省份。15 年来，累
计安排中央补助投资 363 亿元，搬迁贫困人口 680 万人。其中，"十二五"
以来累计安排中央补助投资 231 亿元，搬迁贫困人口 394 万人。其间，
中央预算内投资一直执行统一的补助标准。2001~2011 年人均补助 5000
元，2012~2015 年人均补助增加到 6000 元。在易地扶贫搬迁试点工程
（以工代赈易地扶贫搬迁试点）项目框架下，2001~2010 年，内蒙古、贵
州、云南、四川等试点地区的人均投资均介于 4000~6000 元，接近于当
时的 5000 元中央资金人均补助标准；仅宁夏就达到 9000 元，意味着较
高的地方投入。"十一五"时期，中央人均补助 5000 元而实际人均投入
为 6500 元，即其他投资为中央投资的 30%。"十二五"时期，中央人均
补助 6000 元而实际人均投入 2.6 万元，即其他投资已达中央投资的 3.3

倍，这意味着 2011 年以来地方政府和其他资金已经成为易地扶贫搬迁的主要资金来源。

（三）移民扶贫的综合效果

综合地看，近四十年来，我国农村贫困人口扶贫搬迁经历了从无到有，从零星分散到统一组织，从量力而行到全部解决的发展过程。在约 2000 万人"挪穷窝"的基础上，扶贫搬迁工程产生了如下综合效果。

第一，建设了一大批安置住房和安置区水、电、路、气、网等基础设施，以及教育、卫生、文化等公共服务设施，大幅改善了贫困地区生产、生活条件以及贫困人口生活质量。很多省份的易地扶贫搬迁"十三五"规划在对"十二五"的总结中均提供了类似的建设数据。

第二，在解决居住问题的同时基本实现了贫困户脱贫和生活水平的提高。易地扶贫搬迁工程统筹解决劳动力外出务工和特色产业发展问题，拓宽增收渠道和致富空间，引导搬迁对象发展现代农业和劳务经济，提高收入水平。例如，宁夏"十一五"中部干旱带县内生态移民搬迁周期为 2008~2012 年，搬迁人口人均收入从搬迁前的 2235 元提高到 2013 年的 6272 元[1]；广西"十二五"期间扶贫移民收入从 4533 元增长到 8132 元。[2] 但是平均收入水平不代表脱贫情况，有调查数据显示，易地搬迁后仍存在较高的贫困发生率。[3] 在缺乏完整数据情况下，多个省份的脱贫攻坚"十三五"规划对"十二五"扶贫搬迁的脱贫效果做出了初步跨越贫困线、基本实现等谨慎评价，并将移民后期发展不充分作为一个主要的困难和挑战。

第三，推动了贫困地区人口、产业布局调整、集聚和城镇化进程，建设了一大批移民新村、特色小镇，或者扩展了市县城区规模，带动了区域发展。

第四，缓解了迁出区的人口压力，有效遏制了迁出区生态恶化趋

---

① 王晓毅：《易地搬迁与精准扶贫：宁夏生态移民再考察》，《新视野》2017 年第 2 期。

② 《广西易地扶贫搬迁"十三五"规划》。

③ 王晓毅：《易地搬迁与精准扶贫：宁夏生态移民再考察》，《新视野》2017 年第 2 期。

势，使生态环境得到了有效的恢复和保护，实现了脱贫致富与生态保护的"双赢"。

五 经验、问题和对策建议

（一）中国扶贫移民的基本经验

1. 上下结合，循序渐进

近四十年来，中国的扶贫移民一直遵循着上下结合、循序渐进的原则和做法。"三西"在农业建设中根据当地实际情况，提出了"水旱不通另寻出路"的原则，宁夏的吊庄移民和甘肃的插户移民就此拉开了扶贫移民的序幕。除了国家给的少量资金，剩下的安置地区物色、土地整理和分配、贫困户动员、安置区干部和群众关系协调等一系列工作都需要由地方政府在实践中摸索和解决。1994 年出台的"八七计划"提出了"开发式移民"方针，既是对前期地方实践的总结，也是对此后一段时间扶贫移民工作的指引。一些省份在 1994 年之前就已经开始借鉴"三西"做法实施扶贫移民搬迁，如广东和广西；更多的省份则是在"八七计划"框架之下开展易地扶贫或开发式移民。

2001 年是扶贫移民政策的转折点，作为国家发改委前身的原国家计委选择 4 个前期工作基础较好的西部省份，开展易地扶贫搬迁试点工程，提出了指导方针、基本原则、投资计划和组织实施方式。一些省份以及地区在几年后加入了试点行列，一些省份效仿试点地区自主开展扶贫搬迁。2005 年以来，国家发改委连续制定三个易地扶贫搬迁五年规划，实施范围从西部贫困地区扩大到全国，政策措施不断加码。在国家加大易地扶贫搬迁工作力度和统一管理的同时，地方实践创新也对扶贫搬迁的推进起着重要作用，尤其是解决"应搬尽搬"、搬迁户后期发展和稳定脱贫等难题。因此，尽管已到最后的攻坚阶段，上下结合的原则和做法仍然是不可或缺的。

2. 扶贫与生态保护相统筹

中国的扶贫移民最早是在资源匮乏和生态条件恶劣的"三西"地区开

展的，其直接目标是扶贫纾困，缓解生态压力是间接目标或溢出性结果。从2000年到2010年，扶贫搬迁和生态移民的有机结合被明确地写入政策文件，西部大开发战略、退耕还林政策等都同步提出了生态移民原则。生态移民也和扶贫移民一并纳入各地的政策实践，典型的如三江源、黄河源、西藏河谷地带、内蒙古生态脆弱地区的生态移民。由于扶贫搬迁兼具生态恢复目标，所以不是纯自愿的，属半自愿、半强制行为，难免发生部分搬迁人口生活质量下降、不能适应新环境、文化破坏等情况。[①]

2011年以来，尽管国家发改委《"十二五"促进区域协调发展意见》仍提出生态补偿、生态移民原则，但是国家《"十二五"规划纲要》《纲要2》以及两个易地扶贫搬迁五年规划均不再强调扶贫搬迁与生态移民相结合原则。"十二五"时期可以看作从生态移民向扶贫移民攻坚过渡的阶段。这个时期迁出地仍然是"一方水土养不活一方人"的深山区、石山区、荒漠区、地方病多发区等地区，大部分是生态脆弱地区，迁出就意味着保护。到了"十三五"时期，随着系统性脱贫攻坚政策体系的出台，扶贫移民与生态保护在更高层次得到结合，不仅移民搬迁政策中包含了迁出区生态恢复措施，而且生态保护成为与易地搬迁并列的脱贫路径。

3. 引导与动员相结合，准自愿搬迁

自愿搬迁一直是易地扶贫搬迁的基本原则，与工程移民性质不同。但是扶贫搬迁与居民自发的流动和迁移也有所不同，即其是一种有组织、有扶持的搬迁行为。通过移民搬迁实现"挪穷窝"和脱贫致富尽管属于贫困户的个人理性范畴，但是一些贫困户在决策时会受到多种因素的困扰，所以有时候往往还需要进行引导和动员才能征得其同意。尽管自愿搬迁是一条基本原则，但是其在当前的含义与早期已有所不同。早期时，搬迁规模较小，资源有限，强调生计条件优先于住房保障，可以说是"先安置后搬迁"，有疑虑者可以暂不搬迁。尽管如此，搬迁后的生产和生活不尽如人意以及回迁现象仍不在少

---

① 杜发春：《三江源生态移民研究》，中国社会科学出版社，2014。

数，表明搬迁户的担忧和风险意识是合理的。随着政策资源的增加和搬迁目标规模的扩大，一些还没有想好的贫困户也需要搬迁，搬迁原则也变为"边搬迁边安置"，优先解决住房和基本的基础设施和公共服务，产业和就业措施未必能够同步落实，这时就需要进行更多的引导和动员。尽管仍需贫困户签字同意，但有可能是被动的同意，这种情况下后续发展措施的落实就变得尤其重要。

4. 整体搬迁和分散搬迁并重

扶贫搬迁所要解决的根本问题是"一方水土养不活一方人"，包括深山石山、边远高寒、荒漠化和水土流失严重，且水土、光热条件难以满足日常生活生产需要，不具备基本发展条件的地区；国家主体功能区规划中的禁止开发区或限制开发区；地方病严重、地质灾害频发地区等。扶贫搬迁"十三五"规划考虑到国家为贫困地区提供基础设施和基本公共服务成本因素，将工程措施解决难度大、建设和运行成本高的地区也纳入搬迁范围。可见，搬迁引致因素绝大部分都是区域性而不是个体性的。顺理成章地，迁出方式应当是以整体搬迁为主，自然村整村搬迁是基础，不排除根据实际情况实施行政村乃至乡镇的整体搬迁。

整体搬迁的好处是斩草除根，从根本上摆脱致贫的环境因素；迁出区可以更好地开展生态恢复，在当前政策框架下，整体迁出后留下的土地可以更好地统一规划、整理、复垦和再利用。整体搬迁的困难在于区域内农户并非同质，有的有更好的生计，有的不愿意搬迁，意见和利益都难以统一[1]；对于整体搬迁对迁出区域传统文化传承的破坏也存在担忧。从而，实际情况是，很多农户由于各种原因不愿搬迁，整村搬迁占比较低，对土地整理、生态恢复等相关工作造成了影响。"十三五"规划据此将整村搬迁和分散搬迁比例设置为 35∶65，分散搬迁成为主体。

---

① 王玉玲：《大石山区易地扶贫搬迁精准脱贫的实践与思考——以黔西南州为例》，《产业与科技论坛》2016 年第 22 期。

5. 从农业开发安置转向多元化安置

扶贫搬迁最初的安置方式比较单一，除了投亲靠友等自主分散安置形式外，主要是依托灌区建设、水利工程、荒地荒坡等资源开发而进行的集中性农业开发安置，在安置地相应地集中建设移民聚居区，此外也有少量依托农村闲置土地和房屋而实施的插花安置。随着农业安置可利用资源的减少以及城镇化进程的推进，扶贫搬迁安置方式也趋于多元化，主要有集中安置方式的多元化，包括村内就近、建设移民新村、小城镇和工业园区、乡村旅游区以及集中供养安置 5 种形式（见表 8-9）。从规划比例看，村内就近集中、城镇和工业园区集中和插花分散是三种最主要的安置方式。建设移民新村、依托乡村旅游区以及集中供养安置是几种新的安置方式。其中，建设移民新村方式是在移民搬迁任务压力加大和搬迁资金资源相对充裕的背景下出现的，也是美丽乡村建设的一部分。依托旅游区集中安置也有着农村产业结构调整、三次产业融合发展、乡村旅游业发展旺盛的大背景。其所占比例虽然不高，但是对于当地而言通常都是规模较大的发展项目以及安置项目。从拉动就业看，依托城镇、工业园区以及旅游景区的安置方式是一致的，代表着非农化和城镇化驱动力。

表 8-9　易地扶贫搬迁的搬迁方式和安置方式占比

单位：%

搬迁方式及占比			安置方式及占比	
集中	35	76.4	村内就近	29.8
			移民新村	11.5
			小城镇和工业园区	28.3
			乡村旅游区	3.8
			集中供养	3.1
分散	65	23.6	插花	16.5
			自主	7.1

资料来源：《全国易地扶贫搬迁"十三五"规划》。

6. 资助力度不断加大，加入融资手段

从1982年到现在，人均移民费用已经从最初的不足1000元①提高到5.8万元，图8-3显示了扶贫搬迁人均投入资金的上涨过程。扶贫搬迁资助的提高并不是线性的。最初的时候，扶贫搬迁的主要资助内容不是建房，而是农业建设，在具备农业生产条件之后才考虑住房问题，住房标准不高，其他配套设施更是量力而行，宜简则简。宁夏吊庄移民资金投向主要是水利设施建设、开荒配套等开发性投资，其次才是建房、生产生活、搬迁等补助性投资。2006年以来，国家政策开始对扶贫搬迁建设内容有明确规定，住房和社区建设优先序提升，综合性投资力度加大。"十一五"时期，建设内容主要是基础设施和生产条件、住房等生活设施，学校和卫生室等社会事业设施，经济发展项目，生态建设等。"十二五"时期，住房和必要的附属设施，以及人畜饮水、村内道路、农村能源等生活设施建设被置于首要位置，其次才是农田建设等基本生产设施和社会公共服务设施、配套产业和就业措施等。

"十三五"时期，扶贫搬迁建设内容更加体现居住优先导向，前三项内容依次是住房、配套基础设施和配套基本公共服务；同时增加了一大块土地整理和生态恢复内容。"十三五"期间，由于搬迁规模达到1682万人，人均安置住房面积达到25平方米，建设标准提高，总投资高达9000亿元以上，其中住房建设投资占61%。由于投资规模庞大，"十三五"时期的易地扶贫搬迁投资加入了融资手段，由地方政府债务资金、专项建设基金和低成本长期贷款构成的融资比例高达52%。

7. 逐渐明确了扶贫搬迁领域三级分工管理体制

易地扶贫搬迁一直是由地方政府负主要责任。在2000年以前，中央政府尚未制定专门政策，也没有设立专项资金。《2001年试点方案》首次明确提出，易地扶贫搬迁工作在国务院统一领导下，由有关省区政府负责组织实施。《扶贫搬迁"十一五"规划》进一步提出，易地扶贫搬迁在国务院统一领导

---

① 王晓毅：《易地搬迁与精准扶贫：宁夏生态移民再考察》，《新视野》2017年第2期。

下，由各省政府负总责，项目县组织实施，这基本上奠定了之后的管理体制。《扶贫搬迁"十二五"规划》首次将"中央统筹、省负总责、县抓落实"的扶贫开发基本管理体制应用到扶贫搬迁领域。其中，省级政府负责省内协调、制定配套政策和组织实施；县级政府是工程实施的责任主体，权限较小。《扶贫搬迁"十三五"规划》对省、县两级的分工职责的表述更加明确。首先，省级政府负总责，组织编制省级规划、确定目标任务、制定配套政策和资金筹措方案，以及监督检查、考核验收等工作，建立完善省内工作协调机制，层层落实责任。其次，市县政府是组织实施主体，负责搬迁对象的组织动员、审查认定、安置区选址、落实建设用地和工程组织实施、土地调整、迁出区生态修复和土地复垦、户籍迁移、上学就医、社会保障、社会管理等相关工作。

8. 从生计安排优先转向搬迁与生计保障并重

在制度设计上，易地扶贫搬迁向来不是一搬了事，而是以搬迁为手段，以脱贫为目的。早期的扶贫移民在一些地方叫作异地扶贫，搬迁作为脱贫手段的特征更加明显，生产和生计安排通常都摆在最重要的位置，先安排好生产条件或就业，随后再搬迁，或者采取吊庄、周转居住的方式，搬迁周期相对较长，但是过程也比较稳定。这个原则在"八七计划"中叫作开发式移民，在《2001 年试点方案》中叫作"先开发后搬迁"原则。"十一五"以来，随着扶贫搬迁力度的加大，不再强调安置优先，而是坚持搬迁与安置并重。这意味着移民后续发展问题仍然在政策框架中有同等重要的地位，但是搬迁不必再以安置条件为前提性限制条件，也就是可以边搬迁边安置，或者先搬迁后安置。这会在事实上造成一部分搬迁户搬迁后不能脱贫的现象，甚至在安置工作做得比较好的宁夏也是如此。①

《扶贫搬迁"十三五"规划》将稳定搬迁和稳定脱贫作为两个并行目标，搬迁不仅是手段，也是目的；脱贫则是另一个重要目标，而且需要经过脱贫考核。搬迁户脱贫作为目标和原则列入了扶贫搬迁规划，但是其实现措施却是由配套的

---

① 王晓毅:《易地扶贫搬迁方式的转变与创新》,《改革》2018 年第 8 期。

专项规划提供的，包括产业扶贫、资产收益扶贫等。也就是说，搬迁户的搬迁和脱贫是在精准扶贫基本方略之下，由不同的专项扶贫措施合力完成的。

（二）中国当前扶贫搬迁面临的问题

1. 搬迁户的后期扶持和稳定脱贫仍是最大问题

"搬得出，稳得住，能致富"是易地扶贫搬迁的基本目标，同时也揭示后期扶持和稳定脱贫是一个长期性的经典问题，历久弥新，很多针对扶贫移民的调查都能发现这个问题。只要对扶贫搬迁设定目标任务，就必然存在搬迁与后期发展脱节的可能性，主要体现在三个方面：第一，迁入区发展机会的形成和供给与贫困户搬迁进度不一定匹配；第二，迁入区域与期望的机会不匹配，例如超过一半的安置区域仍在农村地区；第三，搬迁劳动力的人力资本水平与可得的发展机会不一定匹配，导致错失机会或受益程度偏低。在特定的时空背景下，既定搬迁安置项目缺乏足够的精力、资源来安排后续发展项目可能是更为直观的原因。因此，在加强脱贫考核评估的情况下，对搬迁未必脱贫要有清醒认识，完成搬迁只意味着走完了脱贫的一半路程，还需要通过专项扶贫措施帮助搬迁户脱贫致富。

2. 准自愿搬迁与生态及资源补偿之间存在矛盾

我国的政策一直将易地扶贫搬迁界定为自愿搬迁。自愿搬迁意味着搬迁对象有自主选择权，可以选择不搬迁。但是有两方面因素使扶贫搬迁不是完全自愿的，或者说是准自愿的：其一，扶贫搬迁有时候也是生态移民，后者具有生态保护社会目的，因此有一定程度的强制性；其二，脱贫攻坚要求必须完成扶贫搬迁任务，被列入的建档立卡贫困户如不搬迁，则不能被认定脱贫，所以政府必须想方设法促使其搬迁。这就提出了相关的资源补偿问题，即贫困户的离开所释放的资源是否得到了合理的利益补偿。其一，扶贫移民不应该掩盖生态移民，贫困户对于生态保护所做的贡献应该得到合理的补偿[1]，不

---

[1] 王晓毅：《易地搬迁与精准扶贫：宁夏生态移民再考察》，《新视野》2017年第2期。

能因为实施了扶贫搬迁就一笔勾销；其二，政府希望农户离开后能够退出宅基地以便于通过城乡建设用地增减挂钩机制获得建设用地指标交易收益，但是国家政策对这笔收益的分配说得比较笼统，这也是搬迁户退出宅基地的积极性较低的一个重要原因。

3. 政府偿付能力与融资风险

扶贫搬迁是一项"烧钱"的事业，花钱很多。对于这个问题，以往主要通过量力而行的方式加以规避，包括限制搬迁规模以及限制搬迁建设项目的标准。如今，在打赢脱贫攻坚战的目标指引下，规模巨大的搬迁工作不得不限期完成。于是中央政府设计了专门的资金运作模式，超过一半资金需要通过融资方式解决，省级政府成为融资以及偿债主体，成为名副其实的总责承担者。当前，包括脱贫攻坚融资在内的地方政府债务风险已经得到一些讨论，但是受到数据不透明的限制，扶贫搬迁融资无疑是其中的重要构成部分。以往，农户自筹资金压力是扶贫搬迁带来的主要资金风险；如今，随着农户自筹资金受到严格限制，这个风险被转嫁给了省级政府。

4. 迁入区的资源承载力问题

扶贫搬迁期望在迁入区能够做到"一方水土养活一方人"。但是迁入区未必有足够大的资源承载力。在扶贫移民的早期阶段，安置区域多选择在农业闲置资源开发区域、新开发灌区，虽然这些资源也是重新分配给贫困户的，但是属于新生资源，从而有利于新迁入人口的安置。随着时间的推移，可开发资源越来越少，搬迁户在迁入区获得资源越来越多地依靠再分配，使得迁入区人均占有资源减少以及资源承载强度加大，造成新的人与资源关系的紧张。"三西"移民、三江源生态移民中都明显地呈现这个问题。更何况，中国本来就是一个人多地少国家，西部地区本来可利用农业资源就是不足的，而且贫困户的安置区一半以上还是在当地农村。因此，对通过扶贫搬迁缓解人与资源环境的紧张关系不能寄予过高期望，非农化、城镇化、园区化等相对集中的安置方式是不可或缺的。而依托小城镇、工业园区安置，就业机会就成了需要再分配的稀缺资源，需要通过发展创造更多机会。

5. 移民的社会管理、社会适应和社会融入问题

除了就近安置以及自主分散安置外，大部分移民都将组建或进入新的社区，从而面临新的社会管理以及社会适应和社会融入问题。社会管理问题包括社区治理、户籍登记和管理、迁入地和迁出地的土地和财产处理及管理、社会保障、子女教育等。在新组建的社区，居民面临社会适应问题；在新迁入的社区，居民面临社会融入问题。从社会文化和社会心理角度，社会适应和融入都需要一个较长的过程，而这应该是稳定搬迁的必要组成部分。

6. 实施进度和任务压力省际不均

对比各省份"十二五"时期实际搬迁规模和"十三五"时期计划搬迁规模，可以发现，部分省份"十二五"及更早时期的扶贫搬迁力度较大，今后的任务量已经小于"十二五"的搬迁规模，因此今后的搬迁工作压力较小，例如宁夏和内蒙古；一部分省份在前后两个五年里的工作量和任务量相当，可以认为今后的任务压力不算大；还有较多的省份今后的工作任务远大于上个五年的完成量，例如河北、江西、湖北、湖南、广西、四川、贵州、云南、陕西等，因此任务压力格外大。

（三）推进移民扶贫的对策建议

我国的移民扶贫与扶贫开发同时起步，已经走过了近40年的发展历程，如果考虑到水库建设库区移民，则有更长的历史。当前，在打赢精准脱贫攻坚战时代背景下，我国7000万建档立卡贫困人口中有约1000万人需要在2020年前实现易地搬迁脱贫，而且还有500多万非贫困人口需要实施同步搬迁。这是一个非常艰巨的任务，各级政府都已经充分认识到这一点，将扶贫搬迁看作脱贫攻坚的"当头炮"和标志性工程，一些地方也纷纷探索创新性的实施方式来具体推进。按照规划，到2020年将实现"应搬尽搬"，这意味着易地扶贫搬迁本身只是一项阶段性重点工程，需要考虑其后续工作安排。因此，对照扶贫搬迁以及精准扶贫精准脱贫的目标要求，提出推进移民扶贫的对策建议如下。

1. 分两步走加强搬迁户的后期扶持

对于扶贫搬迁户而言，搬迁不等于脱贫，脱贫需要专门措施，这已经成为共识和制度。扶贫搬迁"十三五"规划把后期扶持和其他工作留给了其他专项扶贫，但是对具体工作机制安排不够明确。在不少地方的扶贫搬迁工作方案中，扶贫部门的任务仅是精准识别和退出考核，没有成为脱贫致富的主要责任部门。扶贫搬迁需要易地谋求生产生计机会，很多情况下其难度要大于就地扶贫，尤其是脱贫稳定性和持续性难以保障。因此，为了更好地实现"搬得出，稳得住，能致富"目标，建议分两步走，加强对扶贫搬迁户的后期扶持。第一步，在脱贫攻坚期内，在发改部门和扶贫部门间建立更加紧密的联动机制，由发改部门（或相应部门）承担扶贫搬迁的主责，由扶贫部门承担脱贫致富的主责，以便于统筹搬迁对象的搬迁工作和后期扶持工作，同步安排脱贫发展措施；第二步，以建档立卡易地扶贫搬迁对象为目标群体，建立 2020 年以后的强化后期扶持机制，通过监测识别其中脱贫成效不稳定或持续性不强的群体，继续开展 3~5 年的后期扶持。

2. 将易地扶贫搬迁工程有效植入乡村振兴工程

鉴于扶贫搬迁面临的资金投入、社会管理、后期发展、新的资源环境压力、社会融入等一系列问题，为了避免将来有可能出现的新的贫困、社会断层以及扶贫债务，建议扶贫搬迁工程向即将开展的乡村振兴工程（美丽乡村建设）"借东风"，将一部分美丽乡村建设资金资源引入扶贫搬迁安置工程中，加大其投资和建设力度，提高建设标准，将其发展成为美丽乡村的示范区，由后进变为先进，避免出现可能的"半截子工程"或"残次品"，也相应地规避可能发生的资金风险。

3. 提供更具操作性、可复制的区域性扶贫搬迁参考方案

前述资源补偿、社会管理等问题并非完全无解，而是需要更加细致的工作。本章前文提到，贵州惠水、江西修水、四川巴州等地探索出较为成功的县域甚至地市范围的易地扶贫搬迁实际操作模式，能够实现多种改革创新机制（如三变改革、乡村治理现代化）和多重经济社会发展目标的有机结合，

提供了很好的现实范例，呈现如何将农户资源、社保、公共服务需求、公共管理需要有机地结合在一起。这些案例的启示意义在于，区域性扶贫搬迁的成功案例是存在的，但不只是建房、建基础设施以及提供基本公共服务那么简单，而是需要采取系统化思路，多措并举地推进，因此很多地方学不到成功地区的"真经"。为此，建议领导易地扶贫搬迁工作的发改部门组织政界和学界兼具实践经验和理论知识的专业性人才和学者，认真总结和提炼若干个被实践证明行之有效的区域性易地扶贫搬迁案例，并归纳成适用于不同社会经济条件的若干个备选方案，向扶贫搬迁任务较重的地区推荐，供他们借鉴，用于改进工作中的不足。

4. 对扶贫搬迁进度落后省份加大协助、督办力度

已知不同省份扶贫搬迁进度有快有慢，进度快的省份通常前期开展工作时间较长，更加重视，也积累了更多的经验，而这些都是进度慢的省份的短板。要在短短几年里完成更大的任务，工作难度显然更大了。为此，国家发改委需要发挥其中央统筹职能，对进度慢、任务艰巨的省份加大协助、指导和督办力度，总结先进省份的经验给其他省份提供借鉴，必要时加大支持力度，以确保落后省份不成为脱贫攻坚的短板。

第九章　中国的社会保障减贫

一　社会保障在反贫困中的作用及其机理

（一）社会保障在反贫困中的作用

贫困是全世界普遍存在的历史现象，消除贫困是全人类共同追求的目标。然而在某种程度上，仅仅依靠个人能力难以摆脱贫困，尤其是当贫困风险超出个体防御能力的情况下，需要国家和社会为个人和家庭提供必要的保障，有效避免个人和家庭因种种原因陷入贫困。贫困的原因多样，也是不平等的表现之一，资源再分配是消除贫困的必要条件。因此，社会保障是调节收入分配，缓解和消除贫困问题，维护社会和谐稳定的重要政策工具和有效途径。

改革开放以来，随着中国经济的快速发展以及政府对贫困问题的高度重视，中国的扶贫开发事业取得了巨大成就，是全球最早实现千年发展目标中减贫目标的发展中国家，为全球减贫事业做出了重大贡献。然而随着贫困规模的下降，贫困分布由区域的、整体性的贫困逐渐过渡到个体性贫困，贫困人口越来越集中在生活和生产条件极为恶劣的边缘化地区，并且教育水平低、健康状况差，没有足够的生存和发展能力，需要通过完善的社会保障政策和更精确的贫困瞄准来帮助脱贫。[1]在反贫困的众多举措中，经济发展是基础，但仅靠经济发展不可能带来贫困的缓解和消除。在经济发展政策"涓滴效应"逐步减弱，农村扶贫开发政策减贫效应边际递减，社会力量扶贫规模效应不足的背景下，社会保障作为国民收入再分配的重要工具和一项由政府主要担责的反贫困制度安排，在体系建设不断完善的同时，其反贫困作用越来越受到重视和强调。徐月宾等认为"在国家的反贫困战略中，除了宏观领域的经济和财税政策、政治领域的治理——善治以外，最重要的就是要建立起一个具有预防贫困作用的社会保障制度"。[2]

40 年来，中国社会保障通过补制度短板、提保障水平，建立健全了以社会保险、社会救助、社会福利为基础，以基本养老、基本医疗、最低生活保障制度为重点，以慈善事业、商业保险为补充，具有中国特色的社会保障体系。[3]2016 年 11 月 17 日，在巴拿马召开的国际社会保障协会第 32 届全球大会上，"社会保障杰出成就奖"（2014~2016）被授予中华人民共和国政府，这是对中国社会保障改革与制度建设取得卓越成就的高度认可。[4]因此，中国城乡社会保障基本框架已搭建起来，实现了全覆盖、保基本的主要目标，不仅在保障和改善民生中发挥了基础性作用，也在缩小收入差距、保护人力资本、降低社会风险和保障基本需求等方面发挥着重要的反贫困作用。[5]为了兑现我国 2020 年"绝对贫困现象基本消除"的承诺和稳定实现"两不愁、三保障"（不愁吃、不愁穿，保障义务教育、基本医疗和安全住房）的扶贫目标，社会保障已成为中国扶贫体系的重要组成部分。在全面实施精准扶贫战略的背景

---

① 都阳、蔡昉:《中国农村贫困性质的变化与扶贫战略调整》,《中国农村观察》2005 年第 5 期。

② 徐月宾、刘凤芹、张秀兰:《中国农村反贫困政策的反思——从社会救助向社会保护转变》,《中国社会科学》2007 年第 3 期。

③ 林闽钢:《社会保障如何在精准扶贫中发力》,《中国社会保障》2017 年第 4 期。

④ 郑功成:《中国获社保杰出成就奖是实至名归》,《中国劳动保障报》2016 年 11 月 19 日第 3 版。

⑤ 林闽钢:《社会保障如何在精准扶贫中发力》,《中国社会保障》2017 年第 4 期;左停、赵梦媛、金菁:《路径、机理与创新:社会保障促进精准扶贫的政策分析》,《华中农业大学学报》(社会科学版)2018 年第 1 期。

下，完善社会保障制度、加强社会保障政策与其他反贫困政策的有效衔接，对于落实共享发展、实现全面小康具有重要的现实意义。

（二）社会保障减贫的作用机理

从世界各国的实践来看，社会保障的减贫作用得到了肯定。Kenworthy 通过对 15 个西方工业化国家的数据进行分析认为，1960~1991 年，除美国外，其他国家的社会保障体系都具有明显的减贫效果。[①] 但是不同社会保障项目的减贫效果存在差异，最低收入保障计划或收入维持计划的减贫效果最为明显。发达国家的社会保障支出水平与贫困率呈负相关，如欧洲的社会保障支出水平高，其减贫效果好；而美国的社会保障支出水平低，减贫效果相对较差；在拉美国家，社会保障缺乏再分配作用，个人缴费率较高，因此减贫基本失灵。[②]Caminada 和 Martin 的研究也表明，社会保障减贫效果的不同与社保支出结构有关，欧洲的公共社会保障支出较高，而美国的公共社保支出较少，私人支出高，是美国社会保障减贫效果不理想的重要原因。[③] 因此，社会保障的减贫作用与制度设计、覆盖规模、支出水平和结构，以及运作管理方式等密切相关。

社会救助、社会保险和社会福利，作为中国社会保障体系的三个核心组成部分，在保障基本生存、缓解贫困、分散风险和提升福利水平等方面发挥着重要作用，但由于制度设计的差异和保障对象的区别，其反贫困的作用机理也不同。[④]

[①] Lane Kenworthy, "Do Social Welfare Policies Reduce Poverty? A Cross-National Assessment", *Social Force*, 77(3), 1999, pp.1119-1139.

[②] 郑秉文：《拉美"增长性贫困"与社会保障的减困功能——国际比较的背景》，《拉丁美洲研究》2009 年（增刊）。

[③] Caminada, K. and Martin, M. C., "Differences in Anti-Poverty Approaches in Europe and the United States: A Cross-Atlantic Descriptive Policy Analysis", *Poverty & Public Policy*, 3(2), 2011, pp.1-15.

[④] 王延中、龙玉其、宁亚芳：《民族地区社会保障反贫困研究》，载王延中主编《中国社会保障发展报告（2017）No.8——社会保障反贫困》，社会科学文献出版社，2017；左停、赵梦媛、金菁：《路径、机理与创新：社会保障促进精准扶贫的政策分析》，《华中农业大学学报》（社会科学版）2018 年第 1 期。

首先，社会救助制度通过保障贫困人群的基本生存权利产生最直接的减贫作用。改革开放以来，为适应社会主义市场经济体制的变迁，中国传统社会救助制度逐步发展为以最低生活保障、特困人员供养为核心，以医疗救助、住房救助、教育救助等专项救助为辅助，以临时救助、社会帮扶为补充的覆盖城乡的新型社会救助体系。社会救助主要依靠政府投入通过现金或实物救助的方式来保障困难群体的生活所需，由于直接针对贫困人口和弱势群体，救助对象不需要履行缴费或其他义务，符合相关条件通过审查审批后即可获得救助。因此，社会救助通过保障绝对贫困人口的基本生存、降低绝对贫困程度发挥最直接、最明显的减贫作用。

其次，社会保险制度通过降低致贫风险产生预防和消除贫困的作用。社会保险是中国社会保障体系的重要组成部分，主要包括养老保险、医疗保险、失业保险、工伤保险和生育保险。社会保险通过责任分担、互助共济的方式保障社会成员生存和发展的需求，强调权利与义务的对等，即只有公民承担缴费义务时才能享受相应的保险待遇。养老保险是最重要的社会保障制度安排之一，也是中国社会保障改革中费力最多、费时最长的重大制度变革。它通过为退出劳动岗位的群体提供收入保障的方式增强其抵御老年贫困的能力。医疗保险是关乎全民切身利益的社会保障制度，经过多年的探索与改革，中国基本完成了从公费医疗、劳保医疗到社会医疗保障制度的转变，实现了医疗保险制度覆盖全民的基本目标。它通过缓解医疗支出负担降低患者因病致贫的风险。失业保险通过提供失业保险金，保障失业者的基本生活需求，并促进再就业使保障者摆脱贫困。工伤保险具有工伤预防、工伤补偿、工伤康复的作用，对于劳动者重返劳动力市场，避免因工伤引起收入中断或减少而陷入贫困具有一定的作用。生育保险则为职业妇女提供生育津贴、医疗服务和产假，帮助她们恢复劳动力，避免女性因生产和哺乳而陷入暂时贫困。

最后，社会福利制度通过提升福利水平和增强发展能力产生缓解贫困的作用。中国的社会福利制度主要由老年人福利、残疾人福利和妇女儿童福利组成。政府通过福利津贴和实物供给等方式来提高政策对象的生活质量和发展能力，以此对这些群体产生较为直接的缓贫效果。但是目前中国社会福利制度的发展比较缓慢，是整个社会保障发展体系的短板，在减贫方面的效果并不显著。

二　中国社会保障在减贫进程中的地位演变

在中国的减贫进程中，社会保障的定位随着自身体系的完善经历了从单一社会救助的救济式扶贫到以社会救助、社会保险和社会福利相结合的保护式扶贫的转变，而且社会保障的减贫作用日益凸显，使得中国的反贫困政策从过去的救济式扶贫转变为开发式扶贫，再到开发式扶贫和社会保护式扶贫并举的局面。[①] 改革初期，社会保障是中国扶贫的基本方式；1986 年开发式扶贫实施以来，社会保障是扶贫开发的补充手段；2002~2013 年，随着社会保障制度的完善，特别是新型农村合作医疗制度和农村最低生活保障制度的建立，意味着社会保障成为中国扶贫体系的重要组成部分；2014 年精准扶贫实施以来，"两不愁、三保障"的扶贫目标和"五个一批"的脱贫措施与社会保障制度密切相关，普惠性的社会保障成为中国精准扶贫体系的重要支柱。

（一）1978~1985 年：社会保障是中国扶贫的基本方式

中国的社会保障制度始建于 20 世纪 50 年代初期，在计划经济时期，是一种典型的国家—单位保障制模式，即由国家和单位共同扮演社会保障供给者与实施者的角色，共同承担责任。[②] "文化大革命"期间，计划经济体制下包括城镇社会保险、城镇居民救助和福利、农村"五保户"的社会保障体系严重受挫。1978 年，党的十一届三中全会开启了改革开放的历史进程，计划

---

① 徐月宾、刘凤芹、张秀兰：《中国农村反贫困政策的反思——从社会救助向社会保护转变》，《中国社会科学》2007 年第 3 期；左停、赵梦媛、金菁：《路径、机理与创新：社会保障促进精准扶贫的政策分析》，《华中农业大学学报》（社会科学版）2018 年第 1 期。

② 郑功成：《从国家—单位保障制走向国家—社会保障制——30 年来中国社会保障改革与制度变迁》，《社会保障研究》2008 年第 2 期。

经济体制下社会保障制度的经济基础逐步被打破，动摇了赖以支撑国家—单位保障制的行政体系和组织结构。从 1978 年到 1985 年，中国社会保障体系以恢复为重点，如 1978 年重设民政部，1979 年国家劳动局设置了福利保险局，1982 年劳动人事部成立，管理机构的恢复为社会保障工作的开展提供了必要的组织条件，也为接下来的社会保障制度改革进行了铺垫和准备。[1]针对改革初期较大的贫困面，民政部门的社会救济是中国扶贫的基本方式，但是覆盖面小，保障水平低，制度不健全。养老保险的恢复和改革探索有利于预防老年贫困的发生。然而，经济体制改革对传统养老和医疗保障制度造成的冲击也为后来城镇贫困问题的凸显和农村贫困问题的恶化埋下伏笔。

1. 传统社会救济的恢复

民政部门的农村贫困救济是这一时期社会救济工作的重点，也是主要的减贫手段，主要措施包括探索定期定量救济和继续完善农村"五保"（保吃、保穿、保住、保医、保葬）供养救助。[2]中央明确从村提留和乡统筹（即"三提五统"）经费中列支资金用于农村五保供养。从 1985 年起，全国逐步推行乡镇统筹解决五保供养经费的办法，以保证五保对象的基本生活来源。在城镇，救济对象主要是"无依无靠、无生活来源的孤老残幼和无固定职业、无固定收入、生活有困难的居民"。

2. 传统养老保险恢复和改革探索

20 世纪 50 年代，中国建立起企业职工和国家机关、事业单位职工以及农村孤寡老人的养老保障制度。1978 年 6 月 2 日国务院颁布了《关于安置老弱病残干部的暂行办法》和《关于工人退休、退职的暂行办法》，以恢复传统养老保险制度。然而经济体制的改革打破了传统退休养老保险制度的制度基础，1984 年广东省江门市和东莞市、四川省自贡市、江苏省泰州市和辽宁

---

① 郑功成：《从国家—单位保障制走向国家—社会保障制——30 年来中国社会保障改革与制度变迁》，《社会保障研究》2008 年第 2 期；郑秉文：《拉美"增长性贫困"与社会保障的减困功能——国际比较的背景》，《拉丁美洲研究》2009 年增刊。

② 刘喜堂：《建国 60 年来我国社会救助发展历程与制度变迁》，《华中师范大学学报》（人文社会科学版）2010 年第 4 期。

省黑山县率先进行退休费用社会统筹试点，拉开了养老保险制度改革的序幕。相对于体制改革对城镇企业职工养老保险制度造成的巨大冲击，机关、事业单位离退休制度受其影响较小。

农村以家庭养老为主，针对孤寡老人实行"五保"供养制度。但是家庭联产承包责任制实行以后，集体经济的力量大为减弱，这也直接影响到许多地区农村"五保"供养制度的实行。也有少数农村对老年农民实行退休养老政策，1982 年全国有 11 个省市 3457 个生产队实行养老金制度，规定凡参加集体生产劳动 10 年以上的年满 65 周岁的男社员和年满 60 周岁的女社员，可享受养老金待遇。[①]

3. 公费医疗和劳保医疗面临困境以及农村合作医疗走向衰败

在计划经济体制下，中国城市建立了以企业为本位的劳保医疗和以机关事业单位为本位的公费医疗制度，农村则建立了以社队为本位的合作医疗制度。这种城乡分割、三元并立、封闭运行的医疗保障体系在当时基本满足了城乡居民的疾病医疗保障需求。[②] 随着改革开放的推进，传统医疗保障体制赖以存在的经济基础发生了改变，对制度运行构成了严峻挑战，医疗保障制度的改革迫在眉睫。

在公费医疗和劳保医疗方面，医疗费用的上涨给国家财政和企业带来越来越沉重的压力。1984 年 4 月 28 日，卫生部和财政部联合发出《关于进一步加强公费医疗管理的通知》（卫计字〔1984〕85 号），提出要积极慎重地改革公费医疗制度，开始了政府对传统公费医疗制度改革探索的新阶段。

中国农村合作医疗兴起于 20 世纪 50 年代，到 70 年代，传统农村合作医疗曾出现过短暂的繁荣，一度覆盖全国 90% 的行政村和 85% 的农村人口。[③]1979 年 12 月 15 日卫生部、农业部、财政部、国家医药总局、全国供

[①]　郑功成：《中国社会保障 30 年》，人民出版社，2008。
[②]　郑功成：《中国社会保障 30 年》，人民出版社，2008。
[③]　刘雅静、张荣林：《我国农村合作医疗制度 60 年的变革及启示》，《山东大学学报》（哲学社会科学版）2010 年第 3 期。

销合作总社联合颁布了《农村合作医疗章程（试行草案）》，这是对新中国成立30年来农村合作医疗经验的总结，标志着合作医疗的制度化。[①] 但是，20世纪80年代之后，随着家庭联产承包责任制的实施，以农村集体经济为依托的合作医疗制度开始解体，传统农村合作医疗覆盖面急剧下降。到1985年，继续坚持合作医疗的行政村占全国的比例不到5%。[②] 曾经被世界卫生组织誉为"低收入发展中国家举世无双的成就"的中国农村合作医疗走向了衰败。[③]

4. 社会福利事业的起步

这一阶段社会福利的主要进展体现在老年人福利和残疾人保护方面。在老年人福利发展进程中，改革开放初期主要是延续原有的做法，即城镇孤寡老人由政府举办的福利院收养，其他城镇居民的福利需求事实上通过其就业劳动者所在单位解决，农村孤寡老人是通过集体经济来供养，其他农村居民则只是在集体分配中享有与其他人平等的福利份额。[④] 1982年4月14日，民政部颁布《城市社会福利事业单位管理工作实行试行办法》（民〔1982〕城24号），对社会福利事业单位的社会收养工作进行了进一步规范，规定收养的人员是：城市中无家可归、无依无靠、无生活来源的孤老残幼、精神病人。

在残疾人保护方面，1979年2月重新组建中国盲人、聋哑人协会。1983年，劳动人事部、民政部发出通知，要求各地做好城镇待业残疾青年人的就业安置工作。1984年3月10日，中国残疾人福利基金会成立，其任务是筹集、管理和使用残疾人福利基金，举办残疾人福利事业。

5. 住房保障改革开启

在计划经济体制下，住房制度具有明显的国家福利保障特征，城镇居民实行全民保障，即完全福利化的住房政策，而农村则没有被考虑在内。1978~1985

① 刘雅静、张荣林：《我国农村合作医疗制度60年的变革及启示》，《山东大学学报》（哲学社会科学版）2010年第3期。
② 赵曼：《中国医疗保险制度改革回顾与展望》，《湖北社会科学》2009年第7期。
③ 世界银行：《1993年世界发展报告：投资于健康》，中国财政经济出版社，1993。
④ 郑功成：《中国社会保障30年》，人民出版社，2008。

年，住房保障改革表现为全价售房和补贴售房的试点阶段。[①]1980 年 6 月，中共中央、国务院在批转《全国基本建设工作会议汇报提纲》中，正式提出并允许实行住房商品化政策。各省、自治区、直辖市相继选择试点，开始试行向城镇居民以土建成本价出售政府同意建设的住房（即全价售房），至此揭开了中国城镇住房制度改革的序幕。[②]但到 1981 年底，全价售房很快就不告而退，代之以补贴售房，补贴售房从 1982 年开始试点，由于种种问题到 1985 年也被取消了。[③]

（二）1986~2001 年：社会保障是中国扶贫开发的补充手段

1986 年，国务院贫困地区经济开发领导小组成立，确定扶贫开发的基本方针，从以救济式扶贫为主改为以扶持贫困地区发展的开发式扶贫为主。同年，《国民经济和社会发展第七个五年计划》中"社会保障"概念的首次提出，标志着中国社会保障制度正式开启社会化改革之路。[④]从 20 世纪 80 年代中后期到 90 年代，中国的减贫成效主要归功于区域发展政策。原先计划经济体制下的社会保障制度遭到废除，而新的社会保障体制建立缓慢，特别是在农村，除了五保供养制度，其他社会保障项目基本处于缺失状态，因此这一时期社会保障只是扶贫开发的补充手段，减贫作用并不明显。但是，城市居民最低生活保障制度的建立以及城镇养老、医疗等社会保险改革的重大进展为缓解城市贫困发挥了积极作用。

1. 农村五保供养制度的建立以及医疗和养老保险的缺失

从 20 世纪 80 年代中后期到 90 年代，中国社会救助改革的重点在农村，民政部门对农村救灾、救济、五保和扶贫四个方面进行了一系列的改革探索。

---

① 郑功成：《中国社会保障 30 年》，人民出版社，2008。
② 贾康、刘军民：《中国住房制度改革问题研究：经济社会转轨中"居者有其屋"的求解》，经济科学出版社，2007。
③ 洪亚敏：《中国城镇住房制度改革回顾》，载成思危主编《中国城镇住房制度改革：目标、模式与实施难点》，民主与建设出版社，1999。
④ 乔庆梅：《从"五年规划"看中国社会保障发展 30 年》，《社会保障研究》2008 年第 2 期；郑功成：《从国家—单位保障制走向国家—社会保障制——30 年来中国社会保障改革与制度变迁》，《社会保障研究》2008 年第 2 期。

1994 年 1 月 23 日，国务院颁布《农村五保供养工作条例》，用专门法规形式将农村五保制度稳定下来；同年 4 月 15 日，国务院发布《关于印发〈国家八七扶贫攻坚计划〉（1994~2000）的通知》（国发〔1994〕30 号），掀起大规模的农村反贫困运动；同年，山西省民政厅在阳泉市开展建立农村社会保障制度的试点。1996 年 12 月，民政部办公厅印发《关于加快农村社会保障体系建设的意见》（民办发〔1996〕28 号），明确提出"凡开展农村社会保障体系建设的地方，都应该把建立最低生活保障制度作为重点，即使标准低一点，也要把这项制度建立起来"。1996~1997 年，吉林、广西、甘肃、河南、青海等省先后以省政府名义出台相关文件，规定资金主要从村提留和乡统筹中列支，推进农村低保工作。[①]

因此，在这一时期，农村社会救济是开发式扶贫的补充手段。但是，农村医疗保障和养老保障的缺失加剧了农村贫困问题。在医疗保险方面，随着合作医疗的瓦解和医疗卫生领域的市场化改革，农民的健康保障问题越来越突出，因病致贫或返贫的现象在农村尤其是落后的农村地区甚为普遍，自 20 世纪 80 年代中后期至 90 年代，一些地方自发恢复和重建合作医疗的努力一直没中断过，中央也多次发文要求加强农村医疗卫生工作，完善和发展农村合作医疗制度，但由于缺乏政府的投入，农村合作医疗的发展并不如意。

在养老保险方面，民政部于 1989 年选择北京市大兴县、山西省左云县进行了县级农村社会养老保险试点，两县试点确立了以自我保障为主，辅之以集体、国家的必要支持，个人、集体和国家三方合理负担的基本原则。1991 年 8 月，民政部在山东省选定取了 5 县市作为首批农村社会养老保险试点单位。1992 年 1 月，民政部正式出台《县级农村社会养老保险基本方案（试行）》，至 1992 年底，农村社会养老保险工作在全国 950 多个县市展开，其中 160 多个县市初步建立农村社会养老保险制度。但由于缺乏有力的政策法规指导和财政投入，这一阶段的农村养老保险改革只是明确了社会化的方向，

---

① 刘喜堂：《建国 60 年来我国社会救助发展历程与制度变迁》，《华中师范大学学报》（人文社会科学版）2010 年第 4 期。

并没有出台成熟合理的制度安排。之后，受到国内宏观环境和亚洲金融危机的影响，农村社会养老保险由于过高的计息和给付承诺面临严重的支付风险。全国大部分地区农村社会养老保险制度出现了参保人数下降、基金运行难度加大等困难，一些地区甚至陷入停顿状态。①

2. 社会福利事业得到重视

20 世纪 80 年代后期至 90 年代，社会福利事业的发展引起了政府的重视，相关立法进程加快。1988 年 3 月 11 日，中国残疾人联合会成立，这是推动中国残疾人和残疾人福利事业发展的重要组织机构。1990 年 10 月 28 日，第七届全国人民代表大会常务委员会第十七次会议通过《中华人民共和国残疾人保障法》，这不仅是中国残疾人事业发展进程中的重要里程碑，也是整个社会福利事业发展的一个标志性事件。1991 年 9 月 4 日第七届全国人大常委会第二十一次会议通过《中华人民共和国未成年人保护法》，自 1992 年 1 月 1 日起施行。1992 年 4 月 3 日第七届全国人民代表大会第五次会议通过了《中华人民共和国妇女权益保障法》，自 1992 年 10 月 1 日起实施。1996 年 8 月 29 日，第八届全国人民代表大会常务委员会第二十一次会议通过了《中华人民共和国老年人权益保障法》，自 1996 年 10 月 1 日起施行。1997 年 3 月 18 日，民政部发布《农村敬老院管理暂行办法》。

（三）2002~2013 年：社会保障成为中国扶贫体系的重要组成部分

2000 年以来，随着贫困规模的不断减小，贫困人口的分布呈现"大分散、小集中"的新特点，主要集中在生活和生产条件极为恶劣的边缘化地区，且相当一部分因老、弱、病、残而没有劳动能力，区域瞄准的扶贫开发政策难以有效地帮助他们脱贫，因此需要通过完善的社会保障政策来实现。2002 年党的十六大报告指出"建立健全同经济发展水平相适应的社会保障体系""有条件的地方，探索建立农村养老、医疗保险和最低生活保障制度"。2007 年

---

① 郑功成：《中国社会保障 30 年》，人民出版社，2008。

党的十七大报告明确提出要"加快以改善民生为重点的社会建设"，要让全体人民"学有所教、劳有所得、病有所医、老有所养、住有所居"。

在此期间，以最低生活保障制度为主的社会救济制度成为应对贫困问题的重要制度安排。2009年8月，国务院扶贫办、民政部、财政部、国家统计局及中国残疾人联合会印发《关于做好农村最低生活保障制度和扶贫开发政策有效衔接试点工作的指导意见》（国开办发〔2009〕60号），部署在河北、重庆等11省（区、市）开展试点；2010年5月，国务院办公厅转发了国务院扶贫办、民政部等部门《关于做好农村最低生活保障制度和扶贫开发政策有效衔接扩大试点工作的意见》（国办发〔2010〕31号），明确提出在程序、政策和管理三个方面做好衔接工作。2011年5月27日，中共中央、国务院印发《中国农村扶贫开发纲要（2011—2020年）》（中发〔2011〕10号），要求实行扶贫开发和农村低保有效衔接，把扶贫开发作为脱贫致富的主要途径，把低保作为解决温饱问题的基本手段。两项制度的衔接意味着我国的反贫困政策演变为"授人以鱼"救助式扶贫和"授人以渔"开发式扶贫相互补充、双轮驱动的模式。[1] 与此同时，新型农村医疗和养老保险的建立以及城镇各项社会保险的发展完善对缓解贫困问题发挥了显著的促进作用。社会保障成为中国扶贫体系的重要组成部分。

1. 城乡低保制度的发展和医疗救助等专项救助的建设

这一阶段，城市低保制度迅速推进，农村低保制度正式建立，各地还普遍开展了城乡医疗救助、教育救助与住房救助等专项制度建设，在低保制度的实践中还采取了分类救助的办法，使有特殊困难的低保户家庭能够获得更多的援助。

随着城市低保制度管理的加强和家庭经济状况核查机制的建立，低保的瞄准有效性有所提高，一些不符合条件的低保对象被清退，因此城市低保对象的规模从2010年开始逐步下降。在启动城市低保制度的同时，农村低保制

---

① 向阳生：《扶贫开发与农村低保制度的有效衔接及评估与改革》，《贵州社会科学》2013年第12期。

度也开始在一些地区探索建立，但是进展缓慢。2003 年，在城市低保制度取得重大突破后，民政部开始重新部署农村低保制度的建设工作。2007 年 7 月 11 日，国务院发出《关于在全国建立农村最低生活保障制度的通知》（国发〔2007〕19 号），全国 31 个省（自治区、直辖市）的 2777 个涉农县（市、区）在 2007 年底全部建立了农村最低生活保障制度。农村低保的全面建立一方面标志着我国农村几十年来临时性的生活困难户救助方式的制度化，另一方面也标志着我国的扶贫开发由传统的区域扶贫、整村推进向关注贫困家庭转变。

　　与此同时，农村的社会救济制度不断发展完善。2003 年 4 月，民政部下发《关于进一步做好农村特困户救济工作的通知》（民办发〔2003〕6 号），对达不到"五保"条件但生活极为困难的鳏寡孤独人员、丧失劳动能力的重残家庭及患有大病而又缺乏自救能力的困难家庭，按照一定数额的资金或实物标准，定期发放救济物资。2006 年 1 月 11 日，国务院颁布新的《农村五保供养工作条例》，自 2006 年 3 月 1 日起施行，实现了农村五保由农村集体供养向国家财政供养的根本性转型。2008 年，农村五保供养基本实现应保尽保。2010 年 10 月 22 日，民政部发布《农村五保供养服务机构管理办法》，自 2011 年 1 月 1 日起施行，该办法对供养机构的规划建设、内部管理、工作人员和经费保障等方面，做出了全面系统的规定。

　　城乡医疗救助是我国多层次医疗保障体系的兜底体系，主要是帮助困难人群参加基本医疗保险，并为他们个人无力承担的自付费用提供补助。2003 年 7 月 9 日，民政部办公厅印发《关于建立城市医疗救助制度有关事项的通知》（民办函〔2003〕105 号），要求各地积极探索和推进这项工作。2005 年 3 月 14 日，国务院办公厅转发民政、财政部等《关于建立城市医疗救助制度试点工作的意见》（国办发〔2005〕10 号），计划用 2 年时间进行试点，之后再用 2~3 年时间在全国建立起管理制度化、操作规范化的城市医疗救助制度。在农村，2002 年 10 月 29 日，中共中央、国务院联合发布《关于进一步加强农村卫生工作的决定》（中发〔2002〕13 号），提出对农村贫困家庭实行医疗救助。2003 年 11 月 18 日，民政部、卫生部和财政部联合发布《关于实施农村医疗救助的意见》（民发〔2003〕158号），全国各地陆续开展农村医疗救助试点工作。2005年8月15日，针对各地在推进农村医疗救助工作时遇到的一些新情况和新问题，民政部、卫生部和财政部联合发布《关于加快推进农村医疗救助工作的通知》（民发〔2005〕121号），从资金筹集、制度建设、政策实施等方面要求推进农村医疗救助制度的发展。2008年城市医疗救助制度从试点时期进入全面实施阶段，农村医疗救助制度进一步规范完善，我国城乡医疗救助模式基本确立。

2007年6月27日，民政部颁发了《关于进一步建立健全临时救助制度的通知》（民发〔2007〕92号），对妥善解决城乡贫困居民的突发性、临时性生活困难，推进生活救助体系建设，提出了具体的工作部署。

2. 新型农村医疗和养老保险制度的建立

2002年《关于进一步加强农村卫生工作的决定》要求"到2010年，在全国农村基本建立起适应社会主义市场经济体制要求和农村经济社会发展水平的农村卫生服务体系和农村合作医疗制度"，明确指出要"逐步建立以大病统筹为主的新型农村合作医疗制度"。2003年1月16日，国务院办公厅转发了卫生部等部门《关于进一步做好新型农村合作医疗试点工作的指导意见》（国办发〔2003〕3号），新型农村合作医疗在全国迅速铺展开来。2006年1月9日卫生部等七部门又联合下发了《关于加快推进新型农村合作医疗试点工作的通知》（卫农卫发〔2006〕13号），对新型农村合作医疗制度做了充分肯定，提出"各省（区、市）要在认真总结试点经验的基础上，加大工作力度，完善相关政策，扩大新型农村合作医疗试点"。2007年3月，卫生部和财政部联合发出《关于做好2007年新型农村合作医疗工作的通知》（卫农卫发〔2007〕82号），要求2007年全国新型农村合作医疗覆盖全国80%以上的县（市、区）。之后，相关部门连续发布《关于做好新型农村合作医疗工作的通知》（2008~2013），要求加大财政投入、减轻群众负担。

2008年中共十七届三中全会指出，按照个人缴费、集体补助、政府补贴相结合的要求，建立新型农村养老保险制度。2009年9月4日，国务院发布《关于开展新型农村社会养老保险试点的指导意见》（国发〔2009〕32号），决定在全国 10% 的县（市、区、旗）开展试点，明确实行社会统筹与个人账户相结合的模式，新农保基金由个人缴费、集体补助、政府补贴构成。2009~2011 年，累计开展了 3 批新农保试点。

3. 社会福利事业的完善与资源开拓

进入 21 世纪以后，福利事业的发展主要表现在对原有制度的完善与资源的开拓方面。一方面，有关老年人权益、妇女权益、未成年人保护等方面的立法，均通过修订以及制定相应的法规而进一步完善。另一方面，社会福利资源得到了开拓，政府对福利事业的投入大幅增长，福利彩票的发行额大幅度上升，由此筹集到的福利基金为老年人福利事业、残疾人福利事业的发展提供了相应的经费保障。[①] 尤其在残疾人福利方面，2008 年 3 月 28 日，中共中央、国务院发布《关于促进残疾人事业发展的意见》，残疾人福利事业在中国残疾人联合会的积极推动下，取得了相应的进展，政府的支持力度在明显加强，主要包括就业、救助、教育和康复四个方面的内容。

（四）2014 年以来：社会保障是精准扶贫体系的重要支柱

党的十八大以来，中国坚持精准扶贫精准脱贫基本方略，开创了扶贫开发事业的新局面。习近平总书记在 2015 年减贫与发展高层论坛上首次提出"五个一批"的脱贫措施，包括发展生产脱贫一批、易地搬迁脱贫一批、生态补偿脱贫一批、发展教育脱贫一批、社会保障兜底一批。2015 年 11 月 23 日召开的中央政治局会议确定，到 2020 年通过产业扶持、转移就业、易地搬迁、教育支持、医疗救助等措施解决 5000 万左右贫困人口脱贫，完全或部分丧失劳动能力的 2000 多万人口，实行社保政策兜底脱贫。[②]

为全面助力精准脱贫工作，党的十八大以来，中国社会保障体系建设和

---

① 郑功成：《中国社会保障 30 年》，人民出版社，2008。
② 《7000 万人脱贫　明确两类路径具体规模》，人民网，http://politics.people.com.cn/n/2015/1124/c1001-27847814.html。

制度完善的步伐不断加快，基本形成了由社会救助、社会保险和社会福利服务组成的覆盖城乡居民的社会保障制度。2015年《中共中央国务院关于打赢脱贫攻坚战的决定》（中发〔2015〕34号）要求"坚持扶贫开发与社会保障有效衔接"，2016年《十三五脱贫规划》提出"促进扶贫开发与社会保障有效衔接""实现社会保障兜底"。社保兜底政策具体包括医疗保险与救助、低保与特困供养和养老保险等多方面。2016年9月17日，国务院办公厅转发民政部等部门《关于做好农村最低生活保障制度与扶贫开发政策有效衔接指导意见的通知》（国办发〔2016〕70号），要求通过农村低保制度与扶贫开发政策的有效衔接，形成政策合力，对符合低保标准的农村贫困人口实行政策性保障兜底，确保到2020年现行扶贫标准下农村贫困人口全部脱贫。2017年8月1日，《人力资源和社会保障部 财政部 国务院扶贫办关于切实做好社会保险扶贫工作的意见》（人社部发〔2017〕59号）发布实施，明确社会保险扶贫的目标任务并且强化了措施保障。

因此，"两不愁、三保障"的扶贫目标和"五个一批"的脱贫措施与我国社会保障制度密切相关，是社会保障的反贫困作用在满足基本需求、增加人民福祉、降低风险和脆弱性、减少社会不公和促进社会融合等方面的具体体现。[1]毋庸置疑，普惠性的社会保障成为中国精准扶贫体系的重要支柱。其中，社会救助将发挥最基础的兜底保障和减贫作用，社会保险则将随着制度优化和城乡劳动力市场一体化的发展进一步增强其减贫作用，而社会福利也将随着体系的完善扩大其减贫空间。

1. 覆盖城乡的新型社会救助体系的形成

2014年2月，国务院颁布自5月1日实施的《社会救助暂行办法》，这是我国第一部统筹各项社会救助制度的行政法规，将最低生活保障、特困人员供养、受灾人员救助、医疗救助、教育救助、住房救助、就业救助和临时救助八项制度以及社会力量参与作为基本内容，确立了完整清晰的

---

[1] 左停、赵梦媛、金菁：《路径、机理与创新：社会保障促进精准扶贫的政策分析》，《华中农业大学学报》（社会科学版）2018年第1期。

社会救助制度体系，并且在打破部门分割、城乡分割等方面有了重大进展，标志着我国社会救助事业进入制度定型和规范发展的新阶段，实现了济贫理念由"救济"向"救助"的转变，是中国社会救助事业发展的一个里程碑。

《社会救助暂行办法》将农村五保供养和城市"三无"人员救助整合为特困人员供养制度，我国城乡特困人员保障工作进入新的发展阶段。2016 年 2 月，国务院发布《关于进一步健全特困人员救助供养制度的意见》，要求坚持城乡统筹，强化托底保障，优化服务供给，落实精准救助，将符合条件的特困人员全部纳入救助供养范围，切实维护好城乡特困人员的基本生活权益。

2014 年 10 月，国务院下发《关于全面建立临时救助制度的通知》，在全国范围内推行临时救助制度，部署进一步发挥社会救助托底线、救急难作用，解决城乡困难群众突发性、紧迫性、临时性生活困难。临时救助制度的建立，为城乡社会救助制度"打上最后一块补丁"，意味着任何公民，不管因何种原因陷入生存危机，都能够得到国家的帮助，同时进一步健全了综合型社会救助制度。

2. 城乡养老保险制度全覆盖的实现

在职工基本养老保险不断走向成熟的同时，新型农村养老保险和城镇居民养老保险分别经历试点后开始逐步合并实施，标志着养老保险逐步实现了城乡居民的全覆盖。2014 年 2 月 21 日，国务院下发《关于建立统一的城乡居民基本养老保险制度的意见》（国发〔2014〕8 号），将新型农村社会养老保险和城镇居民社会养老保险合并实施，建立了全国统一的城乡居民社会基本养老保险制度。2014 年 2 月 24 日，中国人力资源和社会保障部、财政部印发《城乡养老保险制度衔接暂行办法》（人社部发〔2014〕17 号），对于健全和完善城乡统筹的养老保障体系具有重要意义。

为缩小养老金待遇差距，机关事业单位养老保险改革取得明显的进展。2015 年 1 月 14 日，国务院出台《关于机关事业单位工作人员养老保险制度改革的决定》（国发〔2015〕2 号），规定了机关事业单位养老保险改革方向和内容，即向社会养老保险制度转型，并与企业职工基本养老保险制度的原则、框架及实质内容保持一致。2015 年 3 月 19 日，人社部印发《人力资源和社会保障部、财政部关于贯彻落实〈国务院关于机关事业单位工作人员养老保险制度改革的决定〉的通知》（人社部发〔2015〕28 号）文件，要求各地区抓紧研究制定实施办法，对各地政策衔接等提出具体意见。这一改革举措对于消除公职人员与企业职工养老金差距巨大的"双轨"制根源并最终形成统一的社会养老保险制度具有十分重大的意义。

除了基本养老保险的制度建设，国家也高度重视补充性养老保险的发展。2014 年 8 月 10 日，国务院发布《关于加快发展现代保险服务业的若干意见》（国发〔2014〕29 号），支持有条件的企业建立商业养老健康保障计划，充分发挥商业保险对基本养老保险的补充作用。

40 年来，中国的养老保险实现了从城市到农村，由劳动就业者向全民覆盖的重大发展。中国特色的养老保险体系框架已基本形成，为实现人人享有养老金的目标奠定了坚实基础，对保障老年人群基本生活、预防老年贫困具有重要意义。

3. 全民医保体系的建立和健康扶贫的实施

2016 年 1 月 3 日，国务院印发《关于整合城乡居民基本医疗保险制度的意见》（国发〔2016〕3 号），要求推进城镇居民医保和新农合制度整合，逐步在全国范围内建立起统一的城乡居民医保制度，这对促进全民医保体系健康发展、实现城乡居民公平享有基本医疗保险权益具有重要意义。人社部等连续三年发布《关于做好城镇居民基本医疗保险工作的通知》（2015~2017），国家卫计委等部门连续四年发布《关于做好新型农村合作医疗工作的通知》（2014~2017），要求增强保障能力，推进制度整合，助力脱贫攻坚。

随着全民医保体系的初步建立，人民群众看病就医有了基本保障，但由于基本医疗保障制度，特别是城乡居民医疗保险的保障水平还比较低，人民群众对大病医疗费用负担重反映仍较强烈。2015 年 7 月 28 日，国务院办公厅印发《关于全面实施城乡居民大病保险的意见》（国办发〔2015〕57 号）。意见明确提出，在 2015 年底大病保险覆盖所有城乡居民基本医保参保人群，大病保险支付比例应达到 50% 以上，到 2017 年，建立起比较完善的大病保险制度，与医疗救助等制度紧密衔接，共同发挥托底保障功能，有效防止发生家庭灾难性医疗支出。这是对全民医疗保险制度的完善，有利于提升城乡居民医疗保障的公平性，并进一步分担因病致贫风险。

经过 40 年的改革和发展，全民医保体系在中国已初步建成，此外，医疗保险支付方式的改革仍然在加快推进、异地就医结算管理和服务在进一步完善。但是，我国贫困人口的健康问题日益突出，健康状况低下又加剧了贫困的发生，因病致贫、因病返贫现象严重。农村医疗保险保障水平依然较低，贫困地区医疗资源较为匮乏，公共卫生问题非常突出。2016 年 6 月，以卫生计生部门牵头的 15 部门联合发布了《关于实施健康扶贫工程的指导意见》（国卫财务发〔2016〕26 号），要求采取有效措施提升农村贫困人口医疗保障水平和贫困地区医疗卫生服务能力，全面提高农村贫困人口健康水平，为农村贫困人口与全国人民一道迈入全面小康社会提供健康保障。该意见还明确了各部门的任务分工及进度安排表。

2017 年 4 月，国家卫生计生委、民政部、财政部、人力资源和社会保障部、保监会和国务院扶贫办联合制定了《健康扶贫工程"三个一批"行动计划》（国卫财务发〔2017〕19 号），按照"大病集中救治一批、慢病签约服务管理一批、重病兜底保障一批"的要求，组织对患有大病和长期慢性病的贫困人口实行分类分批救治，将健康扶贫落实到人、精准到病，推动健康扶贫工程深入实施。

4. 社会福利事业稳步发展

在残疾人福利方面，2015 年 8 月，中国残联等 6 部门联合发布《关于加强残疾人社会救助工作的意见》，要求保障残疾人基本生活、提高残疾人专项救助水平、健全残疾人社会救助长效机制。2015 年 9 月，国务院印发《关于全面建立困难残疾人生活补贴和重度残疾人护理补贴制度的意见》，决定自 2016 年 1 月 1 日起，在全国实施困难残疾人生活补贴和重度残疾人护理补贴制度，残疾人两项补贴制度是国家层面创建的残疾人专项福利补贴制度，它不仅有利于加强残疾人民生保障、补上全面建成小康社会中的"短板"，而且是建立面向残疾人的社会福利制度的重大进展。2017 年 9 月，民政部、中国残联联合下发了《民政部办公厅　中国残联办公厅关于贯彻落实困难残疾人生活补贴和重度残疾人护理补贴制度有关情况的通报》，通报显示两项制度基本实现全覆盖，但仍存在一些问题。

在老年福利方面，2013 年 9 月国务院发布《关于加快发展养老服务业的若干意见》，该意见明确提出了加快发展养老服务业的总体要求、主要任务和政策措施，对于积极应对人口老龄化，满足老年人多样化、多层次的养老服务需求，保证养老服务业持续健康发展具有重要意义，同时也标志着养老服务业将进入全面发展时期，老有所养制度体系中服务保障不足的短板有望逐步得到弥补。[1]2014 年 9 月 10 日，财政部、民政部、全国老龄工作委员会办公室发布《关于建立健全经济困难的高龄失能等老年人补贴制度的通知》，要求各地建立养老服务评估机制，建立健全经济困难的高龄、失能等老年人补贴制度，切实解决经济困难的高龄、失能等老年人的后顾之忧，推动实现基本养老服务均等化。2016 年 7 月，民政部办公厅发布《关于在全国省级层面建立老年人补贴制度情况的通报》，要求各地加快工作进度，逐步提高补贴标准和覆盖面，切实增强老年人获得感。

2016 年 7 月，民政部联合财政部发布《关于中央财政支持开展居家和社区养老服务改革试点工作的通知》，选择一批地区进行居家和社区养老服务改革试点，促进完善养老服务体系。2016 年 12 月，国务院办公厅进一步印发《关于全面放开养老服务市场提升养老服务质量的若干意见》，明确了重点任务分工进度安排，要求全面放开养老服务市场、大力提升居家养老生活品质、全力建设优质养老服务供给体系，并切实增强政策保障能力，加强监督和组织。

---

[1]　郑功成:《中国获社保杰出成就奖是实至名归》,《中国劳动保障报》2016 年 11 月 19 日第 3 版。

2016 年 7 月，人力资源和社会保障部发布《关于开展长期护理保险制度试点的指导意见》，在全国范围启动了长期护理保险制度的试点。将会用 1~2 年的时间，探索为长期失能人员基本生活照料和医疗护理提供保障的社会保险制度。首批包括上海、广东广州、山东青岛、河北承德、吉林长春等 15 个试点城市，试点期间，该制度主要覆盖职工基本医保参保人群，以长期失能的参保人群为主，重点解决重度失能人员的基本生活照料、医疗护理所需的费用。试点城市可通过优化职工医保统账结构、划转职工医保统筹基金结余、调剂职工医保费率等途径筹集资金，并逐步探索建立互助共济、责任共担的长期护理保险多渠道筹资机制。试点阶段，长期护理保险基金将根据参保人享受的护理等级、服务提供方式等，相应制定差别化的待遇保障政策，总体基金支付水平控制在 70% 左右。

在儿童福利方面，2013 年 6 月民政部发布《关于开展适度普惠型儿童福利制度建设试点工作的通知》，决定在江苏省昆山市、浙江省海宁市、河南省洛宁县、广东省深圳市等地开展适度普惠型儿童福利制度建设试点工作。2014 年 4 月，民政部发布《关于进一步开展适度普惠型儿童福利制度建设试点工作的通知》，决定在全国范围内的 46 个市（县、区）开展第二批试点工作。2016 年 2 月，国务院发布《关于加强农村留守儿童关爱保护工作的意见》，为广大农村留守儿童健康成长创造更好的环境，确保农村留守儿童安全、健康、受教育等权益得到有效保障。2016 年 6 月，国务院又印发《关于加强困境儿童保障工作的意见》，要求建立健全与我国经济社会发展水平相适应的困境儿童分类保障制度。

总体而言，妇女福利因传统单位保障制度崩溃，而新型社会保障体系又未能够及时考虑妇女的福利需求，这方面的实质性进展明显不如残疾人、老年人福利事业。

5. 农村危房改造的实施

在农村，危房改造工程对解决住房困难群体的住房问题发挥了重要作用。截至 2016 年，中央已累计支持 2300 多万贫困农户改造危房。2017 年，农村建档立卡贫困户等四类重点贫困户的危房数量仍有 380 万户。[①]2017 年 8 月，住房城乡建设部、财政部和国务院扶贫办联合下发《关于加强和完善建档立卡贫困户等重点对象农村危房改造若干问题的通知》，要求加强完善 4 类重点对象农房危改工作，力争 2019 年基本完成、2020 年扫尾。

三 中国社会保障减贫效果的经验研究

（一）最低生活保障制度的减贫效果

最低生活保障是当前我国社会保障反贫困最为基础的制度安排。20 多年来，低保制度取得了重大的进展。城市和农村低保在经历了快速扩张后，都已经步入稳定发展阶段。从低保保障人数来看，如图 9-1 所示，1996 年享受城市最低生活保障人数为 84.9 万人，2000 年上升到 402.6 万人，2002 年迅速增长到 2064.7 万人，2009 年达到最高的 2345.6 万人，之后逐步下降，2017 年的城市低保对象为 1264 万人。从低保人口占城镇人口的比例来看，这一比值从 2000 年的 0.88% 一下子跃升到 2003 年的 4.29%，随后逐年下降到 2017 年的 1.55%。享受农村最低生活保障的人数从 1999 年的 265.8 万人提高到 2007 年的 3566.3 万人，2013 年农村低保人数达到最高的 5388 万人，2017 年为 4047 万人。农村低保人口占乡村人口的比重从 1999 年的 0.32% 提高到 2007 年的 4.99%，2013 年的覆盖率达到 8.56%，2017 年下降至 7.02%。

尽管低保人数在缓慢下降，但是保障标准的绝对水平不断提高。如图 9-2 所示，全国城市最低生活保障平均标准从 1999 年的 1788 元逐步上升到 2017 年的 6487 元，农村低保的平均标准从 2006 年的 851 元提高到 2017 年的 4300 元。但是从相对标准来看，城市低保平均标准占城镇家庭人均可支配收入的比重在经历明显下降后保持缓慢增长。1999 年，城市低保平均标准占城镇家庭人均可支配收入的比重超过 30%，之后不断下降到 2008 年最

---

① 《全国农村危房改造质量安全管理会议召开》，http://news.youth.cn/jsxw/201703/t20170301_9195809.htm。

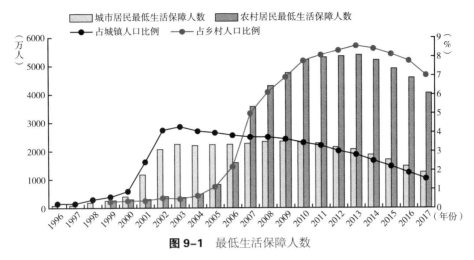

图 9–1　最低生活保障人数

资料来源：国家统计局。

低的 15.6%，到 2017 年又缓慢提高到 17.8%。农村低保平均标准占农村家庭人均可支配收入的比重总体上在提高，从 2007 年的 20.3% 上升到了 2016年的 32.0%。

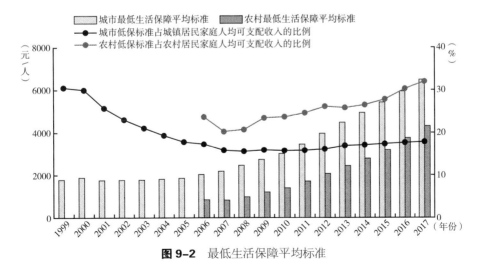

图 9–2　最低生活保障平均标准

资料来源：国家统计局和民政部。

　　众多经验研究表明，城乡低保在社会救济体系中发挥最主要的减贫作用。如在城市减贫方面，利用中国社会科学人口与劳动经济研究所的城市劳动力调查数据，都阳和 Park 的研究表明，低保收入转移后，2001 年城市贫困发生率的下降幅度在 0.48~0.95 个百分点，2005 年的下降幅度在 0.42~2.08 个百分点[①]；但是到 2010 年，城市低保的贫困救助效果有所减弱，贫困率的下降幅度在 0.2~0.8 个百分点。[②]基于中国收入分配课题组（CHIP）2002 年和 2007 年城镇住户数据的研究显示，低保使得城市贫困发生率下降 0.15~0.59 个百分点[③]，且 2007 年的减贫效果要好于 2002 年。基于国家统计局 2003/2004 年 35 个大中城市的住户调查数据，Ravallion 等[④]估计低保使得城市贫困发生率下降 0.4 个百分点，但是在低保样本中，贫困发生率的下降幅度高达 11.3 个百分点。

　　在农村减贫方面，Golan 等利用 CHIP 2007~2009 年农村住户数据的研究发现，低保使得农村贫困率的下降幅度从 2007 年的 0.15 个百分点提高到 2009 年的 0.4 个百分点左右。[⑤]农村低保的减贫效果在中西部地区更为显著，韩华为和徐月宾基于 2010 年中西部五省大样本农户调查数据的研究表明农村低保救助后的贫困发生率比救助前降低了 9.02 个百分点[⑥]；刘小珉利用 2011 年西部民族地区经济社会状况家庭调查（CHES）数据的研究表明，农村低保实施后，民族地区农村家庭贫困发生率降低了 4.82 个百分点。[⑦]对于农村低

①　都阳、Albert Park：《中国的城市贫困：社会救助及其效应》，《经济研究》2007 年第 12 期。

②　王美艳：《中国最低生活保障制度的设计实施》，《劳动经济研究》2015 年第 3 期。

③　李实、杨穗：《中国城市低保政策对收入贫困和贫困的影响作用》，《中国人口科学》2009 年第 5 期。

④　Ravallion, M., Chen, S. and Wang, Y., "Does the Di Bao Program Guarantee a Minimum Income in China's Cities?" In Lou, J and Wang, S. (eds.), *Public Finance in China: Reform and Growth for a Harmonious Society*. Washington, DC: World Bank, 2008, pp.317-334.

⑤　Golan, J., Sicular, T, and Umapathi, N., "Unconditional Cash Transfers in China: Who Benefits from the Rural Minimum Living Standard Guarantee (Dibao) Program", World Development 93, 2017, pp.316-336.

⑥　韩华为、徐月宾：《中国农村低保制度的反贫困效应研究——来自中西部五省的经验证据》，《经济评论》2014 年第 6 期。

⑦　刘小珉：《民族地区农村最低生活保障制度的反贫困效应研究》，《民族研究》2015 年第 2 期。

保户，基于 2012 年中国家庭追踪调查（CFPS）数据，韩华为和高琴的研究表明，低保救助后的贫困发生率比救助前降低了 11.47 个百分点。[1] 中西部地区农村低保户贫困发生率的下降比例更是高达 35.74 个百分点。[2] 上述研究也表明，低保对缩小贫困差距、减轻贫困程度的影响大于对降低贫困发生率的影响。

（二）养老保险的减贫效果

目前，中国养老保险体系主要由职工基本养老保险、城乡居民基本养老保险和机关事业单位工作人员基本养老保险三大制度组成，基本覆盖所有适龄人口。如图 9-3 所示，随着职工基本养老保险改革的推进和覆盖面的扩大，参保人数逐年增长，2017 年达到 40199 万人，体现了职工基本养老保险在整个养老保障体系中的主要地位。2012 年末全国所有县级行政区全面开展城乡居民社会养老保险工作，参保人数从 2012 年的 48370 万人稳步提高到 2017 年的 51255 万人。

一些经验研究表明，城乡养老保险发挥了一定的减贫作用。程杰利用 2006 年城乡老年人抽样调查数据的研究表明，被养老保障覆盖的城乡老年人的贫困发生率显著低于无养老保障覆盖的老年群体，且贫困深度和贫困强度也相对更低。[3] 北京大学"中国健康与养老追踪调查"（CHARLS）2011~2012 年数据的研究显示，新型农村养老保险政策的实施显著提高了农村老年人的收入水平，减少了贫困的发生，提高了其主观福利，而且健康状况差的老年人受政策影响更大，但是较低的缴费水平限制了新农保的政策效果。[4] 中国人民大学"中国老年社会调查"（China Longitudinal Ageing Social Survey，CLASS）项目 2014 年数据的研究显示，城乡居民养老金覆盖下（不包括城镇

---

[1] 韩华为、高琴：《中国农村低保制度的保护效果研究——来自中国家庭追踪调查（CFPS）的经验证据》，《公共管理学报》2017 年第 2 期。

[2] 韩华为、徐月宾：《中国农村低保制度的反贫困效应研究——来自中西部五省的经验证据》，《经济评论》2014 年第 6 期。

[3] 程杰：《社会保障对城乡老年人的贫困削减效应》，《社会保障研究》2012 年第 3 期。

[4] 张川川、John Giles、赵耀辉：《新型农村社会养老保险政策效果评估——收入、贫困、消费、主观福利和劳动供给》，《经济学季刊》2014 年第 1 期。

职工养老金和机关事业单位养老金）的老年人收入贫困发生率比没有享受养老金待遇的老年人群低 8.7%。[①]

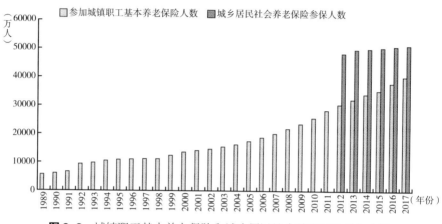

图 9-3 城镇职工基本养老保险和城乡居民社会养老保险参加人数

资料来源：国家统计局。

（三）医疗保险的减贫效果

医疗保险是关乎全民切身利益的社会保障制度，经过多年的探索与改革，中国基本完成了从公费医疗、劳保医疗到社会医疗保障制度的转变，以城镇职工基本医疗保险和城乡居民基本医疗保险为基础，实现了医疗保险制度覆盖全民的基本目标。2002 年末全国绝大部分地级以上统筹地区组织实施了基本医疗保险，此后，我国职工医疗保险制度不断完善，覆盖范围也迅速扩大。如图 9-4 所示，2017 年，30320 万人参加城镇职工基本医疗保险。参加城镇居民基本医疗保险的人数从 2007 年的 4291 万人迅速增长到 2016 年的 45315 万人。新农合的参保人数于 2010 年达到最高的 8.36 亿人，参保率达到 96%。2015 年，参合率接近 99%。2017 年，参加城乡居民基本医疗保险人数达到 87343 万人。

齐良书利用 2003~2006 年覆盖全国 30 个省区的微观面板数据的研究表明

---

① 朱火云：《城乡居民养老保险减贫效应评估——基于多维贫困的视角》，《北京社会科学》2017 年第 9 期。

新型农村医疗保险的减贫效果明显，不仅能在农户层面显著降低贫困发生的概率，而且能在省区层面显著降低贫困发生率。[①] 平均而言，参加新农合能使农户的人均收入提高约 4%，当省区内新农合覆盖率约为 40% 时，新农合覆盖率每提高 1 个百分点，省区内农村贫困率就下降 0.29 个百分点。但是解垩利用中国健康与经营调查（CHNS）1989~2006 年数据的研究发现，发生灾难性卫生支出的城乡家庭比例较高，医疗保险补偿后，城乡患病家庭的贫困并没有减轻，意味着基本医疗保险的减贫作用很微弱。[②] 王钦池利用国家卫生和计划生育委员会 2014 年的中国家庭追踪调查数据的研究显示，对发生灾难性医疗支出家庭给予补偿后，农村和城镇的贫困发生率会分别下降 3.06 个和 0.72 个百分点；补偿越高，降幅越大。[③] 因此，消除灾难性医疗支出的致贫风险对减贫工作具有重要意义。在健康扶贫大力实施的背景下，随着城乡基本医疗保险、城乡居民大病保险和城乡医疗救助的不断完善，因病致贫返贫现象将得到有效缓解。

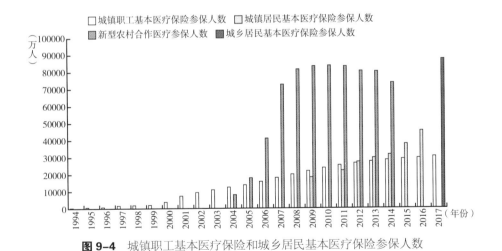

图 9-4　城镇职工基本医疗保险和城乡居民基本医疗保险参保人数

资料来源：国家统计局。

---

①　齐良书：《新型农村合作医疗的减贫、增收和再分配效果研究》，《数量经济技术经济》2011 年第 8 期。

②　解垩：《医疗保险与城乡反贫困：1989~2006》，《财经研究》2008 年第 12 期。

③　王钦池：《消除灾难性医疗支出的筹资需求及其减贫效果测算》，《卫生经济研究》2016 年第 4 期。

四　中国社会保障减贫面临的问题与政策建议

（一）当前社会保障制度在减贫中面临的主要问题

1. 分割的制度安排阻碍反贫困效果的充分发挥

中国的社会保障改革，是伴随经济领域的渐进式改革而采取自下而上、试点先行、逐步扩展的方式来推进的。这种策略虽然避免了制度全面改革可能造成的巨大危机，激发了地方改革的积极性和创新性，但由于缺乏统筹安排造成了制度的分割和碎片化。分割的制度安排不仅不利于各类项目的合理定位与健康发展，也阻碍了制度的保障效果及其在脱贫攻坚中的作用发挥，主要表现为三个方面。首先，由于缺乏对整个社会保障体系的统筹安排和科学设计，社会救助、社会保险与社会福利三大基本制度的发展阶段不一致，社会救助和社会保险的发展较为迅速，且社会救助制度的兜底保障和减贫作用日益显著，而社会福利体系的发展仍然滞后，减贫作用微乎其微。其次，各项制度自成一体，独立运行，且制度整合存在巨大阻力，碎片化的制度造成社会保障"兜底"能力不强。最后，尽管中国的社会保障基本实现了全覆盖的目标，但由于制度分割和统筹层次低，一些保障项目不能及时适应人口流动和城镇化加速发展的需要，"福利缺位"的现象依然存在，如仍然欠缺对农民工、失地农民、失独老人、留守人员等群体应有的保护，这也是2020年实现全面脱贫所面临的挑战。

2. 总体保障水平的不高制约减贫能力的加强

在中国的社会保障支出中，地方政府承担了大部分的社会保障财政责任。受制于地方财政能力，为了尽快实现社会保障全覆盖的基本目标，大部分地区的社会保障项目的保障水平都不高，尤其是在经济发展水平不高的中西部地区，而这些地区恰恰是脱贫攻坚的主战场。各级政府的社会保障财政责任不明确，是导致社会保障财政投入不规范的重要原因。尽管近年来，中央政府不断加大转移支付力度，但是在中国经济发展进入新常态的背景下，随着社会保障体系的日益完善，社会保障实践面临着福利刚性增长与财力增速减缓的矛盾。因此，社会保障财政资金的不足和保障水平的低下将直接制约其减贫能力的加强。

3. 与其他反贫困政策的衔接不足抑制政策减贫合力的形成

当前中国整个反贫困体系内容较多，涉及产业发展、金融扶持、生态保护、易地搬迁、教育就业、社会救助等多个领域，需要多个部门分工协作、共同完成。但由于不同部门之间管理体制的差异，社会保障政策与其他反贫困政策在实施过程中仍然缺乏有效的衔接。多领域、多主体之间反贫困协作治理能力的薄弱抑制了政策减贫合力的形成。如在农村低保与扶贫开发两项制度的衔接中，由于制度设计和运行机制的不同，两项制度在反贫困过程中的工作对象和具体措施各有侧重，各地的衔接程度主要取决于地方的贫困状况、财政能力、脱贫攻坚的整体规划等。因此两项制度的覆盖人群存在差异，政策实施缺乏分工和协调，没有形成应有的合力。如在易地扶贫搬迁实施后，一些农村低保对象搬到城镇后，无法享受到城镇低保应有的待遇，影响低保减贫功能的同时不会引发新的城镇贫困问题。

4. 地区发展不平衡降低减贫的公平性

地区发展不平衡、公平性不足是中国社会保障制度改革和发展中面临的重要问题之一。各类社会保障项目在保障人群和保障水平等方面呈现巨大的城乡差异、地区差异、部门差异和群体差异。发展的不平衡给社会保障制度的统一性和公平性带来了巨大挑战。理论上讲，社会保障应当是缩小地区差距的重要制度安排，但现实中却成为拉大收入差距的负面因素。如发达地区的社会保险负担轻、待遇高，社会救助的标准也较高；而欠发达地区的社会保险负担重、待遇低，社会救助标准也较低。这样的格局无疑与地区间协调和均衡发展的目标相悖，不利于制度的可持续发展。同样是在贫困地区，社会保障待遇的地区差别有损其减贫作用的公平性。

5. 地方经办管理能力的薄弱限制减贫效率的提升

社会保障减贫效率的高低在很大程度上取决于基层社会保障的经办管理

能力。但是在农村，特别是在落后地区，基层工作人员数量不足、专业素质不高、硬件设施条件差、工作经费有限，直接导致农村社会保障项目难以有效落实，也造成社会保障项目与其他扶贫政策难以有效衔接。以农村社会救助制度为例，由于缺乏核查和监督，农村低保的瞄准效率存在偏差，动态管理难以执行，轮流吃低保、平分低保金的现象依然存在。农村最低生活保障制度运行的扭曲使得其保障待遇的公平性和反贫困效果大打折扣。此外，贫困地区基层人员的工作积极性不高，对社会保障的参与和精准扶贫工作的宣传推广仍然不够，这也限制了社会保障减贫效率的提升。

（二）增强社会保障减贫作用的政策建议

1. 通过进一步优化制度安排增强社会保障反贫困的整体效应

全面认识中国社会保障制度的完整功能与综合效应，加强社会保障体系的统筹安排和科学设计，突出中央政府的主导地位，通过自下而上和自上而下相结合的改革方式推动社会保障制度进入优化整合阶段，着力改变目前多种制度各自为战的状态，提高统筹层次，并全面建成多层次的社会保障体系。以全面脱贫攻坚为契机，建立健全社会保障反贫困机制，通过提高社会救助的瞄准有效性进一步发挥其最为基础的兜底保障和减贫功能，通过扩大社会保险的覆盖面和待遇水平增强其预防和消除贫困的作用，通过社会福利事业的发展和完善提升社会福利的可及性和减贫空间，通过提高统筹层次和加强多部门协调，促进社会救助、社会保险和社会福利政策的融合，适应人口流动和城镇化建设的需要，从而充分发挥社会保障制度的整体反贫困效果。

2. 通过完善多级财政分担机制、提高保障水平来增强减贫能力

厘清政府与市场、中央政府与地方政府以及地方各级政府的社会保障责任，完善多级财政分担机制，增强社会保障制度的财政支持能力，提高保障水平，是提升社会保障减贫能力的重要举措。首先，通过深化税制改革提高地方政府的财政创收能力，是确保社会保障财政支持的有效途径。其次，中央政府要适当提高财政责任的分担比例，优化财政补贴结构，特别是加大中

央财政对农村社会救助、农村养老和农村医疗的补贴标准和比例。最后，增加社会保障项目资金，特别是提升社会保险基金的保值增值能力，并且动员更多社会力量与市场资源参与社会保障体系建设，不断壮大社会保障的物质基础，也是增强社会保障制度内生财政支持能力的重要方面。

3. 通过加强社会保障与其他反贫困政策的有效衔接促进减贫合力的形成

社会保障制度反贫困效果的发挥还需要其他经济社会政策的协同配合，以形成反贫困政策体系的合力。在农村，特别是深度贫困地区，贫困治理任务异常艰巨，更加需要政府各部门和社会各界力量统筹发力。在精准扶贫的思路下，以贫困对象的致贫原因和脱贫需求为导向，打通政策"梗阻"，构建多领域、多主体之间的反贫困协作治理体系，形成各方力量各司其职、各展其长、责任共担的机制，打出政策组合拳，发挥政策的减贫合力，确保社会保障兜底脱贫的可持续性。如在易地扶贫搬迁实施过程中，注重各项社会保障制度的转移续接，避免因保障不足而导致新的贫困。在基础设施薄弱、自然环境恶劣的深度贫困地区，加大社会保障脱贫力度的同时，加强基础设施建设以及教育扶贫和健康扶贫的协作力度，通过提升贫困者的自我发展能力来摆脱贫困，并且切断贫困的代际传递。

4. 实现制度普惠性的同时增强保障功能和减贫的公平性

在社会保障制度已基本实现城乡全覆盖的情况下，促进并实现社会保障制度的公平，是未来深化社会保障改革的首要任务。从守住底线公正入手，推动中国整个社会保障制度从普惠走向公平。在全面实施精准扶贫和乡村振兴战略的背景下，推进社会救助的城乡统筹改革，尽快消除因制度分割造成的养老、医疗保险等权益不平等，加快发展老年人、妇女儿童等福利事业，使不同群体获得相对公平的社会保障权益，真正共享国家发展成果。通过社会保障体系建设的成熟与稳定，增加其保障功能和减贫作用的公平性。

5. 通过提高基层经办管理人员的业务能力来提升减贫效率

首先，针对人员不足的问题，建议增加民生事务领域的工作人员编制，并提升基层工作人员的待遇水平。其次，加强对乡镇干部和基层工作人员的知识、政策和工作技能培训，包括家计调查、动态管理、资金监督、政策解读等方面，提高其工作能力和专业素质。最后，保障必要的工作经费，避免因为经费不足导致工作无法开展的情况。通过提高基层经办管理人员的业务能力，来提高社会救助的瞄准有效性和扩大社会保险的覆盖面，进而提升社会保障的减贫效率。

第十章　中国特色的社会扶贫

中国的扶贫成就已得到了世界的广泛认同和赞许，这一成就的取得除了中国政府的持续努力外，与中国特色的社会扶贫也有着极大的关系。目前，社会扶贫、行业扶贫和专项扶贫已成为中国扶贫的三个支柱。自中国改革开放以来，伴随着中国政府扶贫历程的就是中国特色的社会扶贫。自20世纪70年代末的东西协作扶贫到目前的全社会广泛参与和社会扶贫体系，中国特色的社会扶贫由小到大，由弱到强，在中国的扶贫事业中已起到越来越大的作用。

一　中国社会扶贫的内容与形式

对于社会扶贫目前有不同的定义与内涵。在中共中央办公厅、国务院办公厅于2014年1月28日印发《关于创新机制扎实推进农村扶贫开发工作的意见》中，社会扶贫包括"定点扶贫、东西部扶贫协作、各民主党派中央、全国工商联和无党派人士、各类企业、社会组织和个人、军队和武警部队、国际交流合作"八个方面的内容。在2014年10月国务院扶贫办、中组部、中央统战部等15部门联合制定的《创新扶贫开发社会参与机制实施方案》（国开办发〔2014〕31号）以及国务院办公厅《关于进一步动员社会各方面力量参与扶贫开发的意见》（国办发〔2014〕58号）中，进一步明确社会扶贫的上述内容，即"建立和完善广泛动员全社会力量参与扶贫开发的制度，构建包括定点扶贫、东西部扶贫协作、军队和武警部队扶贫以及各民主党派、工商联和无党派人士、企业、社会组织、个人参与的中国特色社会扶贫工作体系"。

（1）定点扶贫。即中央和地方各级的定点扶贫单位动员本单位、本行业、本系统干部职工参与定点扶贫，定期选派优秀中青年干部到扶贫地区挂职扶贫。主要任务是：筹措帮扶资源、创新帮扶形式、协调解决问题。主要要求是：帮扶重心要下移到贫困村，帮扶对象要明确到贫困户，帮扶措施要到位有效，年度工作总结和计划报送要及时。

（2）东西部扶贫协作。即东部发达地区与西部欠发达地区进行扶贫协作（也包括区域内发达地区与欠发达地区的合作，如苏南与苏北的结对帮扶）。协作内容包括：一是双方共同研究制订长期规划和年度计划，将对口帮扶工作纳入双方的经济社会发展规划和政府工作目标考核内容；二是双方建立联席会议制度，市县层层结对、行业部门对口帮扶；三是实行区域合作，实现东西部资源、产业、要素的优化配置和互利共赢。

（3）军队和武警部队扶贫。即省军区、军分区政治机关和人民武装部是同级政府扶贫开发领导小组成员单位。按照"就地就近、有所作为、量力而行、尽力而为"原则，省军区（武警总队）主要帮扶国家扶贫开发工作重点县，军分区帮扶扶贫任务较重的乡镇或贫困村，作战部队结合实际就近确定帮扶对象。部队院校、医疗、科研、装备修理等单位要根据自身优势，积极支持贫困地区发展教育、科技、文化、卫生等社会事业。

（4）各民主党派、工商联和无党派人士扶贫。即民主党派、工商联和无党派人士发挥联系面广、人才智力富集等优势，通过定点扶贫、智力支边、光彩事业等形式，帮助贫困地区发展教育、科技、文化、卫生等社会事业，改善基础设施条件，促进特色优势产业发展。

（5）企业扶贫。即各类企业积极履行社会责任，参与扶贫开发。包括国有企业、民营企业、合资企业、外资企业。这些企业可以通过到贫困地区投资兴业、招工就业、捐资助贫、技能培训等形式，促进贫困地区经济社会发展，带动贫困群众增收致富。

（6）社会组织扶贫。社会组织包括各种基金会、社会团体和社会企业三类，扶贫是社会组织的重要职能，一直是中国扶贫开发的积极参与者。中国政府鼓励和支持社会组织参与扶贫，一是为社会组织开展扶贫活动提供信息服务、业务指导和规范管理；二是政府购买服务鼓励社会组织承接政府扶贫项目，创新扶贫方式，打造优秀扶贫公益品牌；三是进行资金、项目合作，共同扶贫。

（7）个人扶贫。即广大社会成员和港澳同胞、台湾同胞、华人华侨及海外人士通过捐助款物和志愿服务，开展助教、助医、助学等扶贫活动。个人扶贫可以依托社会组织和社会团体，也可以通过互联网等社会服务平台自愿选择扶贫方式。2015 年，中央关于个人扶贫又增加了一项内容即社会工作专业人才。在《中共中央国务院关于打赢脱贫攻坚战的决定》（中发〔2015〕34 号）、《国民经济和社会发展第十三个五年规划纲要》和《国务院关于印发"十三五"脱贫攻坚规划的通知》（国发〔2016〕64 号）先后提出了"实施社会工作专业人才服务贫困地区计划""制定出台支持社会工作专业力量和志愿服务力量参与脱贫攻坚专项政策"的要求。为此，民政部、财政部、国务院扶贫办关于社会工作专业人才专门出台了《关于支持社会工作专业力量参与脱贫攻坚的指导意见》，在这个意见中，"社会工作专业人才是为贫困群众提供心理疏导、精神关爱、关系调适、能力提升等社会服务的新兴力量，在帮助贫困群众转变思想观念、树立自我脱贫信心、拓宽致富路径、提升自我脱贫能力等方面可以发挥积极作用"，明确了社会工作专业人才参与脱贫攻坚的工作内容。

一是参与贫困群众救助帮扶。配合社会救助经办机构针对贫困群众开展需求评估、分析致贫原因、制订救助方案，促进救助对象的精准识别和精准管理，推动贫困群众服务需求与扶贫资源精准对接。为社会救助对象提供心理疏导、社会融入、团体互助、宣传倡导等服务，推动健全物资资金帮扶与心理社会支持相结合、基本救助服务与专业化个性化服务相补充的新型社会救助模式。

二是参与贫困群众脱贫能力建设。配合相关部门、会同相关社会力量帮助有劳动能力的贫困群众转变思想观念，增强脱贫信心和内生动力，促进其发挥潜能、提升技能、互帮互助、积极就业创业，通过增加收入脱贫致富。

三是促进易地搬迁贫困群众融合适应。帮助因自然条件恶劣需易地搬迁的贫困群众疏导不良情绪，加强关系调适，联系就业资源，发展自助互助组织，重构社会支持网络，促进其更好地融入新的社区生活。

四是参与贫困地区留守儿童关爱保护。联合相关部门、会同相关力量开展贫困村留守儿童及家庭的监护随访、调查评估、监护指导等工作，督促指导农村留守儿童家庭承担监护主体责任。以困境儿童为重点，提供成长辅导、法制宣教、临界预防、行为矫正、社交指导、情绪疏导等服务。配合学校和社区做好适龄儿童"控辍保学"工作和成长关爱服务。

五是针对其他特殊困难人群开展关爱服务。为贫困地区特殊困难老年人提供精神慰藉、生活照顾、权益保障、临终关怀等服务。为贫困地区特殊困难妇女提供精神减压、心理支持、亲子辅导、权益维护等服务。对贫困地区有不良行为青少年、社区服刑人员、刑满释放人员等特殊人群强化心理社会支持，帮助其改善家庭和社区关系，恢复和发展社会功能。[1]

在省级层面，各地区对社会扶贫的内容也有不同的规定。如在《黑龙江省农村扶贫开发条例》（2016）中社会扶贫包括四个方面的内容，即"定点扶贫、民营企业扶贫、社会组织扶贫和个人扶贫"，其中，定点扶贫包括"国家机关、国有企业、事业单位、大专院校、科研院（所）、军队和武警部队等"，社会组织包括"社会团体、基金会、民办非企业单位等"，个人扶贫包括"社会成员以及在外创业成功的同乡和港澳同胞、台湾同胞、华侨、海外

<hr>

[1] 民政部、财政部、国务院扶贫办：《关于支持社会工作专业力量参与脱贫攻坚的指导意见》，http://www.cpad.gov.cn/，2017年8月8日。

人士等"。①

在《陕西省农村扶贫开发条例》中，社会扶贫包括六种形式：一是中央国家机关和发达地区定点扶贫和协作扶贫；二是社团扶贫（包括工会、共青团、妇联、科协、侨联、残联等社团组织）；三是企业事业单位和社会团体；四是专门组织扶贫（扶贫基金会、老区建设促进会、扶贫协会、慈善协会以及其他从事扶贫工作的组织）；五是志愿者网络（包括志愿者组织和高等院校的扶贫志愿者服务网络）；六是个人扶贫（社会各界人士和境外人士）。②

在《贵州省扶贫开发条例》中，关于社会扶贫的内容包括八个：一是党派和社团组织，包括民主党派、工商联、工会、共青团、妇联、科协等组织；二是国家机关、社会团体、企业事业单位等的定点帮扶；三是东部城市和地区的对口帮扶和协作帮扶；四是大专院校、科研单位、教育、卫生、医疗等机构的智力扶贫；五是扶贫志愿者；六是公民、法人和其他组织；七是社会捐赠者；八是企业。③

从以上介绍可以看出，中国的社会扶贫具有非常丰富的内容，基本上包括了专项扶贫和行业扶贫以外所有的参与扶贫的力量，不仅包括政府和非政府组织，还包括各类市场主体和社会主体，这与国外的社会扶贫有着很大的不同，充分体现了中国特色。

二　各种形式社会扶贫的发展变迁

中国的社会扶贫几乎与中国的改革开放同步，从最早的东西协作扶贫，不断发展到定点扶贫、社会组织扶贫和国际组织扶贫，再到企业扶贫和个人扶贫，社会扶贫力量不断发展壮大，到 2014 年，社会扶贫投入的资金已经超

---

① 黑龙江省扶贫办：《黑龙江省农村扶贫开发条例》，http://www.cpad.gov.cn，2016 年 8 月 4 日。
② 《陕西省农村扶贫开发条例》（2012 年 1 月 6 日陕西省第十一届人民代表大会常务委员会第二十七次会议通过），http://www.cpad.gov.cn，2015 年 11 月 23 日。
③ 《贵州省扶贫开发条例》（2013 年 1 月 18 日贵州省第十一届人民代表大会常务委员会第三十三次会议通过），http://www.cpad.gov.cn，2015 年 11 月 23 日。

过当时政府所投入的财政和信贷资金总和，成为中国扶贫中专项扶贫、行业扶贫和社会扶贫三位一体中的重要组成部分，在 2020 年要如期完成脱贫攻坚任务的工作中，以及未来的全面建设小康社会中，相信社会扶贫将成为中国扶贫的主导力量。

（一）东西协作扶贫

1979 年 4 月 25 日，为了促进民族团结，巩固边防、加快少数民族地区的经济文化建设，中央在全国边防工作会议上确定：北京支援内蒙古，河北支援贵州，江苏支援广西、新疆，山东支援青海，天津支援甘肃，上海支援云南、宁夏，全国支援西藏。对口支援的主要任务是：开展经济技术协作，帮助受援地区培训人才，在物资上互通有无，共同开发矿产资源，发展农林畜产品加工工业，推动少数民族地区的经济建设。1982 年 10 月，国家计委、国家民委在宁夏银川召开对口支援和经济协作工作座谈会，总结了自 1979 年以来开展的对口支援进展情况，认为对口支援工作取得了比较显著的成效，决定把对口支援工作深入开展下去，并制定了相应的措施。决定东西协作、对口支援工作由国家经委、国家计委、国家民委共同负责，由国家经委牵头。从 1984 年开始，"三西"地区与江苏、浙江两省的对口支援已发展为市、县、乡和企业间的广泛经济合作，双方签订协作项目 400 多项。[①]1986 年 4 月，第六届全国人民代表大会第四次会议批准的《国民经济和社会发展第七个五年计划》，对东西协作扶贫做了如下安排："继续组织发达地区和城市对老、少、边、穷地区的对口支援工作。动员全社会的力量，采取多种形式，在智力开发和技术咨询等方面给以支援。"1986 年 6 月，国务院贫困地区经济开发领导小组成立，在成立后的第一次会议纪要中，就要求"积极发展和不断扩大贫困地区与经济发达地区的横向经济联系。开发贫困地区，必须彻底打破内向型的低水平自我循环状态，实行外引内联，努力发展与扩大与经济发

---

① 国务院扶贫开发领导小组办公室、国务院扶贫开发领导小组专家咨询委员会：《中国农村扶贫大事辑要》（1978~2000 年）（内部资料），第 73 页。

达地区、大中城市各种形式、多层次的横向经济联合"。1988 年 5 月 16 日至22 日，国务院贫困地区经济开发领导小组办公室在江苏省苏州市召开全国东西联合开发贫困地区座谈会，主要研究发达地区如何使用新增贫困地区新办工业贷款到贫困地区承包开发项目，发展东西部大跨度横向联合问题。从此拉开了东西部联合开发贫困地区的序幕。①1994 年国务院颁布《国家八七扶贫攻坚计划》，要求沿海发达省（直辖市）对口帮扶一两个贫困省区发展经济。1996 年，国务院决定，沿海经济发达的六个省、三个直辖市、四个副省级计划单列市，对口帮扶西部 10 个贫困省区。实行优势互补，共同发展。此后，东西协作扶贫成为制度延续至今。

到 2000 年，13 个省市累计捐款、赠物（折款）21.4 亿元，签订合作项目协议 5745 个，协议投资 280 亿元，接收贫困地区劳动力 51.7 万人次，交流干部 2280 人次，帮助引进技术 585 项，培训各类人才 19742 人次。②"十二五"期间，东部到西部挂职的干部 684 人次，西部到东部挂职的干部 1150 人次，东部地区向西部地区援助的资金达 56.9 亿元，社会捐助 3.8 亿元，劳动力输出培训 77.8 万人次，组织劳务输出 240.3 万人次。"十二五"期间，省内区域对口帮扶、财政援助资金达 177.7 亿元，社会捐助 26.1 亿元，选派挂职干部13701 人次，劳动力输出培训 167.2 万人次，组织劳力输出 224 万人次。③北京、天津、辽宁、山东等 5 省市还建立了援助扶贫资金年度增长 10% 左右的机制。深圳、大连、青岛、宁波、上海、苏州、杭州、广州 8 市共投入贵州帮扶资金 3.5 亿元。④东西协作扶贫有力地推动了贫困地区的经济发展。

但是多年来，东西协作扶贫也存在一些问题：一是东西协作扶贫针对的

① 国务院扶贫开发领导小组办公室、国务院扶贫开发领导小组专家咨询委员会:《中国农村扶贫大事辑要》(1978~2000 年)(内部资料)，第 111 页。
② 国务院扶贫开发领导小组办公室、国务院扶贫开发领导小组专家咨询委员会:《中国农村扶贫大事辑要》(1978~2000 年)(内部资料)，第 11 页。
③ 李培林、魏后凯主编《中国扶贫开发报告（2016）》，社会科学文献出版社，2016，第 214 页。
④ 国家统计局住户调查办公室:《2015 中国农村贫困监测报告》，中国统计出版社，2015，第 80 页。

是区域性贫困，因而是一种区域间的经济扶助关系，对贫困村和贫困户缺乏直接的帮扶机制；二是帮扶内容没有明确的指标约束，受地区领导个人爱好影响较大，一些帮扶资金和物资被用到文化馆、体育馆、产业园、办公大楼等形象工程上和城市建设中，对农村贫困地区经济的发展和农民贫困的改善没有直接的帮助；三是很多帮扶流于形式，只是给钱给物，注重输血，忽视造血机制的建立，扶贫缺少科学的设计和规划。

在进入精准扶贫的新时代，东西协作扶贫被总书记赋予了新的使命，习近平总书记认为："推动区域协调发展、协同发展、共同发展的大战略，是加强区域合作、优化产业布局、拓展对内对外开放新空间的大布局，是实现先富帮后富、最终实现共同富裕目标的大举措。"[1]2015 年 11 月中共中央、国务院印发的《关于打赢脱贫攻坚战的决定》，针对以往东西协作扶贫中的问题，对东西协作扶贫的要求更加具体，即"加大东西部扶贫协作力度，建立精准对接机制，使帮扶资金主要用于贫困户和贫困村。东部地区要根据财力增长情况，逐步增加对口帮扶财政投入，并列入年度预算。强化以企业合作为载体的扶贫协作，鼓励东西部按照当地主体功能定位共建产业园区，推动东部人才、资金、技术向贫困地区流动。启动实施经济强县（市）与国家扶贫开发重点县'携手奔小康'行动，东部各省（直辖市）在努力做好本区域内扶贫开发工作的同时，更多发挥县（市）作用，与扶贫协作省份的国家扶贫开发工作重点县开展结对帮扶。建立东西部扶贫协作考核评价机制"。可以看出，在精准脱贫新阶段，东西协作扶贫有了新的要求：一是必须紧紧围绕精准扶贫、精准脱贫战略，把人力、物力、财力用到建档立卡贫困人口上；二是增加了新的扶贫内容，即启动县级结对帮扶，鼓励有条件的地方开展行业之间的结对帮扶；三是强化以企业为载体；四是产业帮扶和就业帮扶的内容更加具体，即以建档立卡的贫困户为主体；五是建立考核评价机制。

---

① 习近平：《切实做好新形势下东西部扶贫协作工作》，《人民日报》2016 年 7 月 22 日。

（二）定点扶贫

1984 年 9 月 29 日，中共中央、国务院《关于帮助贫困地区尽快改变面貌的通知》，要求"有关各省、自治区要成立贫困山区工作领导小组，负责检查督促各项措施的落实。国家有关部门（包括计划、农业、水电、林业、商业、交通、机械、冶金、煤炭、化工、地质、物资、民政、卫生、文教、金融等）都应指定专人负责，分别做出帮助贫困地区改变面貌的具体部署，并抓紧进行，保证实现"。定点扶贫政策由此开始，并延续至今。

1986 年 6 月，国务院贫困地区经济开发领导小组成立，在成立的第一次会议中，提出"动员全社会的力量，关心和支持贫困地区改变面貌。欢迎各界尽自己的力量，采取不同形式，为贫困地区的经济开发做出贡献"。[1]1986 年 8 月 22 日，国务院办公厅转发《国务院贫困地区经济开发领导小组第二次会议纪要》的通知，提出国务院各有关部门，要把解决贫困地区温饱和脱贫致富问题提上议事日程，采取多种不同形式，支持和帮助贫困地区。凡有条件的部委，都应抽调干部，深入一片贫困地区，定点轮换常驻，联系和帮助工作。当时确定的国家机关联系帮助贫困地区的主要任务是：在所在省党委政府的统一领导下，宣传贯彻落实中央有关贫困地区的方针、政策；深入调查研究，协助当地制定开发规划，提出有益建议；牵线搭桥，帮助贫困地区引进人才、技术，建立同发达地区、大中城市、科研单位、大中专学校的广泛联系，并采取多种形式帮助贫困地区培训人才；检查国家和地方用于贫困地区的物资和资金使用情况，研究解决存在的问题，提出改进办法；有选择地联系几个点，总结交流脱贫致富经验，以点带面，推动工作。[2]当时的国家科委、农牧渔业部、商业部、民政部、国家计委、中国科协等单位都成

---

[1] 国务院扶贫开发领导小组办公室、国务院扶贫开发领导小组专家咨询委员会:《中国农村扶贫大事辑要》(1978~2000)(内部资料)，第 71 页。
[2] 国务院扶贫开发领导小组办公室、国务院扶贫开发领导小组专家咨询委员会:《中国农村扶贫大事辑要》(1978~2000)(内部资料)，第 75 页。

立了贫困地区经济开发领导小组，确定了各自重点联系的贫困地区，纷纷派出人员蹲点调查研究扶贫，帮助解决脱贫致富中的实际问题。如国家科委联系大别山区、农牧渔业部联系武陵山区、民政部联系井冈山区、林业部联系黔桂十万大山地区、中国科协联系吕梁山区、国家教委联系太行山区、水电部联系三峡地区等。1986年，当时的国家科委率先在大别山地区开展科技扶贫，并向井冈山地区、陕北地区、喀斯特地区和少数民族贫困地区等迅速推广，围绕解决温饱问题、培育支柱产业、建立示范基地、培养乡土人才等方面，创造出"大别山之路""太行山道路""陕北合力扶贫"等科技扶贫经验。农牧渔业部组织了北京农业大学、北京农业工程大学、沈阳农业大学、南京农业大学、西北农业大学、西南农业大学、华南农业大学和华中农业大学的部分师生，开赴贫困山区各基点县进行科技扶贫。[①]中国科学院陆续向贫困地区选派了一批科技副县长，为科技扶贫做出了显著的贡献。

1988年2月27日，国务院召开国家机关第二次扶贫工作汇报会议，交流扶贫经验，强调要继续做好机关定点帮扶工作，并表彰了成绩突出的29个部门。此后，定点扶贫形成了制度。《国家八七扶贫攻坚计划》实施后，中央国家机关定点扶贫的目标和任务更加明确：即选派干部、组成帮扶组（团），定点帮扶一个或几个县，协助地方党委和政府实施《国家八七扶贫攻坚计划》，稳定地解决群众温饱问题。到2000年，中央一级有138个单位，对口帮扶了国定贫困县333个，占全国国定贫困县总数的56.3%，这些单位共派出3147名干部到贫困县挂职扶贫，直接投入资金44亿元，帮助引进国内外资金106亿元，引进技术近千项，培训农民44万人次。到2000年底，各省、自治区、直辖市参加对口扶贫的厅局和大型企事业单位有2364个，先后派出干部4.63万人次到贫困县、乡挂职，直接投入资金和物资（折款）87.62亿元，帮助引进各类扶贫资金102.68亿元、引进技术人才1.33万名。引进技术近7000项，培训农民3000多万人次。全国592个国定贫困县，都有一个以上的厅局级机

---

① 国务院扶贫开发领导小组办公室、国务院扶贫开发领导小组专家咨询委员会：《中国农村扶贫大事辑要》（1978~2000年）（内部资料），第76页。

关或大中型企事业单位定点扶持。全国有 9399 个贫困村，都有上级下派的干部蹲点帮扶。[①]

"十二五"时期，中央单位定点扶贫挂职干部数量达到 1670 人，直接投入 118.58 亿元，引进各类资金 695.82 亿元，举办培训班 9431 次，培训人数 58.76 万人次，组织劳务输出 31.06 万人次；同期，参与定点扶贫的地方挂职干部数量达到 122.46 万人，直接投入 1291.25 亿元，引进各类资金 1830.21 亿元，举办培训班 44.56 万次，培训人数 2690.26 万人次，组织劳务输出 1626.67 万人次。[②]到 2015 年，参与定点扶贫的单位增加到 320 个，实现了中央单位定点扶贫资源与贫困县两个全覆盖。有 28 个省（自治区、直辖市）层层组织开展了定点扶贫工作，共有 16.4 万个党政机关、企事业单位参加，帮扶覆盖了全国 12.8 万个建档立卡贫困村。[③]

定点扶贫工作充分体现了中国特色和制度优势。能动员如此规模的国家干部和公职人员投身到贫困县、贫困村开展扶贫工作，只有中国才能做到。定点扶贫工作发挥了以下的作用。

一是在贫困地区和高层领导与政府之间搭建了桥梁。一方面，定点帮扶到县、到村、到户，有利于把党和国家的政策落实到基层，把脱贫致富的信息和技术带到基层；另一方面把贫困地区基层的实际情况、群众的声音等反映给中央和有关部门及领导，有利于改进和完善相应的政策体系。

二是为贫困地区输送了大量的人力、财力、物力、技术，缓解了贫困地区发展要素制约，同时为贫困地区培训干部、劳动力、技术人员等，提高了贫困地区干部和群众的素质。

三是锻炼和培养了干部，使国家干部和公务人员更加了解国情，增加了

---

① 国务院扶贫开发领导小组办公室、国务院扶贫开发领导小组专家咨询委员会：《中国农村扶贫大事辑要》（1978~2000 年）（内部资料），第 12 页。

② 李培林、魏后凯主编《中国扶贫开发报告（2016）》，社会科学文献出版社，2016，第 212 页。

③ 国务院扶贫开发领导小组办公室组织编写《脱贫攻坚政策解读》，党建读物出版社，2016，第 233 页。

他们的责任感和使命感。

但是，定点扶贫工作也存在如下问题："有少数单位没有落实帮扶责任，挂名无实，多年未开展任何工作；一些单位存在畏难情绪，应付了事；一些单位帮扶方式单一，仅限于年底送温暖；一些单位把帮扶的力量用到引进大项目上，对贫困人口脱贫关注不够；一些定点县期望值高、依赖思想重、自身努力不够。"[①] 另外，定点扶贫还有一个最大的问题是苦乐不均，由于定点扶贫干部在个人背景及其所在单位的实力、权力、资源方面存在巨大的差别，有的可以给定点扶贫县和扶贫村带来巨大的利益，使贫困村在适当时间内迅速脱贫，但绝大多数的挂职干部及其所在单位实力薄弱，扶贫力度和资源有限，对贫困村的物质帮助不大。这种差别不仅造成了扶贫效果的差别，形成了事实上的不公平，还刺激了部分贫困村和贫困户互相攀比以及滋生了等、靠、要思想。

进入精准扶贫新阶段，定点扶贫依然成为脱贫攻坚的重要力量，2015年8月21日，国务院扶贫开发领导小组办公室、中共中央组织部、中共中央统战部、中央直属机关工委、中央国家机关工委、中国人民解放军总政治部、教育部、中国人民银行、国务院国有资产监督管理委员会发出《关于进一步完善定点扶贫工作的通知》（国开办发〔2015〕27号），"按照'同一类单位定点扶贫任务相对均衡、分类考核'的总体原则，对定点扶贫结对关系进行了局部调整。新增22个单位参加定点扶贫；部分单位参加地方组织的扶贫工作，调出帮扶单位序列。调整后，参与定点扶贫的中央、国家机关和有关单位共320个，帮扶全国592个国家扶贫开发工作重点县。军队和武警部队继续推进与贫困县、乡镇、村的定点帮扶工作"。此外，对定点扶贫工作提出了六项要求，即"切实加强组织领导、选派干部挂职扶贫、突出工作重点、认真落实帮扶时限与责任要求、强化工作考核"。

目前，中央单位定点扶贫工作由国务院扶贫开发领导小组组织实施，国

---

① 国务院扶贫开发领导小组办公室组织编写《脱贫攻坚政策解读》，党建读物出版社，2016，第234页。

务院扶贫办会同组织部、统战部、中央直属机关工委、中央军委政治工作部、教育部、中国人民银行、国资委等定点扶贫牵头部门具体实施。各牵头部门每年要召开工作会议，开展工作考核，汇总有关情况。国务院扶贫开发领导小组每年向中央汇报定点扶贫工作进展，每年组织一次考核，建立通报和宣传表彰机制明确定点帮扶时限与脱贫攻坚时限一致，即到 2020 年，对提前脱贫摘帽的定点县，结对关系不变，帮扶政策不变，工作力度不变。其间撤销的中央单位，由上级单位承担原定扶贫任务，合并和重组的，由合并或重组后的单位承担原点扶贫任务，新成立的单位也要承担定点扶贫任务。[1]

（三）军队和武警扶贫

中国人民解放军的扶贫工作始于 20 世纪 80 年代初期，当时扶贫的重点是革命老区和边远地区。如 1986 年中国人民解放军就组成 147 支医疗队，分四批奔赴陕西、安徽、湖北、广东、广西等 7 个省区的 15 个革命老区县，为 57 万多名群众义务治疗疾病，为 2.5 万人做了手术，抢救危重病人 2000 多名，为 50 万群众进行了体检，并培养了当地医护人员 1 万多名，支援了 40 多万元的医疗设备。[2]1987 年 3 月，中国人民解放军总政治部转发《总政群工部关于军队开展扶贫济困工作的基本情况和今后意见的报告》，提出："驻贫困地区的部队要把扶贫济困工作作为开展军民共建活动的一项重要内容，积极协助地方政府宣传党中央、国务院关于扶贫济困工作的指导思想和方针政策，调动广大群众脱贫致富的积极性，并在力所能及的范围内给予适当的人力物力支援。贫困地区的人武部门要把发展民兵带头脱贫致富和扶贫济困，作为民兵带头参加两个文明建设的一项重要任务来抓。各部队务求实效、扎扎实实地为贫困地区多办实事。要积极热情地为贫困地区传递经济信息，帮助发

① 国务院扶贫开发领导小组办公室组织编写《脱贫攻坚政策解读》，党建读物出版社，2016，第 238 页。

② 国务院扶贫开发领导小组办公室、国务院扶贫开发领导小组专家咨询委员会：《中国农村扶贫大事辑要》（1978~2000 年）（内部资料），第 83 页。

展商品经济。有条件的部队要量力而行参加一些解决群众温饱问题和经济开
发的重点项目，参加一些解决贫困地区路、电、水等问题的公益事业。军队
院校和科研技术单位，要积极开展智力助民活动，多为贫困地区培养急需人
才，并在可能的情况下，转让一些科技成果。部队医疗卫生单位要在完成本
职工作的情况下，积极组织医疗小分队到贫困地区为群众防病治病。驻城市
的机关部队所需的合同工，可多在贫困地区招收，并使他们学会一两项专业
技术"①。同年 11 月，中国人民解放军总政治部发出关于贯彻《国务院关于加
强贫困地区经济开发工作的通知》的通知，要求驻贫困地区的部队和人武部
门根据地方党委和政府的统一部署，结合本地区、本单位的实际情况，制定
今后一两年内开展扶贫工作的规划和措施，积极参加和支援贫困地区的经济
开发。②

到 1997 年，解放军和武警部队扶贫已达 14 年。14 年中，全军和武警部
队先后建立起扶贫点 3.5 万个，在西北地区，投入 20 多万个劳动力，参加了
青铜峡甘子城万亩农田开发、甘河滩改造、宁夏西海固和新疆人工草原建造
等近百个扶贫工程。营造农田 2 万亩，帮助兴办乡镇企业、家庭小农场 4 万
多个，建立各类经济体 2 万多个，带动了一大批贫困群众走上致富道路。全
军部队共援建希望小学 697 所，帮助 11.5 万名失学儿童重返校园。③在军队
和武警部队扶贫工作中，比较典型的是湖南省军区，湖南省军区定点扶贫对
象是湘西北的桑植县。桑植县是革命元帅贺龙的老家，属于老区贫困县。从
1988 年到 2004 年，湖南省军区先后派出 16 名优秀机关干部到桑植县挂职副
县长进行扶贫开发，使 4.2 万名贫困群众稳定脱贫，近 10 万土家族、白族群

---

① 国务院扶贫开发领导小组办公室、国务院扶贫开发领导小组专家咨询委员会:《中国农村
扶贫大事辑要》(1978~2000 年)(内部资料)，第 91 页。
② 国务院扶贫开发领导小组办公室、国务院扶贫开发领导小组专家咨询委员会:《中国农村
扶贫大事辑要》(1978~2000 年)(内部资料)，第 100 页。
③ 国务院扶贫开发领导小组办公室、国务院扶贫开发领导小组专家咨询委员会:《中国农村
扶贫大事辑要》(1978~2000 年)(内部资料)，第 433~434 页。

众走上富裕之路，3 个村由省级特困村变成了全县的小康示范村。①

　　进入精准扶贫新时代，解放军和武警部队继续扎实推进对全国 63 个贫困县、547 个贫困乡镇、2856 个贫困村的帮扶工作。② 军队和武警部队扶贫的内容更加明确：即省军区、军分区政治机关和人民武装部作为同级政府扶贫开发领导小组成员单位。按照"就地就近、有所作为、量力而行、尽力而为"原则，省军区（武警总队）主要帮扶国家扶贫开发工作重点县，军分区帮扶扶贫任务较重的乡镇或贫困村，作战部队结合实际就近确定帮扶对象。部队院校、医疗、科研、装备修理等单位应发挥自身优势，积极支持贫困地区发展教育、科技、文化、卫生等社会事业。③ 目前，军队和武警部队扶贫已纳入中央定点扶贫组织体系，由国务院扶贫开发领导小组组织实施，中央军委政治工作部作为定点扶贫牵头部门具体实施。

（四）企业扶贫

　　企业扶贫自 1979 年就开始了，中国最早的扶贫即东西部协作扶贫就是以企业为主体进行的，当时对口支援的主要任务是：开展经济技术协作，帮助受援地区培训人才，在物资上互通有无，共同开发矿产资源，发展农林畜产品加工工业，推动少数民族地区的经济建设，这些内容都是以企业为主体进行的。即东部地区的企业在当地党委和政府的组织下到西部贫困地区帮扶。但是在当时企业的构成比较单一，都是国有企业。在 1986 年开始的定点扶贫中，国有企业也是其中的主要角色，大型国有企业都有自己的定点扶贫对象。30 多年来，中央企业共结对帮扶 239 个国家扶贫开发工作重点县，其中贫困革命老区县 108 个，并对口支援西藏 16 个县，青海省藏区 16 个县。"十二五"

---

① 刘坚主编《新阶段扶贫开发的探索与实践》，中国财政经济出版社，2005，第 151 页。
② 国务院扶贫开发领导小组办公室、中共中央组织部、中共中央统战部、中央直属机关工委、中央国家机关工委、中国人民解放军总政治部、教育部、中国人民银行、国务院国有资产监督管理委员会：《关于进一步完善定点扶贫工作的通知》国开办发〔2015〕27 号，2015 年 8 月 21 日。
③ 《创新扶贫开发社会参与机制实施方案》（国开办发〔2014〕31 号）。

以来，中央企业在定点扶贫以及援疆、援藏、援青工作中已投入超过 70 亿元无偿援助资金。2015 年 9 月 22 日，国务院扶贫办、中组部等九个单位对定点扶贫结对关系进行调整后，参与定点扶贫的中央、国家机关和有关单位共 320 个，其中包含企业 126 家，占比 40%。2015 年 11 月中共中央、国务院印发的《关于打赢脱贫攻坚战的决定》，提出要"进一步加强和改进定点扶贫工作，建立考核评价机制，确保各单位落实责任。深入推进中央企业定点帮扶贫困革命老区县'百县万村'活动。完善定点扶贫牵头联系机制，各牵头部门要按照分工督促指导各单位做好定点扶贫工作"。

专栏 1 中央企业百县万村活动

目前，全国还有 14 个集中连片特困地区，832 个贫困县，12 万多个贫困村，到 2014 年底，全国还有 7017 万农村贫困人口。这其中，革命老区由于历史和地理等原因，一直是扶贫攻坚的重点和难点。针对上述问题，国资委和国务院扶贫办于 2014 年 10 月下旬印发通知，决定联合开展"中央企业定点帮扶贫困革命老区百县万村"活动。此项活动重点聚焦革命老区村的"三缺"（缺路、缺水、缺电）问题，活动期间，国资委动员定点扶贫涉及革命老区县的 68 家中央企业，加大对老区扶贫的投入力度，集中时间、集中力量、集中资金，加快实施一批小型基础设施项目，有效解决老区发展的现实困难。"中央企业定点帮扶贫困革命老区百县万村"计划实施三年，于 2017 年完成。在中央企业结对帮扶的国家扶贫开发工作重点县中，有 108 个革命老区县，下辖约 1.5 万个贫困村。百县万村活动，旨在组织动员结对帮扶贫困革命老区县的 68 家中央企业，计划用 3 年左右时间，紧紧围绕贫困革命老区的民生建设问题以及老区人民的迫切需求，重点瞄准老区部分贫困村"缺路、缺水、缺电"的薄弱环节，加大对老区扶贫的投入力度，加快实施一批村内道路（通组路、生产路和联户路等）、小型农田水利设施和生产生活用电等小型基础设施建设项目，有效解决制约老区发展的现实困难。

（摘编自人民网，2016 年 9 月 19 日）

随着中国民营企业的逐步发展壮大，其也作为一支独立的力量参与到扶贫事业中。其中最著名的是扶贫品牌"光彩事业"。随着中国的对外开放，一大批外资企业和合资企业也在中国日益发展壮大，多数世界 500 强企业都在中国建立了合资或独资企业。这些企业不仅带来了先进的技术和管理经验，在履行社会责任方面也带来了先进的理论，积极投入中国的扶贫事业。根据中国社会科学院发布的《2016 中国企业公益研究报告》，中国企业扶贫中国有企业依然是主要力量，但外资企业和民营企业也在快速发展，在企业公益指数前 20 名中，国有企业占 6 位，民营企业占 7 位，外资企业占 7 位。

在精准扶贫的新阶段，企业扶贫的责任更加重大，《创新扶贫开发社会参与机制实施方案》（国开办发〔2014〕31 号）要求，"国有企业是国民经济的骨干和命脉，要在扶贫开发中发挥带头作用。民营企业是社会扶贫的重要力量，要积极履行社会责任，参与扶贫开发。鼓励各类企业通过到贫困地区投资兴业、招工就业、捐资助贫、技能培训等多种形式，参加村企共建、结对帮扶等扶贫工作，促进贫困地区经济社会发展，带动贫困群众增收致富。各级国资委、工商联和扶贫部门要加强沟通协调，建立联系机制，做好支持、服务和宣传工作"。

专栏 2　光彩事业

　　1994 年 3 月，国家部署《国家八七扶贫攻坚计划》，1994 年 4 月 23 日，刘永好等十位非公有制经济企业家联名倡议《让我们投身到扶贫的光彩事业中来》，光彩事业由此而发起。1995 年 10 月 25 日，经民政部批准，中国光彩事业促进会正式成立。光彩事业是我国民营企业家响应《国家八七扶贫攻坚计划》所发起并实施的一项以扶贫开发为主题的事业。光彩事业是以扩大非公有经济人士和民营企业家为参与主体，包括港澳台侨工商界人士共同参加，它以自觉自愿、量力而行、互惠互利、义利兼顾为原则，将西部大开发作为重点，面向老少边穷地区和中西部地区，以项目投资为中心，开发资源、兴办企业、培训人才、发展贸易，并通过包括捐赠在内的多种方式促进贫困地区的经济发展和教育、卫生、文化等社会事业的进步，共谋利益，共享文明安乐，以先富带未富，促进共同富裕。光彩事业既体现了中华民族乐善好施的传统美德，又遵循了市场经济规律，同时顺应了国家扶贫战略。2001 年 11 月，王兆国同志在中国光彩事业二届二次理事会上，将光彩事业及其参与者的精神追求和价值取向概括为 32 字"光彩精神"：致富思源，富而思进，扶危济困，共同富裕，义利兼顾，德行并重，发展企业，回馈社会。

光彩事业围绕党和国家中心工作，先后参与了到老少边穷和中西部贫困地区投资开发、国企改革改组改造和安置下岗职工再就业、三峡库区移民和产业结构调整、国土绿化和生态治理、振兴东北等老工业基地、社会主义新农村建设等重大战略行动中，实施了农业产业化扶贫、生态建设扶贫、资源开发扶贫、医药卫生扶贫、智力开发扶贫、移民安居扶贫、招工就业扶贫、建设市场扶贫、公益捐助扶贫和国际援助扶贫等多项扶贫工程。从 2001 年起，光彩事业先后在三峡库区、井冈山、大别山、太行山、延安、新疆、西藏、宁夏、青海等地组织开展"光彩行"活动，为推动当地扶贫开发事业和经济社会发展做出积极贡献。光彩事业在救灾赈灾、捐助公益事业方面同样有突出表现，得到社会各方面的认可。据不完全统计，截至 2017 年 8 月，共开展 32 次"光彩行"活动，签约项目数 6144 个，辐射全国 16 个省（自治区、直辖市），光彩事业累计实施光彩事业项目 65672 个，合同项目投资额约 39650 亿元，接受捐赠 20.49 亿元。

2015 年 10 月 17 日，全国工商联、国务院扶贫办、中国光彩会正式发起"万企帮万村"行动。该行动以民营企业为帮扶方，以建档立卡的贫困村、贫困户为帮扶对象，以签约结对、村企共建为主要形式，力争用 3~5 年时间，动员全国 1 万家以上民营企业参与，帮助 1 万个以上贫困村加快脱贫进程，为促进非公有制经济健康发展和非公有制经济人士健康成长，打好扶贫攻坚战、全面建成小康社会贡献力量。《2016 中国 100 强企业社会责任指数年度报告（CICSR）》显示，同等规模的民营企业在社会责任方面优于国有企业，民营企业的社会责任履行状况逐年改善。2016 年 11 月发布的《2015 年度中国慈善捐助报告》显示，民营企业成为捐赠主力军，其捐赠额占企业年度捐赠总额的 52.24%，较国有企业高出 19.47 个百分点。

（摘编自中国光彩事业网、中国民生银行研究院《中国民营企业发展研究报告》）

40 年来，中国的各类企业在履行社会责任、投入扶贫事业方面做出了巨大的贡献，不论是资金、物资还是人力，贫困地区的经济、社会、教育、卫生和文化等各个方面都有企业扶贫的身影，很多企业组织专门的部门和人员为扶贫事业服务，还为扶贫做出了可持续的制度安排，如成立公益基金会，其中一些比较著名的企业基金会有：腾讯公益慈善基金会、阿里巴巴公益基金会、万科公益基金会、亿利公益基金会、香江社会救助基金会、顺丰公益基金会、泛海公益基金会、中国移动慈善基金会、中国华彬慈善基金会等。但是总的来看，企业在扶贫方面还有以下的不足。

一是企业扶贫缺乏长远的规划。有的企业只是为了完成短期任务或应付了事，多数企业只是派出一个挂职干部驻点，再给予一些资金和物资支持，没有把扶贫事业纳入企业的战略，也没有对扶贫事业做出长久的制度安排，如扶贫战略规划和年度计划等。

二是缺乏科学的扶贫机制设计。企业扶贫多数还是注重为贫困输血，扶贫工作主要集中在基础设施、硬件建设等方面，在造血方面还缺乏认真的研究和设计，有的企业扶贫只是简单地给钱、给物，反而助长了贫困地区的贫困文化。

三是在与政府和其他社会组织合作方面还存在不足。多数企业在扶贫过程中，只注重自身的投入和参与，缺乏与政府或其他社会组织的分工与协作，企业扶贫效率还有待提高。

四是企业扶贫的精准程度还有不足。尤其是在目前的精准扶贫中，如何使帮扶资源与建档立卡贫困户精准对接很多企业还做得不够。

以上各方面做得比较好的是恒大集团，其在毕节的整体扶贫工作成效显著。[①]恒大集团一改过去局部式、间接式、单一式社会帮扶为整县式、参与式、立体式、滴灌式社会帮扶，变间接帮扶为直接参与，直接投入人力、物力、财力亲自参与扶贫的全过程。不仅参与贫困户识别、贫困原因分析，还参与项目设计、项目施工、项目管理、后期发展等，直到整体脱贫。

（五）民主党派扶贫

包括各民主党派、工商联和无党派人士扶贫。这一扶贫形式即利用民主党派、工商联和无党派人士联系面广、人才智力富集等优势，通过定点扶贫、智力支边、光彩事业等形式，帮助贫困地区发展教育、科技、文化、卫生等社会事业，改善基础设施条件，促进特色优势产业发展。民主党派扶贫的历史也较长。1983 年 2 月 20~27 日，民主党派为少数民族地区四化建设服务的挂钩会议在北京举行。各民主党派与 9 个省区达成 150 项协议，2000 多名专家、学者参与"智力支边"[②]。"智力支边扶贫指的是民主党派发挥智力密集、人才荟萃、联系范围广、服务面宽的优势，通过科学技术的传播和智力的投入，为边远贫困地区经济的发展而采取的一种扶贫方式"。1986 年 8 月 29 日，西北五省区民建、工商联在新疆召开的工作会议提出，在"七五"期间，民建、工商联要进一步发挥自己的优势，做好支援少数民族地区经济发展和培养人才的工作。一是经济技术咨询工作，二是内引外联工作，三是工商专业培训，四是积极兴办工商企业。[③]各民主党派、工商联各级组织从 1988 年到 1993 年，

---

① 李培林、魏后凯主编《中国扶贫开发报告（2017）》，社会科学文献出版社，2017。
② 国务院扶贫开发领导小组办公室、国务院扶贫开发领导小组专家咨询委员会：《中国农村扶贫大事辑要》（1978~2000 年）（内部资料），第 39 页。
③ 国务院扶贫开发领导小组办公室、国务院扶贫开发领导小组专家咨询委员会：《中国农村扶贫大事辑要》（1978~2000 年）（内部资料），第 76 页。

为贫困地区和少数民族地区举办培训和讲座6000多次，培训各类人才63万多人，还兴办了一批各类学校，累计派出专家、学者、科技人员3.6万人，提供各类咨询服务、协助开发项目2.7万多项，引进16亿多元，4000多万美元，引进技术700余项，为贫困地区的经济发展做出了显著的贡献。[1]

1988年，国务院批准建立由各民主党派中央、全国工商联联合支边扶贫的毕节开发扶贫、生态建设试验区，各大民主党派和工商联分别在毕节地区八个县市建立扶贫联系点，提出了不脱贫不脱钩。从毕节试验区筹建开始，8个民主党派中央、全国工商联、中央国家机关多个部委和试验区专家顾问组长期参与试验区建设，副部级以上领导200多人次深入毕节市考察指导工作，组织572批6090人次的专家学者、企业家赴毕节试验区考察指导工作，促成重大项目1100个，引进各类资金1900多亿元，组织培训各类人才32.9万余人次，新建或改扩建各类学校近200所。2009年北京"4·14"会议[2]后，组织实施"同心工程"，投入2.7亿元建成9个"同心新村"，涉及项目1242个，完成投资648.12亿元，培训各类人才25万余人次。2010年，国务院扶贫办、农业部等17个部门和单位启动"威宁试点"，开展有针对性的政策支持和项目扶持，2014年威宁实现了省内整县"减贫摘帽"。随着形势的发展，统战部组织协调东部北京、天津、河北、辽宁、上海、江苏、浙江、福建、山东、广东10省（市）党委统战部门，携手对口帮扶毕节的深圳市，长期坚持不懈地参与支持试验区建设，形成了各民主党派中央、全国工商联和中央有关部委参与，凝聚各方力量长期支持，实现多重优势叠加，统一战线服务贫困山区科学发展的"毕节模式"[3]。

---

[1] 国务院扶贫开发领导小组办公室，国务院扶贫开发领导小组专家咨询委员会：《中国农村扶贫大事辑要》（1978~2000年）（内部资料），第248页。

[2] 2009年4月14日，统战部牵头组织在北京隆重召开了各民主党派中央、全国工商联参与毕节试验区建设座谈会和支持毕节试验区建设工作研讨会，时任中共中央政治局常委、全国政协主席贾庆林出席会议并做了重要讲话。

[3] 贵州省委政研室、省扶贫办联合调研组：《毕节试验区扶贫开发情况调研报告——勇闯贫困地区全面小康建设新路》。

专栏 3　同心工程

同心工程是中共中央统战部及各民主党派，以时任总书记胡锦涛提出的"思想上同心同德、目标上同心同向、行动上同心同行"为宗旨，齐心协力帮助贵州毕节试验区开展的扶贫行动。始自 2009 年，目前已广泛推广到多数贫困地区，成为民主党派和统一战线服务社会、扶贫济困的著名品牌。在贵州毕节地区，同心工程包括以下四方面内容。

（1）"同心·智力支持工程"，包括以下 6 个项目：职业教育和劳动力转移培训项目，完成 5000 人职业教育和劳动力转移培训。农工党中央帮扶毕节职业教育发展。全国工商联投入 20 万元开展招工扶贫；其他人才培训项目。包括教师培训、医卫人员培训、基层干部培训、技术人才培训；开展农村实用技术指导项目；远程教育帮扶项目；参与论证发展规划项目；调研成果转化项目。

（2）"同心·改善民生工程"，包括以下 9 项：援建小水窖项目，包括援建赫章县 1.28 万个"同心水窖"，全部解决 5.1 万特困群众的饮水问题等；集中供水工程项目；农村沼气建设项目；新农村卫生室项目，包括中华海外联谊会筹集资金 650 万元，援建"海联·同心新农村卫生室"130 所等；白内障患者免费手术项目；农业综合开发项目，中央统战部协调南京爱德基金会投入资金 1000 万元在赫章县实施第三期农业综合开发计划项目；资助贫困学生项目；援建学校项目。包括中央统战部协调谭兆慈善基金投资 1000 万元用于赫章县学校改建扩建工程等；招商引资项目。

（3）"同心·生态建设工程"，包括以下 3 项：生态资源科学利用项目；环境工程技术推广项目；环境保护研究项目。

（4）"同心·示范带动工程"，包括以下 5 项：大学生创业示范项目；农民增收示范项目；新农村建设示范项目；扶贫产业发展项目；特色旅游村示范项目。

"同心工程"是作为统一战线参与毕节试验区建设的创新举措，凝聚各方力量共同推进试验区建设的重要载体，充分发挥了统一战线的优势，有效地调动了各方面的积极性和资源，并提供了实践平台。"同心工程"还与光彩事业基金会合作，设立"同心光彩助学基金"共 500 万元，专项资助毕节地区贫困大学生。后来又相继成立"同心光彩慈善基金""同心光彩事业基金"等。

近 40 年来，民主党派扶贫在中国的扶贫事业中发挥了独特的作用，从民主党派自身实力看，民主党派缺乏资金、物资和人力资本的直接投入，但是民主党派充分发挥了组织资源丰富、智力资源丰富的优势，通过外引内联，在组织和动员企业扶贫、社会组织扶贫、公众个人参与扶贫等方面起到了巨大的作用，尤其是在产业、教育、卫生、文化等方面的扶贫，为提高贫困地区的卫生教育水平和文化事业做出了重大贡献。

目前，在精准扶贫、精准脱贫攻坚战中，民主党派等不仅继续参与扶贫，还成为脱贫攻坚工作的监督、考核和评估的重要力量，2015 年 10 月，国务院办公厅发布的《关于调整国务院扶贫开发领导小组组成人员的通知》称，根据工作需要和人员变动情况，国务院对国务院扶贫开发领导小组组成人员做了调整，中央统战部等 9 个成员单位"入列"。2016 年 6 月，中共中央又赋予民主党派一项新任务，即与国务院扶贫办共同牵头协调各民主党派中央开展对口省份脱贫攻坚民主监督工作。重点就贫困人口精准识别、精准脱贫，贫困县摘帽，落实脱贫攻坚责任制，重大政策措施执行，扶贫资金项目管理使用等情况开展民主监督。

各民主党派中央分别对口支援 8 个中西部省份的具体情况分别为：民革对口贵州、民盟对口河南、民建对口广西、民进对口湖南、农工党对口云南、致公党对口四川、九三学社对口陕西、台盟对口甘肃。一年多来，各民主党派中央深入了解脱贫攻坚工作实际，协助总结各地经验和做法，认真发现存在的困难和问题，已提出了一系列的监督性意见和建议。

（六）社会组织扶贫

中国自古以来就有民间组织进行扶危济困的传统。如同乡会、行业协会、宗族组织等。改革开放以来，社会组织扶贫这一传统得到了迅速的恢复与发展。1981 年 7 月 28 日，中国儿童少年基金会（以下简称中国儿基会）成立，这是新中国成立后的第一个国家级公募基金会，隶属于全国妇联。1988 年，我国颁布了《基金会管理办法》，这是我国第一部关于基金会的立法。该管理办法第一次通过立法的形式明确了基金会的法律性质和法律地位。此后，各种基金会相继成立。1988 年，中国妇女发展基金会成立，1989 年中国青少年发展基金会和中国贫困地区发展基金会（1990 年 3 月改为中国扶贫基金会）成立。中国扶贫基金会是全国首家全国性的非营利的民间扶贫社团，是独立的社会团体法人。此后，尤其是进入 20 世纪 90 年代后，各种社会组织尤其是以扶贫为目的的社会组织在中国得到了快速发展。

目前，社会组织在中国可以为分三类：分别是社会团体、民办非企业单位、基金会等社会组织均被视为非政府组织。这些组织都不以营利为目的，既有别于政府部门的行政性特征，也不同于企业组织的逐利性本质，它们介于"政府"与"企业"之间，一般具有正式的组织形式，具有一定的民间性、自治性、非营利性等特征或这些属性的某些方面。其中，社会团体是由我国公民自愿组成，为实现会员共同意愿，按章程开展活动的非营利性社会组织；民办非企业单位（也称社会企业）是由企事业单位、社会团体和其他社会力量以及公民个人利用非国有资产举办的，从事非营利性社会服务活动的社会组织。这种机构由于是由民间主办的，少有或没有政府的财政支持，为了维持自身的运转，它们在开展活动时必须向服务对象收取一定的费用，但其收入余额不能在组织成员与理事会之间进行分配，这种有偿服务与企业所追求的利润最大化是有本质区别的；基金会是指利用自然人、法人或者其他组织捐赠的财产，以从事公益事业为目的，按照基金会管理条例成立的非营利性法人。基金会又分为公募基金会与非公募基金会。截至 2016 年底，全国共有社会组织 70.2 万个，吸纳社会各类人员就业 763.7 万人，接收各类社会捐赠 786.7 亿元；全国共有社会团体 33.6 万个；各类基金会 5559 个，其中：公募基金会 1730 个，非公募基金会 3791 个；民政部登记的基金会 245 个（其中：涉外基金会 9 个、境外基金会代表机构 29 个）。公募基金会和非公募基金会共接收社会各界捐赠 625.5 亿元；全国共有民办非企业单位 36.1 万个。①

目前在国内，比较著名的社会组织有中国扶贫基金会、中华慈善总会、中国光彩事业促进会、中国青少年发展基金会、中国妇女发展基金会、中国儿童少年基金会、中国扶贫开发协会、中国人口福利基金会、中国宋庆龄基金会、北京富平学校、友成企业家扶贫基金会等。这些扶贫组织都有各自的扶贫特色，形成了一些具有广泛影响力的扶贫活动品牌。如"希望工程""春蕾计划""小额信贷""康复工程""大地之爱·母亲水窖"等。

非政府组织在扶贫活动中的作用不仅得到了全社会的认可，也得到了中国政府的认可。在 1994 年发布的《国家八七扶贫攻坚计划》中就指出，"要充分发挥中国扶贫基金会和其他各类民间扶贫团体的作用""积极开展同扶贫有关的国际组织、区域组织、政府和非政府组织的交流，让国际社会和海外华人了解我国贫困地区的经济发展状况和扶贫工作"。中国政府在《中国农村

---

① 民政部：《2016 年社会服务发展统计公报》，民政部门户网站，2017 年 8 月 3 日。

扶贫开发纲要（2001—2010 年）》中明确提出，"政府部门要积极创造条件，引导非政府组织参与和执行政府扶贫开发项目"，就说明了非政府组织的扶贫贡献已引起了中国政府的重视。

在精准扶贫新时期，中央要求"推动社会组织积极参与扶贫开发。加强对社会组织开展扶贫活动的信息服务、业务指导和规范管理，开展政府购买服务试点，鼓励社会组织承接政府扶贫项目，创新扶贫方式，打造优秀扶贫公益品牌"。为了鼓励和引导社会组织扶贫，国务院扶贫开发领导小组还专门出台了《国务院扶贫开发领导小组关于广泛引导和动员社会组织参与脱贫攻坚的通知》（国开发〔2017〕12 号），提出："社会组织是我国社会主义现代化建设的重要力量，是联系爱心企业、爱心人士等社会帮扶资源与农村贫困人口的重要纽带，是动员组织社会力量参与脱贫攻坚的重要载体，是构建专项扶贫、行业扶贫、社会扶贫'三位一体'大扶贫格局的重要组成部分。参与脱贫攻坚，既是社会组织的重要责任，又是社会组织服务国家、服务社会、服务群众、服务行业的重要体现，更是社会组织发展壮大的重要舞台和现实途径。"明确了社会组织参与脱贫攻坚的六个重点领域：分别是产业扶贫、教育扶贫、健康扶贫、易地扶贫搬迁、倡导志愿服务、其他方面的扶贫（就业扶贫、基础设施建设、政策建议、第三方评估、科技扶贫、生态修复和环境治理等）。

专栏 4　希望工程

希望工程成为中国社会扶贫 40 年来启动最早、规模最大、参与最广、成效最为显著的社会公益事业。1989 年 3 月，共青团中央发起成立了中国青少年发展基金会，简称"中国青基会"。中国青基会是全国性公募基金会，其面向公众募捐的地域是国内以及许可中国青基会募捐的其他国家和地区。中国青基会的使命是：通过资助服务、利益表达和社会倡导，帮助青少年提高能力，改善青少年成长环境。多年来，基于共同使命、共同价值观、共同的道德标准及共同行动，中国青基会与全国 37 家地方青基会形成全国青基会共同体。中国青基会于 1989 年 10 月发起实施希望工程，希望工程是我国社会参与最广泛、最富影响力的民间公益事业。截至 2016 年，全国希望工程累计接受捐款 129.5 亿元，资助学生 5536000 名，援建希望小学 19388 所。[①] 希望工程筹集公益善款额度之高，救助贫困学生、援建学校之多，不但是中国公益史，也是世界公益史上的奇迹。

2005 年，我国政府开始在农村地区全面实施"两免一补"，并逐步向城市拓展，希望工程最初要让农村穷孩子读得起书的愿望完全实现，某种程度上说，希望工程的使命已经完成。2007 年 5 月 20 日，中国青基会对外宣布希望工程全面升级，将对学生的"救助"模式拓展为"救助—发展"模式。根据受助对象的需求，学生资助方面主要是动员社会力量，继续为家庭经济困难学生提供助学金，让莘莘学子圆上学梦的同时，更加关注贫困学生的自我发展能力的提高，通过物

---

① 中国青基会网站。

质、精神多方面的持续扶持，帮助受助学生学会自助助人。在原有助学金等经济资助项目的基础上，希望工程面向所有受助学生设计开发了勤工俭学、社会实践等能力资助项目；同时增加了优秀大学毕业生到希望小学担任希望教师的志愿服务项目，为大学生及社会爱心人士参与公益活动提供了新的平台。目前，希望工程的资助对象已经扩展到进城务工农民工子女、农村贫困地区家庭经济困难的中学生、中等职业技术学校的学生和大学生。希望工程的动员和服务方式也从单一的资金资助发展到"资金资助+勤工俭学+公益实践"以及心理援助、社工服务等多元化格局。

希望工程实施以来，以协助政府普及九年义务教育和扶贫攻坚为宗旨，坚持"雪中送炭"的原则，通过救助因家庭贫困而失学的儿童继续小学学业，建设希望小学等措施，提高了贫困地区小学适龄儿童的入学率、巩固率、升学率，降低了辍学率，改善了办学条件，提高了办学质量，成效显著。希望工程促进了我国农村贫困地区基础教育事业的发展，开辟了一条动员社会力量协助政府办教育的新路子。

希望工程的价值表现在三个方面：从经济价值看，希望工程提高了社会再分配的公平性。据康晓光的调查，"希望工程"每支出100元，按不同的转移方向计算，有89.8元从城市转移到农村，有87.7元从中高收入地区转移到低收入地区，有88.2元从中高收入阶层转移到低收入阶层，有大约36.7元从海外转移到中国大陆的贫困地区，30年来，可以推算仅"希望工程"一项实现的收入第三次分配就是一个巨大的资金量；从教育价值看，资助学生553.6万名，援建希望小学 19388 所，使数百万失学儿童重返校园，阻断了上百万贫困家庭因教育不足导致的贫困的代际传递；从精神价值来看，参与希望工程使人们的心灵得到净化，使人与人的关系更加和谐、美好。

（摘编自中国青少年发展基金会网站：http://www.cydf.org.cn/）

（七）社会个人扶贫

中国民族素有守望相助、义利兼顾的美德，个人互助也一直是中国民间的传统。但是在计划经济体制下，个人的权利被限制，这一传统几乎中断。自中国改革开放以来，随着个人权利的释放和觉醒，这一美德也迅速恢复。在最早的东西部协作扶贫中，就有个人扶贫的身影。1986 年 11 月 1 日，国务院办公厅发出转发《民政部关于在全国大中城市募集多余衣被支援贫困地区的请求》的通知，这项募集活动在每年秋季进行，由各省、市、自治区统一安排。[1] 这是社会公众首次大规模介入扶贫活动。此后，基本上每年民政部都会组织相关的活动，并得到了广大群众的积极参与和支持。1996 年，根据中共中央办公厅、国务院办公厅《关于转发民政部、国务院扶贫开发领导小组关于在大中城市开展经常性捐助活动支援灾区、贫困地区的意见的通知》精神，提出自当年起每年的 4 月和 10 月定为"扶贫济困送温暖捐赠月"，募

---

[1] 国务院扶贫开发领导小组办公室、国务院扶贫开发领导小组专家咨询委员会：《中国农村扶贫大事辑要》（1978~2000 年）（内部资料），第 80 页。

捐的物资由每个城市和每个机关单位发放给对口帮扶贫困地区。

中国的个人扶贫一开始表现为捐赠物资和资金,随着经济发展和社会进步,个人开始参与到扶贫等社会实践中去,参与扶贫和公益活动的志愿者也大量出现。截至 2016 年底,全国共建立经常性社会捐助工作站、点和慈善超市 2.9 万个（其中慈善超市 8966 个）。全年共接收社会捐赠款 827.0 亿元,比上年增长 26.4%,其中民政部门直接接收社会各界捐款 40.3 亿元,各类社会组织接收捐款 786.7 亿元。全年各地民政部门直接接收捐赠物资价值折合人民币 7.4 亿元,捐赠衣被 6638.3 万件。间接接收其他部门转入的捐赠物资折款 1.4 亿元,社会捐款 5.9 亿元,衣被 488.0 万件。全年有 1165.8 万人次困难群众受益。全年有 931.0 万人次在社会服务领域提供了 2522.6 万小时的志愿服务。[①]

除了普通民众的捐赠和志愿参与外,还有一些名人和公众人物也积极参与到公益和扶贫中,成立了个人慈善公益基金,并形成了一些个人公益慈善品牌。自 2006 年起,中国社会协会每年都公布中国慈善排行榜,企业家和明星一般都是这个榜单上的常客。

社会个人扶贫都是在个人志愿、自由基础上的行为,个人扶贫的快速发展充分体现了中国改革开放 40 年来中国个人财富的迅速增长、个人权利的解放和个人社会责任的觉醒。

（八）国际组织扶贫

消除贫困是全世界共同的任务。我国自扶贫开始,就加强扶贫领域的国际交流与合作。1987 年 2 月 24 日,国务院贫困地区经济开发领导小组的第四次全体会议议定:"有计划、有准备地引进和利用外资。国家计委帮助立项,财政部从利率上给予优惠。"[②]自中国开始扶贫事业以来,很多国际组织和国际

[①] 民政部:《2016 年社会服务发展统计公报》,民政部门户网站,2017 年 8 月 3 日。

[②] 国务院扶贫开发领导小组办公室、国务院扶贫开发领导小组专家咨询委员会:《中国农村扶贫大事辑要》(1978~2000 年)(内部资料),第 89 页。

NGO 组织进入中国帮助中国的扶贫事业，其中比较著名的有：联合国开发计划署、联合国儿童基金会、联合国粮农组织、世界粮食计划署、国际农发基金、世界卫生组织、世界银行、亚洲开发银行等国际组织和盖茨基金会、乐施会、国际美慈、香港小母牛等境外非政府组织。1985~2000 年，国际组织和外国政府对我国的扶贫援助项目，投资总额达 14 亿多美元。特别是世界银行与我国政府合作的西南、秦巴山、西北三大扶贫工程，总投资 6.1 亿美元，这些工程覆盖 9 个省（区）的 91 个贫困县，800 万贫困人口。此外，联合国开发计划署和其他国际组织、外国政府、非政府组织都以多种形式与我国在扶贫领域开展了广泛的交流与合作。[①]

在参与中国扶贫事业的国际组织中，最重要的国际组织是世界银行，中国自 1980 年 5 月恢复在世界银行集团（以下简称世行集团）的合法席位以来，世行集团一直与中国保持着良好的合作关系，在贷款合作、知识合作和国际发展合作三个方面成果显著。世界银行第一次进入中国是在 1981 年，当时，世界银行向中国提供总额为 2 亿美元的优惠贷款，用于支持中国 25 所理工大学的设备更新，以及为中国学生赴国外深造提供奖学金。此后，世界银行在中国的业务很快进入了高速发展时期。到 2010 年 6 月 30 日，对华贷款承诺总额约 478 亿美元，共支持建设了 326 个项目。中国是世行第 4 大借款国，排在巴西、墨西哥和印度之后。世行对华项目贷款遍及我国内地除西藏之外的省、自治区、直辖市，主要集中在交通（30.38%）、农业（23.61%）、城建和环境（15.57%）、能源（15.35%）、工业（6.35%）、教育（3.88%）、卫生（2.05%）等领域。近 40 年来，世行贷款不仅弥补了我国经济建设和社会发展所需的资金，而且在推动我国制度创新、技术创新等方面也发挥了明显的作用。在扶贫领域，世行也为中国引入了国际先进的扶贫理念和方法，对中国扶贫政策和体制机制的完善起到了重要的促进作用。例如，通过世行贷款引进的竞争性招标机制、工程师监理制度、业主负责制已成为我国重大工程项

---

① 国务院扶贫开发领导小组办公室，国务院扶贫开发领导小组专家咨询委员会：《中国农村扶贫大事辑要》（1978~2000 年）（内部资料），第 13 页。

目的标准做法；通过世行项目引进的供水、污水收费制度已在全国推行，为我国水资源的可持续发展提供了基础；通过世行项目率先试点的区域卫生资源规划、医疗扶贫基金等为我国卫生体制改革与发展提供了宝贵的经验。

其次是亚洲开发银行，中国在 1986 年加入了亚洲开发银行，并成为亚行硬贷款的第二大借款国，技术援助赠款的第一大使用国。早期，亚行集中于援助中国东部沿海地区的金融机构和国有企业，20 世纪 90 年代以后，则集中在为中国中西部地区改善基础设施，保护环境和进行自然资源管理。自 1986 年以来，亚行已向中国提供 329 亿美元的主权贷款，以及 34 亿美元的私营部门业务贷款。亚行通过促进包容性经济增长、保持环境可持续发展以及促进区域和南南合作，支持中国的改革进程。

随着国内社会组织的快速发展，国际非政府组织也在中国纷纷建立了分支机构。自 20 世纪 80 年代起，国际非政府组织在中国发展快速，每年的总投资额约为 2 亿美元。在中国开展扶贫项目的国际非政府组织中比较有影响的包括世界宣明会、国际行动援助、英国救助儿童会、福特基金会、救世军、爱德基金会等组织——它们不仅给当地带来资金和技术，更重要的是带来观念、知识，以及解决贫困和各种社会问题的思路。据不完全统计，目前在我国长期活动的境外非政府组织有 1 万个左右，每年通过境外非政府组织流入我国的活动资金达数亿美元，其活动范围涉及扶贫、助残、环保、卫生、教育等 20 多个领域。以国际 NGO 最活跃的云南省为例，21 世纪初期，国际组织贡献较大。根据云南省国际民间组织促进会《境外非政府组织发展及管理研究》的统计，国际 NGO 在滇的项目资金投入 2003 年是 3200 万元，2004 年是 5300 万元，2005 年是 8600 万元，2006 年达到 1.2 亿元。

但是这些国际非政府组织的活动长期以来处于无法可依的状态。在 1 万多家非政府组织中，在民政部注册登记的不超过 100 家。2017 年 1 月 1 日，《境外非政府组织境内活动管理法》（以下简称《境外法》）正式实施，是我国首部规范境外非政府组织在中国境内活动的法律。一年来，共有 259 家境外非政府组织登记了 305 家代表机构，另有 224 家境外非政府组织备案了 487 个临时活动。其中，305 家代表机构中总部来自美国的机构最多，而 487 个临时活动则大量由来自中国香港的机构进行备案。[①]

三　社会扶贫在中国扶贫中的地位和作用

历经 40 年的发展，中国社会扶贫在中国扶贫事业中发挥了巨大的作用，其地位也越来越重要。主要表现在以下几个方面。

（一）弥补了政府投入的不足，支持了贫困地区的经济和社会发展

虽然政府主导一直是中国扶贫工作的主要模式，而且在资金投入中，也以政府投入的资金为主，但自 20 世纪 90 年代以来，社会扶贫形式开始发力，在扶贫领域投入大量资金和人力。"八七扶贫攻坚"期间，社会组织投入的扶贫资金总量达 526.3 亿元，占扶贫总投入的 28%。其中，中央定点扶贫 54.7 亿元，地方定点扶贫为 99.5 亿元，对口扶贫 12.4 亿元；非政府组织扶贫 167 亿元，外资扶贫 192.7 亿元。"十五"期间，社会组织投入的扶贫资金总量为 610.56 亿元，占扶贫总投入的 28.7%。其中，对口扶贫 49.46 亿元，中央定点扶贫 66.2 亿元，省地定点扶贫 194.4 亿元，非政府组织扶贫 184.5 亿元，外资扶贫 116 亿元。[②]2014 年，贫困地区县级扶贫资金共 1420.9 亿元，非政府资金 433.1. 亿元，占 31%，其中，国际资金 3.6 亿元，其他资金 429.5 亿元。

以西藏为例，自改革开放以来，中央共召开了四次西藏工作座谈会（第一次西藏工作座谈会于 1980 年召开），对口支援西藏就是其中重要内容。对口支援西藏措施的实施为西藏经济社会发展注入了活力，有力地推动了西藏的扶贫和脱贫事业。对口援藏基本上体现了社会扶贫的全部内容，即包括东西部协作扶贫、中央单位定点扶贫、企业扶贫、军队和武警扶贫、社会组织

---

① 北京师范大学公益研究院：《〈境外非政府组织境内活动管理法〉一周年实施进展分析报告》，北京师范大学中国公益研究院网站，http://www.bnu1.org，2018 年 1 月 4 日。
② 李周：《社会扶贫的作用与趋势的思考》，2009 年 11 月 18 日。

扶贫、社会个人扶贫等，形成了对口援藏体系。对口援藏的主要形式有：经济援藏、干部援藏、人才援藏、就业援藏、科技援藏和金融服务援藏。

到 2009 年，共有 18 个省市、61 个中央国家机关和 17 家央企派出大量援藏干部到西藏工作，累计投入对口援藏资金 128.19 亿元，安排援藏项目 6300 余个，选派 3747 名援藏干部进藏工作。西藏地区在"十五"期间共完成扶贫开发资金 15.18 亿元（中央 12.7 亿元，西藏 2.48 亿元），"十一五"时期共完成 17 亿元（中央 13.4 亿元，西藏 3.6 亿元），合计 32.18 亿元[①]，而对口援藏的资金合计 128.19 亿元，远超过中央和地方的政府扶贫投入。这说明在西藏扶贫事业中，社会扶贫起到了至关重要的作用。

（二）社会扶贫与专项扶贫和行业扶贫形成分工与合作

经过 40 年的发展，中国的社会扶贫模式日益完善，与专项扶贫和行业扶贫形成了既有分工又有合作的关系，成为中国扶贫成就的重要组成部分，构建了三位一体的立体化扶贫网络。从分工看，专项扶贫主要解决的是全局性的、普遍性的、大面积的贫困问题，注重的是贫困地区和贫困人口的收入贫困问题；行业扶贫注重解决的是贫困地区的基础设施和公共产品的供给问题；而社会扶贫注重的是多维贫困中除了经济以外的其他维度的贫困，如卫生、健康、疾病、文化、教育、妇女、儿童等方面的贫困。多年来，涉及上述方面的社会扶贫已经深入人心，并形成了一些著名的扶贫公益品牌，如"母亲水窖""希望工程""希望小镇""母婴健康快车""大爱清尘"等。众所周知，贫困问题往往不是单一的原因造成的，而是多因素作用的结果，即多维贫困，政府扶贫和行业扶贫不可能覆盖所有的贫困原因，因而不可能从根本上消除贫困的根源，而社会扶贫的积极参与，就与专项扶贫、行业扶贫结合在一起覆盖了贫困的各个维度，能够从整体上综合性地解决贫困问题。这三大支柱的分工与合作是中国取得世界瞩目的扶贫成就的重要原因。

---

① 白玛朗杰主编《中国西藏农村扶贫开发报告 2011》，西藏藏文古籍出版社，2012，第 37 页。

专栏 5　毕节模式

　　毕节是贵州乃至全国最贫困的片区之一，1988 年由国务院批准建立毕节扶贫开发和生态建设试验区。近 30 年来，毕节试验区实现了两个跨越，第一个跨越是生产总值的大幅跃升。从 1988 年到 2014 年，生产总值增加了 53 倍，城镇化水平从 6% 提升到 33.9%，农民年均纯收入从 226 元增加到 6223 元，贫困人口减少了 522 万人，人民生活质量和水平大幅提升。第二个跨越是实现了生态环境从不断恶化到明显改善。森林覆盖率从 14.9% 提高到 46.23%，治理石漠化面积 2406 平方公里、水土流失面积 9060 平方公里，人与自然环境矛盾突出的问题得到基本解决。这"两个跨越"，突破了毕节发展严重滞后、生态环境日益恶化的"恶性循环"，实现了综合经济实力和人民生活水平的大幅上升。其基本经验就是专项扶贫与行业扶贫和社会扶贫的分工和合作。专项扶贫和行业扶贫负责产业开发、基础教育、人居环境改善、基础设施建设等基本面贫困的改善，民主党派扶贫、东西部协作扶贫、相关部委的定点扶贫、企业扶贫以及省内的对口扶贫则侧重人才引进、技术更新、卫生优化、干部培养、机制创新、项目引进、就业培训等社会文化方面的扶贫。除了前文介绍过的民主党派扶贫外，在定点扶贫方面，毕节有 20 名市领导 110 个市直单位定点帮扶 20 个一类乡镇，232 名县级干部 765 个县区直部门帮扶 153 个二、三类乡镇，实现 173 个贫困乡镇帮扶全覆盖。全省 13160 名干部组建 2599 支驻村工作组，同时明确 60175 名干部参与结对帮扶，做到"一村一工作队、一户一责任人"。采取党政干部到难村、政法干部到乱村、经济干部到穷村、年轻干部到强村、专业干部到产业村、离退休干部回原村的"六类干部到六类村任职"方式，从县直以上机关事业单位选派了1998名干部担任村"第一书记"；在东西部协作扶贫方面，深圳市共支持毕节市项目资金2亿余元，实施项目300余个；在企业扶贫方面，恒大集团、盘江集团、金元集团结对帮扶大方、赫章、纳雍三个县区。特别是恒大集团，三年时间投入扶贫资金30亿元，通过产业扶贫、易地搬迁扶贫、吸纳就业扶贫、发展教育扶贫和特殊困难群体生活保障扶贫等一揽子综合措施，帮助大方县2018年整县脱贫，在全国创下了企业扶贫最高投入纪录，树立了企业扶贫的标杆。目前，恒大集团又继续投入80亿元，对毕节全市实行整体帮扶。此外，还组织实施"千企帮千村"活动，组织735个企业帮扶769个贫困村。组织引导社会力量参与。组织引导社会组织、个人等社会力量参与，动员14.6万名志愿者、4500名春晖使者参与扶贫工作，构建社会扶贫信息平台，推动扶贫供给与需求有效对接，提高社会扶贫资源配置与使用效率。

毕节模式的成功充分说明了即使是深度贫困地区，也能通过广泛有效的综合扶贫手段实现脱贫并走向小康。

（摘编自贵州省委政研室、省扶贫办联合调研组，《毕节试验区扶贫开发情况调研报告——勇闯贫困地区全面小康建设新路》；李静、韩缙:《政企合力整体脱贫攻坚的典范——恒大集团整体帮扶大方县案例研究》，《中国扶贫开发报告（2017）》，社会科学文献出版社，2017）

（三）在某些方面社会组织扶贫比政府扶贫体现出更大的优势

中国的扶贫开发一直由政府主导，以政府投入资金进行财政扶持为主要方式，但这种方式越来越显示其局限性。一方面，政府资金有限，中国的贫困人口所在区域广、人口多，财政扶持往往力有未逮。另一方面，政府的扶贫资金在实际使用中存在漏出或投入无效的问题，甚至有贪污、挪用的情况。此外，随着中国贫困人口的大幅减少，使剩余贫困人口完全脱贫的工作变得更加艰难，剩余贫困人口所处环境和发展条件千差万别，由 GDP 增长所带来的溢出效应在不断衰减。因此，今后的扶贫开发应因地制宜地开展，在这方面，社会组织有独特的优势。根据社会组织 40 年来的扶贫实践和经验看，与政府主导的扶贫开发相比，社会组织扶贫在以下几个方面比政府扶贫更具有优势。

1. 对扶贫对象的目标瞄准率高

从扶贫对象上看，社会组织的扶贫对象主要是社会中的特殊弱势群体，例如残疾人、妇女、儿童等，而且具有瞄准性。虽然中国政府一直强调扶贫要瞄准贫困群体，但是事实上，多数时间政府的扶贫行为在瞄准机制上做得并不好，中国近 40 年来在扶贫中所取得的成就，更多地来自经济增长所产生的"涓滴效应"，而这种效应随着贫困群体的区域分散性、剩余人口人力资源的匮乏性问题日益突出而下降。而社会组织的扶贫行动能很好地弥补这一缺陷。

2. 社会组织提供了一条渠道，使贫困问题被外界社会所认识了解

例如，为大众所熟知的"希望工程"使民众、政府开始关心中国基础教育，也开始关心中国的贫困问题。又如，贫困问题往往被简单地理解为收入问题，但是通过非政府组织的一些工作，隐藏在贫困问题背后的诸多问题被揭示出来，例如教育问题、卫生问题、环境问题等，从而有助于人们加深对贫困问题和扶贫策略的理解。

3. 社会组织在扶贫中表现出了相当的创新能力

能够创新性地探索扶助最贫困人口的新模式，也促进了政府扶贫效率的

提高。例如，中国扶贫基金会的贫困农户"自立工程"、中华慈善总会的"慈善雨水积蓄工程"、中国妇女基金会的"大地之爱·母亲水窖"工程等项目运作的成功，也证明了社会组织是扶贫制度创新的重要力量。此外，如中国社会科学院农村发展研究所扶贫社等非政府组织引进的"小额信贷"和"农户联保"等金融产品的创新，不仅为中国扶贫领域的制度创新做出了贡献，而且为整个中国农村金融制度的创新做出了贡献。另外，小额信贷的成功还证明了在扶贫工作中，可以采取市场化的思路和机制，全面提高资金的使用效率。

4. 社会组织的扶贫效率较高

社会组织从事的扶贫工作往往采用项目管理方式，在资金运用和人员安排上具有私营部门一样的成本控制和效率考虑，因而，在资金使用和操作层面比政府部门具有更高的效率。另外，社会组织之间又存在竞争，竞争不仅有利于加强效率，也有利于加强对社会组织的监督。由于政府在公共物品和公共服务领域中处于垄断地位，这就决定了政府在提供服务时必然处于优势地位，从而造成政府供给的低效率和低水平。社会组织还可以充分利用其自有的专家和技术知识优势，在扶贫事务上提供技术和管理方面的咨询，促使政府有效地提高扶贫的效率和质量。

5. 社会组织往往是弱势群体的代言人

从社会组织的构成来看，由于其工作人员是基于共同的兴趣、目标或者爱好，志愿组建而成，工作人员之间没有利益冲突，而具有为某一共同的公益型目标奉献的理想和抱负，他们愿意为扶贫事业投入全部的精力，愿意贴近民众，并成为弱势群众的代言人。社会组织具有公益性，这有利于其在社区和社会基层开展工作，贫困群体作为弱势群体，一般是以分散的个体形式广泛分布于社会的各个底层，社会组织在社区的扶贫工作，一方面可以将这些弱势群体组织起来，培养他们独立互助的精神，促使他们参与到消除贫困的过程中来；另一方面可以将分散的弱势群体整合起来，形成合力，从而参与到决策过程中，加入社会经济发展计划的制订和实施中。社会组织具有的作为贫困群体代言人和坚强后盾的特点，使其可以发挥更大作用。

（四）社会扶贫中的一些创新方式方法已上升为国家政策

40 年来，社会扶贫不仅在数量上提升，在规模上扩大，更在扶贫机制和扶贫方式上不断吸收国内外的先进经验，进行不断的创新。这些创新不仅提高了扶贫的效率，还为政府扶贫政策的创新和进步做出了贡献。这里主要列举四个方面的创新。

1. 小额信贷

1994 年 2 月 10 日，中国社会科学院农村发展研究所与河北易县共同建立"扶贫经济合作社"试点项目，进行小额信贷扶贫到户的试验。该项目结合实际，借鉴孟加拉国"乡村银行"经验，探索解决贫困农户获贷难和还贷率低的问题。该试验逐步发展到河南虞城、南召和陕西丹凤县。此后，小额信贷的经验得到了中央政府和地方政府以及金融主管部门的重视，很快在陕西商洛地区开展小额信贷扶贫，并在农村信用社开始了小额信贷和联保贷款。目前，主要金融机构都开展了小额信贷业务，全国各地还成立了大量的小额信贷公司，如中国扶贫基金会成立了专门的小额信贷扶贫组织——中合农信，自其 2006 年成立至今，已经覆盖了全国 21 个省的 93059 个村。[①] 长期以来，中国的贫困人口很难得到信贷支持，小额信贷的成功解决了这一问题。

2. 参与式扶贫

参与式扶贫就是在扶贫项目的设计、规划、实施、监管和验收过程中，将参与式理念和工作方法贯穿始终，通过采用自下而上的决策方式，激发群众的积极性、主动性和参与性。参与式扶贫最早由世界银行以及其他国际机构在云南、贵州、安徽等省的外资扶贫项目中采用，取得了良好成效。参与

---

① 中合农信网站。

式扶贫的核心是"赋权于民"，就是符合群众需求、顺应群众期盼、满足群众意愿，这是与中国共产党的群众路线一致的，因此很快得到了政府的支持和采纳。在目前大规模的精准扶贫行动中，参与式扶贫是其中一个重要内容，不论是贫困识别、项目设计、项目实施和监管，还是最后的精准脱贫，贫困户的参与贯穿始终。

3. 扶贫瞄准机制

这也是世界银行和一些国际组织在中国扶贫项目中采取的做法。其背后的理论是：贫困人口不是被动分享增长成果和社会福利的人，也是经济发展的积极推动者。应该致力于把贫困人口纳入发展与增长的过程。通过提高其生产能力，贫困人口也能为增长做贡献，但需要专门针对贫困人口的需求进行相应的政策设计，即在宏观和微观政策上，直接向贫困人口或贫困地区提供脱贫所需的资源和服务，提升穷人的创收能力，并辅以必要的社会安全保障制度安排。这一机制解决了以往中国扶贫开发中目标瞄准精度不够，即村级贫困人口瞄准率低，扶贫项目对贫困群体的覆盖率只有 16% 和精英俘获问题。[①]扶贫瞄准机制在中国试行后，很快被中国政府接受，并不断加以改进，成为举世瞩目的精准扶贫战略和精准扶贫行动。

4. 政府购买服务

政府购买公共服务是指通过发挥市场机制的作用，把政府直接提供的一部分公共服务事项以及政府履职所需的服务事项，按照一定的方式和程序，交由具备条件的社会力量和事业单位承担，并由政府根据合同约定向其支付费用。政府购买服务项目实行"政府采购、合同管理、绩效评价、信息公开"的管理办法。在国际上，政府购买公共服务始于 20 世纪 80 年代，目前已经成为公共服务市场化的普遍方式。在扶贫领域，江西省 2005 年首先在扶贫领域以公开竞标的形式向民间组织购买服务。当年 12 月，国务院扶贫办、亚洲开发银行、江西省扶贫办以及中国扶贫基金会共同实施的"非政府

---

① 李小云：《中国财政扶贫资金的瞄准与偏离》，社会科学文献出版社，2006。

组织与政府合作实施村级扶贫规划试点项目"宣布向非政府组织开放扶贫资源。这次试点是自上而下地探索政府职能转变、为扶贫政策提供新的模式和思路的过程。江西省一年的实践说明，政府和非政府组织的合作是可行的也是必要的。只有在政府、企业、非政府组织共赢的目标基础上，建立制度化的公共服务购买机制，才能推动扶贫事业的进一步发展。在进入精准扶贫的新阶段，政府购买服务已成为鼓励社会组织参与扶贫的国家政策，2014 年12 月，国务院出台了《政府购买服务管理办法（暂行）》（财综〔2014〕96号），2015 年《中共中央、国务院关于打赢脱贫攻坚战的决定》明确："通过政府购买服务等方式，鼓励各类社会组织开展到村到户精准扶贫。"2017年 9 月，经党中央、国务院同意，民政部、中央编办、财政部、人力资源和社会保障部联合印发了《关于积极推行政府购买服务加强基层社会救助经办服务能力的意见》（民发〔2017〕153 号），意见明确了工作目标，即："十三五"时期，政府向社会力量购买社会救助服务工作全面推行，相关政策机制进一步健全，基层社会救助经办服务能力显著增强，困难群众对社会救助服务的满意度明显提升。

（五）社会扶贫动员了广泛的社会参与，增强了社会凝聚力

多年来，中国社会扶贫动员了广泛的社会参与，增进了社会理解与沟通，增强了社会凝聚力，弘扬了中华民族悠久的扶危济困的光荣传统和守望相助的美德。

1. 大量的研究和宣传加深了社会对贫困人口的理解和支持

不同的社会制度下，人们对贫穷的理解和态度也不同。例如，很多美国人把贫穷归于个人因素，认为穷人是懒惰的甚至从基因上缺乏超越他们环境的能力。而欧洲人和美国人不同，他们更愿意相信穷人贫困的原因并非来自他们自身，而主要是由于社会因素。而阿玛蒂亚·森通过对第三世界的贫困与饥饿的研究认为，贫困与饥饿的原因在于穷人们"权力的丧失"。从我国的情况看，在很长一段时间内，人们对贫困的态度和理解也存在一些偏差，一

些人将贫困理解为个人因素，将贫困归于穷人的素质差。随着社会扶贫事业的发展，很多社会组织通过大量的行动和宣传纠正了社会对贫困人口的理解和态度。

2. 通过赋权使妇女和儿童的福利得到改善

从世界各国的经验看，妇女和儿童都是贫困的最大受害者。因此所有的社会组织在扶贫活动中都对妇女和儿童的权利和福利给予了特别的关注，甚至有的项目就是直接以提高妇女儿童的福利为目标，如"母亲水窖"以及一些以教育、卫生为主要内容的项目。其他的项目即使不以妇女儿童为直接目标，但也在项目设计和项目实施中对妇女的权利进行了强调。如小额信贷强调妇女为信贷主体，在参与式规划和技术培训中也都强调妇女的参与。从项目实施的结果看，大部分项目的实施都带来了妇女权利的改善以及儿童福利的提高。

3. 社会扶贫作为第三次分配缓解社会不公平

中国城乡二元结构下形成的不公平收入分配制度、社会保障制度、就业制度、土地制度实际上是农村贫困的根源。不仅初次分配制度存在不合理之处，而且第二次分配制度也不尽如人意。社会扶贫对扶贫事业的参与实际上是第三次分配，在某种程度上校正了第一次、第二次分配制度的不合理问题。

四　社会扶贫的未来展望

（一）在精准扶贫攻坚体系中，社会扶贫的力量是重要支柱

精准脱贫是我国进入新时代的三大攻坚战之一，社会扶贫作为中国三位一体扶贫体系的重要支柱，将在精准脱贫攻坚战中发挥越来越重要的作用。随着2020年全国消除绝对贫困、完成精准脱贫目标的临近，已有越来越多的贫困县、贫困户、贫困村实现了贫困县摘帽、贫困村出列、贫困户脱贫。在2020年以后，绝对贫困已不是主要的问题，但相对贫困问题依然存在。深度贫困地区扶贫的任务也会持续存在，但是，在未来，扶贫的格局会相应发生

重大变化。在三大支柱中，即专项扶贫和行业扶贫会逐渐减少，社会扶贫的责任会逐渐加重。

（二）社会扶贫中，东西协作、定点扶贫、国际组织扶贫可能会减少，企业扶贫和社会组织扶贫、公众志愿者扶贫可能会越来越多

从狭义的定义看，社会扶贫应该只包括社会组织扶贫、企业扶贫、公众志愿者扶贫。目前的社会扶贫是广义的社会扶贫，其中的东西协作、定点扶贫、民主党派扶贫、军队和武警扶贫都属于政府非职能部门扶贫，也可称为准社会扶贫。随着社会发展与社会财富的积累，以政府推动的方式慢慢被淡化，企业、社会组织、公众个人的参与发挥越来越重要的作用。

（三）社会组织可能是今后社会扶贫的主力

目前，全国性和省级社会组织约有5万个，其中全国性社会组织2315个，约占全国社会组织总数的7.1%，虽然全国性和省级社会组织占比不高，但无论是资产规模还是动员能力，全国性和省级社会组织均要高于省级以下民政部门登记的社会组织。仅从基金会来看，无论是捐赠收入还是公益支出，全国性基金会和省级基金会占全国基金会总数的75%以上。据初步统计，2016年和2017年上半年，全国性基金会累计投入公益慈善资金和物资31.56亿元，体现了社会扶贫的力量。从数量和质量来看，全国性和省级社会组织都是脱贫攻坚的主力之一。

（四）社会扶贫体系更加系统，社会参与机制更加完善，社会扶贫政策更加健全

2014年6月，国务院扶贫办根据《关于创新机制扎实推进农村扶贫开发工作的意见》（中办发〔2013〕25号）关于"创新社会参与机制"的要求，制订了《创新扶贫开发社会参与机制实施方案》，以动员全社会力量参与扶贫开发，形成政府、市场、社会协同推进的大扶贫工作格局。2017年12月，《国

务院扶贫开发领导小组关于广泛引导和动员社会组织参与脱贫攻坚的通知》（国开发〔2017〕12 号）进一步明确了社会组织参与脱贫攻坚的重点领域，并要求国务院扶贫开发领导小组各成员单位、中央国家机关各有关单位、各省（区、市）扶贫开发领导小组通过思想动员、政策支持、典型宣传等方式，支持引导社会组织积极参与脱贫攻坚。要推动社会组织资源供给和扶贫需求实现有效对接，努力为社会组织提供信息服务。要建立健全政府向社会组织购买扶贫服务制度，细化落实社会组织参与扶贫济困活动的税收减免、信贷支持、行政事业性费用减免等政策，努力为社会组织提供优惠政策服务。要定期开展相关扶贫政策和业务知识培训，努力为社会组织提供能力建设服务。民政部门、扶贫部门要建设共享合作平台和信息服务网络，建立健全社会组织参与脱贫攻坚信息核对和抽查机制，确保"真扶贫""扶真贫"。

（五）新技术将为个人参与扶贫提供越来越大的帮助

近几年，随着互联网的快速发展，互联网在社会组织和个人参与扶贫中的中介功能迅速扩大。2017 年，民政部社会组织管理局制定了慈善组织互联网公开募捐信息平台行业标准，建立了"慈善中国"信息公开平台，还建立并投入运营了全国志愿服务信息系统。据民政部统计，截至 2017 年 9 月底，全国共有 2442 家慈善组织，具有公开募捐资格的 607 家。其中，部本级认定慈善组织 110 家，发放公开募捐资格证书的有 61 个，受理公开募捐方案备案近 1000 份。截至 2017 年 9 月底，慈善组织通过指定的互联网募捐信息平台在线筹集善款超过 15 亿元，约 7.2 亿次网民参与在线公益慈善。全国志愿服务信息系统注册志愿者近 5900 万名、注册志愿团体近 40 万个，记录志愿服务时间近 7.6 亿小时。[①]

---

① 民政部网站。

第十一章　中国扶贫展望和建议

中国现在进入了脱贫攻坚战最后的攻坚时间，并将在 2020 年后转入建设社会主义现代化强国的新的历史阶段。因此，中国的扶贫研究，既要立足当前研究如何打好脱贫攻坚战，又要放眼未来谋划 2020 年扶贫的战略和方式。

一　扶贫形势及社会经济结构变化

（一）2020 年前实现脱贫攻坚目标的总体形势

到 2017 年底中国贫困人口减少取得了决定性进展，所剩贫困人口数量只有 3000 多万人，国家已经建立起了比较完善的扶贫治理体系、政策体系、资源动员和保障体系，而且经过 5 年的精准扶贫实践，精准扶贫的方式方法得到充分运用，从整体上看，中国具备到 2020 年消除现行标准下贫困人口的条件。同时，也要对少数地区的脱贫攻坚给予特别的关注，尤其是深度贫困地区和特殊类型贫困人口。

（二）中国社会经济结构变化

1．人口结构
中国人口结构变化的一个重要方面是人口老龄化。

2000 年中国 60 岁及以上人口比重达到 10.46%，进入了老龄社会。随后中国人口老龄化进一步加剧，成为世界上人口老龄化速度最快的国家之一。截至 2016 年底，全国 60 岁及以上老年人口 23086 万人，占总人口的 16.7%，其中 65 岁及以上人口 15003 万人，占总人口的 10.8%。[①] 随着人口老龄化的加剧，失能和部分失能老年人越来越多，残疾老年人逐年增加，2015 年失能和部分失能老年人约 4063 万人，持残疾证老人达到 1135.8 万人。中国人口老龄化形势严峻，主要表现出以下特征。

一是规模大。2010 年，中国 60 岁及以上人口比重达到 13.32%，2015 年 65 岁及以上人口达到 14386 万人，占总人口的 10.47%，老年抚养比为 14.3%。

二是增速快。2000 年以来，中国 65 岁及以上的老年人口的增长率维持在 2%~4%，2010 年达到 5.2%，2014 年和 2015 年也都超过了 4%（见图 11-1）。中国人口老龄化的速度是发展中国家最快的，也是世界上老龄化速度最快的国家之一。

三是未富先老。与发达国家在经济高度发展基础上步入老龄化社会不同，中国在社会经济发展水平较低的情况下被迫且快速地进入老龄化社会，呈现典型的未富先老特征。

四是城乡失衡。2000 年和 2010 年的人口普查数据显示，中国农村 60 岁及以上的老年人口比重均高于城市和镇的老年人比重，且上升速度更快。随着农村非老年人口的大量外迁，农村老龄化的趋势会更加严重。

中国是在家庭养老保障功能逐步弱化、社会养老保障制度尚不健全的情况下进入老龄社会的，目前的社会抚养压力已经比较沉重，随着人口老龄化的加速，未来中国社会养老保障制度将面临更为严峻的冲击，这也将给中国未来扶贫战略和政策设计提出重大的挑战。

[①] 民政部：《2016 年社会服务发展统计公报》，http://www.mca.gov.cn/article/sj/tjgb/201708/20170800005382.shtml。

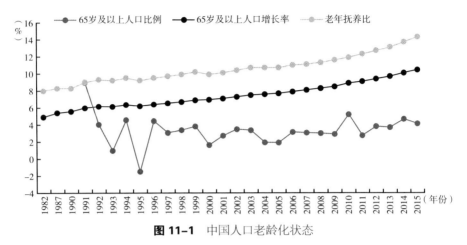

图 11-1　中国人口老龄化状态

资料来源：根据国家统计局人口抽样调查数据计算。

2. 城市化进程

1978 年以来，中国城镇化率从不到 18% 快速上升，到 2017 年中国常住人口城镇化为 58.52%；户籍人口城镇化率为 42.35%（见图 11-2）。根据有关研究，中国的城镇化率将在 2020 年达到 60%；到 2050 年中国人口城镇化率将达到 80%。[1] 随着户籍制度改革的深化，中国人口城镇化必然会在一定程度上伴随着贫困人口的城镇化，而且城乡贫困人口之间的转换也可能趋于频繁，这就要求国家逐步统筹城乡的扶贫工作和政策。

二　2020年后中国贫困性质和特点

2020 年消除了现行标准下的农村绝对贫困以后，受贫困自身规律和前文所讨论的人口与社会经济结构变化的影响，中国贫困的性质和特点将发生比较深刻的变化，将给扶贫战略和政策设计带来新的挑战。

---

[1]　高春亮、魏后凯：《中国城镇化趋势预测研究》，《当代经济科学》2013 年第 4 期。

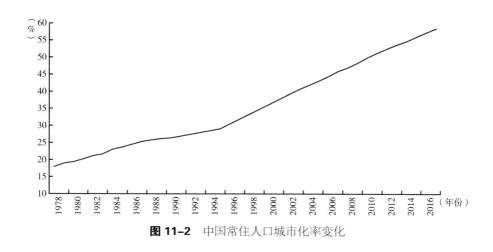

图 11-2　中国常住人口城市化率变化

（一）相对贫困和绝对贫困

　　绝对贫困与相对贫困，只是对贫困的不同理解或定义，并不意味着哪一种比另一种更先进或更高级。但是，从国家扶贫战略决策的角度看，这两个概念对国家的整体是处于相对贫困还是绝对贫困状态的判断，具有十分重要的意义。基于国内主要社会矛盾、现行扶贫标准和扶贫政策延续性三个方面的分析，2020 年后中国将进入以解决相对贫困为主的减贫阶段。

　　第一，党的十九大对新时期国家主要矛盾做出了新的判断，认为中国社会的主要矛盾已经转化为人民日益增长的美好生活需要和不平衡不充分的发展之间的矛盾。发展不平衡不充分的突出表现就是居民、城乡、地区在收入、福祉和发展水平方面存在较大的差距。在贫困方面，原来主要表现为基本需求短缺的绝对贫困，逐步转变为以居民、城乡和地区的收入和福祉方面的差距较大的相对贫困。

　　第二，中国现行贫困标准下的贫困人口实现稳定脱贫之后，意味着全国农村人口的最低收入和基本生活保障从整体上提升到一个新的水平。中国现在使用的贫困标准，从收入方面测算达到了世界银行提出的最低贫困标准的

1.2 倍，加上义务教育、基本医疗和住房安全"三保障"，可以保证农村居民最基本的生活需要和较低水平的发展需要。如果转入以解决相对贫困为主的扶贫战略，通过有效的制度安排和政策不断提升低收入人群的收入和福祉，不会严重影响底层人群和脆弱人群的正常生活需求的满足。

第三，从扶贫政策延续性考虑，2020 年后转入以解决相对贫困为主的扶贫战略阶段比较合理。通过广泛动员和组织全国全社会资源、实行精准扶贫到 2020 年实现现行标准下贫困人口脱贫之后，再延续面向绝对贫困的扶贫战略，可能面临政治、社会层面的压力和疑虑。将扶贫战略转入以解决相对贫困为主的阶段，只要措施和政策适当，不会对底层人群的生活保障产生很大的影响。

当然，在考虑针对相对贫困与绝对贫困的扶贫战略时，需要认真正视中国现行扶贫标准只是略高于世界银行确定的针对低收入国家的贫困标准。如果采用针对中高收入国家的标准（2011 年购买力平价每人每日 5.5 美元），中国 2015 年还有 43% 的农村人口生活在贫困中。持续提高低收入人口的生活水平依然是未来较长时期扶贫开发面临的主要挑战。

（二）收入贫困与多维贫困

随着"两不愁、三保障"层面的贫困的消除，2020 年后中国农村的贫困将进入新层次上的收入贫困与多维贫困并存的阶段。一方面，底层 20% 收入组农户与其他收入组农户的收入差距在过去几年一直在拉大，比如低收入组农户与中下收入组农户的人均可支配收入的比例，从 2013 年的 1：2.1 扩大到 2016 年的 1：2.6（见图 11-3），这将使 2020 年后提高低收入人群的收入和缩小低收入人群与社会其他群体之间的收入差距成为公共政策和扶贫政策的重点和难点；另一方面，业已存在的农村居民、城乡居民在教育、健康、社保等公共服务、基础设施和生活条件方面的差异，在新的时期将更加凸显。

（三）个体贫困和区域性贫困

到 2020 年，中国现在贫困地区的绝对发展水平将会有比较明显的改善。

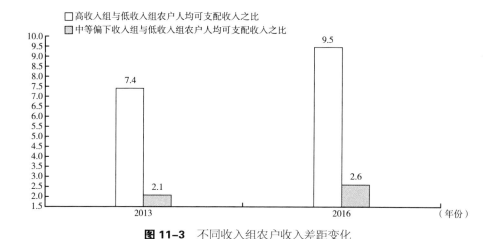

图 11-3 不同收入组农户收入差距变化

但是仍将有部分地区的经济社会发展水平处于较低状态，还需要通过区域开发来支持。

据 2015 年全国县市统计数据，按人均国内生产总值排序，底层 10% 县市人均生产总值仅相当于全国人均水平的 1/5，相当于全国县市平均水平的 1/3；底层 20% 县市的人均生产总值也只到全国县市平均水平的 40% 强（见表 11-1）。最贫困的 10% 县市公共财政收入只能承担其财政支出的 14%。如果仅仅采取转移支付的方式缩小地区间的收入差距，不仅中央政府不堪重负，而且也不利于区域发展能力的整体提高和国土的安全。

表 11-1　2015 年全国县市发展水平差距

	县市数（个）	总人口（万人）	人均国内生产总值（元）	人均公共财政收入（元）	国内生产总值中非农产业比重（%）	重点县、片区县个数（个）
底层 10% 县市	206	9661	10796	721	71.9	186
底层 20% 县市	413	21405	13155	818	73.0	340
全部有数据县市	2062	101283	31065	2150	84.9	823
全国		137462	50251	11077	91.2	823

资料来源：作者根据《中国县市统计年鉴 2016》有关数据计算。

不过，随着阻碍人口流动的体制性和政策性障碍的逐步减小和消除，贫困人口呈明显的区域分布的格局将发生比较大的变化。贫困人口可能形成大分散、小集中的分布格局，扶贫开发将同时面对个体贫困和区域性贫困问题。

（四）城乡贫困

受城乡二元体制和城乡间发展差异的影响，中国迄今一直实行城乡分割的碎片化的扶贫体制。其主要特点是：以户籍为基础的城乡扶贫体制各自独立，户籍在农村、生活在城镇的进城农民工的扶贫存在制度性缺失；中央扶贫政策和资源向农村倾斜，在农村建立了包括开发式扶贫、社会保障和惠农政策在内的比较完备的扶贫治理和干预体系；城镇户籍人口的扶贫，主要通过公共就业支持和社会保障来提供。

长期以来，中国扶贫体系中没有赋予农民工以应有的重视。农民工贫困基本上在体制和政策层面被忽略。其原因主要有三方面：第一，农民工在以户籍为基础的扶贫体系中被划归农村居民之中，但是他们多数时间生活在城镇，户籍所在地不能清楚掌握其收入和支出情况，实际上很少农民工能被列入农村扶贫对象之中；第二，在对农村扶贫对象进行识别时，通常先验地假定农民工在城镇就一定能获得收入，否则他们会返回家中，因此容易被排除在农村扶贫对象之外；第三，农民工中的多数实际上属于城镇常住人口，但国家政策和各地城镇扶贫工作长期以来很少将其视为城镇居民对待，其很少有机会享受城镇扶贫政策的照顾。

值得注意的是中国农民工自20世纪90年代中期大规模出现以来，经过20多年，其年龄结构和就业结构已经发生了较大的变化。

据国家统计局全国农民工监测调查报告，2016年全国农民工平均年龄为39岁，其中40岁及以上的占46.1%，50岁及以上的占19.2%。40岁及以上的农民工在就业、就医和养老方面面临着与年轻农民工不同的挑战，特别需要在就业、社会保障方面得到政府的支持。尤其是与原生家庭及其出生地社会经济联系已经比较少的中老年农民工，将很有可能留在打工城镇养老，如果没有相应的政策扶持，他们将成为潜在贫困人群，且数量较大。

农民工就业结构在过去 20 年也发生了很大的变化。在制造业就业的农民工比例从最初的 60% 下降到 2016 年的 30.6%，相应地，自主就业农民工的比例不断提高。到 2016 年，自主就业农民工已占到进城农民工总数的30%。这些被统计为自主就业的农民工中，相当部分在非正规部门从事不稳定的就业。其收入水平低且不稳定，面临很大的失业风险。如果没有相应的就业和社会救助政策的扶持，自主就业的农民工陷入贫困的风险会非常大。即使是在相对正规的制造业就业的农民工，受经济结构调整和技术进步的影响，他们中的相当部分人也面临着比较大的失业风险，同样需要政府和社会的帮助。

（五）暂时性贫困与慢性贫困

2020 年中国农村中由身体健康和年龄等因素导致的慢性贫困与由经营、市场、气候等因素导致的暂时性贫困，将呈并存的局面。这就要求国家从社会保障制度完善与短期扶贫两个方面来应对贫困。

三　扶贫战略选择

（一）2020 年前的扶贫战略

2020 年前，中国需要坚持现有的行之有效的精准扶贫、精准脱贫方略和政策体系，并将重点转向深度贫困地区和特殊困难群体。

1. 坚持既定扶贫工作机制和支持政策

在习近平总书记代表十八届中央委员会向中共十九大做的报告（以下简称《报告》）中，将坚决打好精准脱贫的攻坚战，作为决胜全面建成小康社会抓重点、补短板、强弱项的三大攻坚战之一。《报告》进一步重申和强调了 2015 年《关于打赢脱贫攻坚战的决定》及之后出台的政策和举措，进一步明确要举全党全国全社会之力，完成脱贫攻坚；明确在脱贫攻坚中坚持精准扶贫、精准脱贫的方略；重申坚持"中央统筹、省负总责、县抓落实"的工作机制，进一步强化党政一把手负总责的责任制；明确坚持专项扶贫、行业扶贫和社会扶贫相结合的大扶贫格局，深入实施东西部扶贫协作。党的十八大以来我国确定的这些扶贫政策和方式，经过实践检验是有效的，在今后 3 年中要继续坚持，并结合脱贫攻坚的实践和需要，进一步完善有关政策和支持措施。

2. 聚焦深度贫困地区的脱贫攻坚

深度贫困地区脱贫攻坚，是我国如期实现脱贫攻坚目标的难中之难、重中之重。深度贫困地区贫困的特点及其致贫原因的特殊性、复杂性，要求结合各深度贫困地区的实际情况，优化和完善现有精准扶贫方案，采取非常规的政策和举措，从而实现其脱贫攻坚的任务。

（二）2020~2050 年中国扶贫战略选择

2020 年后到中国政府规划的全面建成社会主义现代化强国的 2050 年，根据中国贫困性质和特点的变化和国家对减贫的要求，中国需要实行新的扶贫战略。借鉴改革开放 40 年中国减贫的经验和发达国家减贫的经验与教训，2020 年后中国扶贫战略选择，需要考虑以下基本原则。

第一，确定以解决相对贫困为主的扶贫战略，稳定提高低收入人群的收入和综合生活质量，缩小不同收入人群间的收入与福祉差距。

第二，实行包容性发展战略，保障充分就业和提高劳动者报酬在收入分配中的比例，提高基本公共服务整体水平、质量和均等化程度，缩小公共服务获得性和质量上的差距。

第三，完善社会保障和社会服务，整体上提高全体人民社会安全保障水平。

第四，继续实行开发式扶贫，并通过将减贫融入乡村振兴战略，提高减贫的质量和可持续性。

第五，对相对落后地区继续采取区域开发扶贫方式，缩小区域发展差距，巩固国土安全。

第六，逐步建立城乡统筹的扶贫治理体系，进一步提高扶贫工作的质量和有效性。特别要关注老年农民工的贫困问题。

参考文献

曹永红:《扶贫开发怎样走好国际合作之路》,《人民论坛》2016 年第 11 期。

陈凌建:《中国农村反贫困模式:历史沿革与创新》,《财务与金融》2009 年第 1 期。

陈涛:《教育扶贫是根本的扶贫——西部地区农村教育扶贫工作探索》,《理论与当代》2016 年第 10 期。

陈晓琴、王钊:《"互联网+"背景下农村电商扶贫实施路径探讨》,《理论导刊》2017 年第 5 期。

陈雨露、马勇:《中国农村金融论纲》,中国金融出版社,2010。

程杰:《社会保障对城乡老年人的贫困削减效应》,《社会保障研究》2012 年第 3 期。

都阳、Albert Park:《中国的城市贫困:社会救助及其效应》,《经济研究》2007 年第 12 期。

都阳、蔡昉:《中国农村贫困性质的变化与扶贫战略调整》,《中国农村观察》2005 年第 5 期。

杜发春:《三江源生态移民研究》,中国社会科学出版社,2014。

杜晓山、林万龙、孙同全:《贫困村扶贫互助资金互助组织模式的比较研究》(内部研究报告),2009。

杜晓山、刘文璞等:《小额信贷原理及运作》,上海财经大学出版社,2001。

杜晓山、刘文璞等:《中国公益性小额信贷》,社会科学文献出版社,2008。

杜晓山、宁爱照:《中国金融扶贫实践、成效及经验分析》,《海外投资与出口信贷》2017年第5期。

范小建:《勇于坚持探索创新,推进扶贫开发向前发展》,《老区建设》2007年第8期。

冯世平:《三西移民:迁移的意愿与预期的希望》,《开发研究》2000年第5期。

龚冰:《论我国开发式扶贫的拓展与完善》,《经济与社会发展》2007年第11期。

广东省扶贫开发领导小组办公室编《广东扶贫志:1984—2005》,内部印刷,2007。

广西壮族自治区地方志编纂委员会编《广西通志扶贫志:1978—2000》,广西人民出版社,2013。

国家发展改革委:《全国易地扶贫搬迁年度报告(2017)》,人民出版社,2017。

国家统计局住户调查办公室:《2015中国农村贫困监测报告》,中国统计出版社,2016。

国务院扶贫开发领导小组办公室《中国扶贫开发年鉴》编委会:《中国扶贫开发年鉴2014》,团结出版社,2016。

国务院新闻办公室:《中国的农村扶贫开发(白皮书)》,2001年10月。

国务院新闻办公室:《中国农村扶贫开发的新进展(白皮书)》,2011年11月。

韩华为、高琴:《中国农村低保制度的保护效果研究——来自中国家庭追踪调查(CFPS)的经验证据》,《公共管理学报》2017年第2期。

韩华为、徐月宾:《中国农村低保制度的反贫困效应研究——来自中西部五省的经验证据》,《经济评论》2014年第6期。

何畅、张昭:《"十三五"时期易地扶贫搬迁投融资模式研究》,《开发性金融研究》2017年第1期。

洪大用:《改革以来中国城市扶贫工作的发展历程》,《社会学研究》2003年第

1 期。

洪亚敏：《中国城镇住房制度改革回顾》，载成思危主编《中国城镇住房制度
　　改革：目标、模式与实施难点》，民主与建设出版社，1999。

胡晗、司亚飞、王立剑：《产业扶贫政策对贫困户生计策略和收入的影响——
　　来自陕西省的经验证据》，《中国农村经济》2018 年第 2 期。

胡勇：《进一步完善我国易地搬迁扶贫政策》，《宏观经济管理》2009 年第 1 期。

胡振光等：《参与式治理视角下产业扶贫的发展瓶颈及完善路径》，《学习与实
　　践》2014 年第 4 期。

黄承伟：《中国扶贫开发道路研究：评述与展望》，《中国农业大学学报》（社
　　科版）2016 年第 5 期。

黄承伟：《中国农村扶贫自愿移民搬迁的理论与实践》，中国财政经济出版社，
　　2004。

贾康、刘军民：《中国住房制度改革问题研究：经济社会转轨中"居者有其
　　屋"的求解》，经济科学出版社，2007。

贾鹏、都阳、王美艳：《中国农村劳动力转移与减贫》，《劳动经济研究》2016
　　年第 6 期。

贾志军、许茂杰：《山西省实施生态移民的实践》，《中国水土保持》2004 年第
　　5 期。

姜爱华：《我国政府开发式扶贫资金使用绩效的评估与思考》，《宏观经济研究》
　　2007 年第 6 期。

姜爱华：《我国政府开发式扶贫资金投放效果的实证分析》，《中央财经大学学
　　报》2008 年第 2 期。

靳薇：《青海三江源生态移民现状调查报告》，《科学社会主义》2014 年第 1 期。

李秉龙、李金亚：《中国农村扶贫开发的成就、经验与未来》，《人民论坛》
　　2011 年第 11 期。

李海波：《关于创新金融扶贫模式的探讨——基于河北模式的讨论》，《农村金
　　融研究》2017 年第 5 期。

李培林、魏后凯主编《中国扶贫开发报告（2016）》，社会科学文献出版社，
　　2016。

李鹏:《精准脱贫视阈下就业扶贫：政策回顾、问题诠释与实践探索》,《南都
　　学坛（人文社会科学学报）》2017 年第 5 期。

李莎:《从救济式到开发式：中国扶贫思想的转变》,《三峡大学学报》（人文
　　社会科学版）2007 年第 7 期。

李实、杨穗:《中国城市低保政策对收入贫困和贫困的影响作用》,《中国人口
　　科学》2009 年第 5 期。

李小勇:《能力贫困视域下中国农村开发式扶贫的困境与超越》,《理论导刊》
　　2013 年第 2 期。

李小云、左停:《深度贫困地区脱贫攻坚：挑战与对策》,《中国社会科学报》
　　2018 年 2 月 6 日。

李小云等:《论我国的扶贫治理：基于扶贫资源瞄准和传递的分析》,《吉林大
　　学社会科学学报》2015 年第 7 期。

李兴洲:《公平正义：教育扶贫的价值追求》,《教育研究》2017 年第 3 期。

梁晨:《产业扶贫项目的运作机制与地方政府的角色》,《北京工业大学学报》
　　（社会科学版）2015 年第 10 期。

廖富洲:《农村反贫困中政府主导行为的优势与问题》,《中国党政干部论坛》
　　2004 年第 9 期。

廖富洲:《中国特色反贫困的基本特点及完善思路》,《学习论坛》2011 年第 2 期。

林鄂平:《产业扶贫再认识》,《中国扶贫》2012 年第 17 期。

林闽钢:《社会保障如何在精准扶贫中发力》,《中国社会保障》2017 年第 4 期。

林万龙:《全面深化改革背景下中国特色社会扶贫政策的创新》,《经济纵横》
　　2016 年第 6 期。

刘慧、叶尔肯·吾扎提:《中国西部地区生态扶贫策略研究》,《中国人口·资
　　源与环境》2013 年第 10 期。

刘坚主编《中国农村减贫研究》，中国财政经济出版社，2009。

刘俊文：《中国的开发式扶贫为什么备受称道》，《红旗文稿》2005 年第 2 期，第 17~19 页。

刘文璞主编《小额信贷管理》，社会科学文献出版社，2011。

刘喜堂：《建国 60 年来我国社会救助发展历程与制度变迁》，《华中师范大学学报》（人文社会科学版）2010 年第 4 期。

刘小珉：《民族地区农村最低生活保障制度的反贫困效应研究》，《民族研究》2015 年第 2 期。

刘雅静、张荣林：《我国农村合作医疗制度 60 年的变革及启示》，《山东大学学报》（哲学社会科学版）2010 年第 3 期。

鲁全：《中国共产党对社会保障认识的变迁与发展（1997~2017）》，《国家行政学院学报》2017 年第 6 期。

罗燕：《证监会：将资本活水引入贫困地区》，《民生周刊》，http://www.msweekly.com/show.html?id=97433。

农业部：《关于公布第七次监测合格农业产业化国家重点龙头企业名单的通知》，http://www.moa.gov.cn/。

潘功胜：《加快农村金融发展　推进金融扶贫探索实践》，《行政管理改革》2016 年第 6 期。

齐良书：《新型农村合作医疗的减贫、增收和再分配效果研究》，《数量经济技术经济》2011 年第 8 期。

乔庆梅：《从"五年规划"看中国社会保障发展 30 年》，《社会保障研究》2008 年第 2 期。

任燕顺：《对整村推进扶贫开发模式的实践探索与理论思考——以甘肃省为例》，《农业经济问题》2007 年第 8 期。

陕立勤、K.S. Lu：《对我国政府主导型扶贫模式效率的思考》，《开发研究》2009 年第 1 期。

沈茂英、杨萍：《生态扶贫内涵及其运行模式研究》，《农村经济》2016 年第 7 期。

世界银行：《1993 年世界发展报告：投资于健康》，中国财政经济出版社，1993。

四川省地方志编纂委员会:《四川省志第七十六卷扶贫开发志：1986—2005》，方志出版社，2012。

孙冰:《互联网金融农村拓荒记》,《中国经济周刊》2016 年第 31 期。

孙梦洁、陈宝峰、任燕:《中国产业开发扶贫的经验及对发展中国家的启示》,《世界农业》2010 年第 1 期。

孙若梅:《小额信贷与农民收入——理论与来自扶贫合作社的经验数据》，中国经济出版社，2005。

涂俊:《农业产业化经营组织模式与产业特征匹配性初探》,《经济经纬》，2007 年第 4 期。

汪三贵、张伟宾:《贫困村村级互助资金影响评估》(内部研究报告)，2013 年 4 月。

汪三贵、殷浩栋、王瑜:《中国扶贫开发的实践、挑战与政策展望》,《华南师范大学学报》(社会科学版) 2017 年第 4 期。

汪三贵等:《连片特困地区扶贫项目到户问题研究》,《中州学刊》2015 年第 3 期。

王朝明:《中国农村 30 年开发式扶贫：政策实践与理论反思》,《贵州财经学院学报》2008 年第 6 期。

王姮、汪三贵:《整村推进项目对农户饮水状况的影响分析——江西省扶贫工作重点村扶贫效果评价》,《农业技术经济》2008 年第 6 期。

王丽华:《贫困人口分布、构成变化视阈下农村扶贫政策探析——以湘西八个贫困县及其下辖乡、村为例》,《公共管理学报》2011 年第 2 期。

王美艳:《中国最低生活保障制度的设计实施》,《劳动经济研究》2015 年第 3 期。

王蒲华:《整村推进扶贫开发构建和谐文明新村》,《农业经济问题》2006 年第 9 期。

王钦池:《消除灾难性医疗支出的筹资需求及其减贫效果测算》,《卫生经济研究》2016 年第 4 期。

王胜临:《甘肃两西地区移民初探》,《西北人口》1991 年第 1 期。

魏珊:《非自愿性移民可持续发展与发展研究》，武汉大学出版社，2010。

文雯：《城市低保与家庭减贫——基于 CHIPS 数据的实证分析》，《人口与经济》2015 年第 2 期。

吴国宝：《将乡村振兴战略融入脱贫攻坚之中》，光明网理论频道，2018 年 1 月 2 日。

吴国宝：《扶贫模式研究：中国小额信贷扶贫研究》，中国经济出版社，2001。

吴国宝等：《中国农村贫困户信贷服务研究》，《中国国际扶贫中心委托课题报告》，2007 年 4 月。

吴忠、曹洪民、林万龙：《扶贫互助资金仪陇模式与新时期农村反贫困》，中国农业出版社，2008。

谢仁寿：《论人本式扶贫模式》，《当代经济研究》2006 年第 5 期。

新疆维吾尔自治区地方志编纂委员会、新疆通志扶贫开发志编纂委员会合编《新疆通志扶贫开发志：1978—2008》，新疆人民出版社，2009。

徐月宾、刘凤芹、张秀兰：《中国农村反贫困政策的反思——从社会救助向社会保护转变》，《中国社会科学》2007 年第 3 期。

徐忠等：《中国贫困地区农村金融发展研究：构造政府与市场之间的平衡》，中国金融出版社，2009。

闫坤、于树一：《中国模式反贫困的理论框架与核心要素》，《华中师范大学学报》（人文社会科学版）2013 年第 6 期。

杨起全、刘冬梅、胡京华等：《新时期科技扶贫的战略选择》，《中国科技论坛》2007 年第 5 期。

杨宜勇、吴香雪：《中国扶贫问题的过去、现在和未来》，《中国人口科学》2016 年第 5 期。

姚云云、郑克岭：《发展型社会政策嵌入我国农村反贫困路径研究》，《中国矿业大学学报》（社会科学版）2012 年第 2 期。

余佶：《资产收益扶持制度：精准扶贫新探索经济》，《红旗文稿》2016 年第 2 期。

张百新、王增海、杜晓明编《"三西"扶贫记》，新华出版社，2012。

张承惠、郑醒尘等编著《中国农村金融发展报告 2015》，中国发展出版社，

2016。

张川川、John Giles、赵耀辉：《新型农村社会养老保险政策效果评估——收入、贫困、消费、主观福利和劳动供给》，《经济学季刊》2014年第1期。

张磊主编《中国扶贫开发历程（1949~2005）》，中国财政经济出版社，2007。

张峭、徐磊：《中国科技扶贫模式研究》，《中国软科学》2007年第2期。

张岩松：《发展与中国农村反贫困》，中国财政经济出版社，2004。

张永丽、王虎中：《新农村建设：机制、内容与政策——甘肃省麻安村"参与式整村推进"扶贫模式及其启示》，《中国软科学》2007年第4期。

赵昌文、郭晓鸣：《贫困地区扶贫模式：比较与选择》，《中国农村观察》2000年第6期。

赵曼：《中国医疗保险制度改革回顾与展望》，《湖北社会科学》2009年第7期。

郑秉文、于环、高庆波：《新中国60年社会保障制度回顾》，《当代中国史研究》2010年第2期。

郑秉文：《拉美"增长性贫困"与社会保障的减困功能——国际比较的背景》，《拉丁美洲研究》2009年（增刊）。

郑功成：《中国获社保杰出成就奖是实至名归》，《中国劳动保障报》2016年11月19日第3版。

郑功成：《从国家—单位保障制走向国家—社会保障制——30年来中国社会保障改革与制度变迁》，《社会保障研究》2008年第2期。

郑功成：《中国社会保障："十二五"回顾与"十三五"展望》，《社会政策研究》2016年第1期。

郑功成：《中国社会保障30年》，人民出版社，2008。

郑瑞强、张哲萌、张哲铭：《电商扶贫的作用机理、关键问题与政策走向》，《理论导刊》2016年第10期。

郑瑞强：《江西扶贫移民典型模式与关键问题》，《社会福利》（理论版）2015年第7期。

中国扶贫基金会：《中国扶贫论文精粹（下）》，中国经济出版社，2001。

中国人民银行农村金融服务研究小组:《中国农村金融服务报告 2014》，中国金融出版社，2015。

中国人民银行农村金融服务研究小组:《中国农村金融服务报告 2016》，中国金融出版社，2017。

中国人民银行资金管理司:《中央银行信贷资金宏观管理》，甘肃人民出版社，1990。

中国社会科学院　贫困问题研究中心小额信贷管理体制课题组:《关于改进和完善政府实施小额信贷扶贫管理体制的研究报告》，《当代中国史研究》2001 年第 5 期。

周立群、曹利群:《农村经济组织形态的演变与创新》，《经济研究》2001 年第 1 期。

周怡:《贫困研究：结构解释与文化解释的对垒》，《社会学研究》2002 年第 3 期。

朱火云:《城乡居民养老保险减贫效应评估——基于多维贫困的视角》，《北京社会科学》2017 年第 9 期。

左停、赵梦媛、金菁:《路径、机理与创新：社会保障促进精准扶贫的政策分析》，《华中农业大学学报》（社会科学版）2018 年第 1 期。

左停:《开发式扶贫与低保之衔接互嵌》，《中国经济报告》2016 年第 10 期。

Caminada, K. and Martin, M. C., "Differences in Anti-Poverty Approaches in Europe and The United States: A Cross-Atlantic Descriptive Policy Analysis", Poverty & Public Policy, 3(2), 2011, pp.1-15.

Golan, J., Sicular, T, and Umapathi, N., "Unconditional cash transfers in China: Who Benefits from the Rural Minimum Living Standard Guarantee (Dibao) Program", World Development 93, 2017, pp.316-336.

Gustafsson, B. A. and Deng, Q., "Di Bao Receipt and Its Importance for Combating Poverty in Urban China", Poverty & Public Policy 3(1), 2011, pp.1-32.

Kimura, Y., 1993, China: Involuntary Resettlement, World Bank, Report No. 11641-CHA.

Lane Kenworthy, "Do Social Welfare Policies Reduce Poverty? A Cross-National

Assessment", Social Force, 77(3), 1999, pp.1119-1139.

Ravallion, M., Chen, S. and Wang, Y., "Does the Di Bao Program Guarantee a Minimum Income in China's Cities?" In Lou, J and Wang, S. (eds.), Public finance in China: Reform and Growth for a Harmonious Society. Washington, DC: World Bank, 2008, pp.317-334.

Scudder T., and E. Colson, 1982, "From Welfare to Development: A Conceptual Framework for the Analysis of Dislocated People", In A. Hansen & A. Oliver — Smith ed., Involuntary Migration and Resettlement: The Problems and Responses of Dislocated People, Boulder: Westview Press.

推荐阅读书目

（按出版时间排序）

编者按：在筹划本套改革开放研究丛书之初，谢寿光社长就动议在每本书后附相关领域推荐阅读书目，以展现中国改革开放以来本土学术研究广度和深度，并以 10 本为限。在丛书编纂和出版过程中，各位主编和作者积极配合，遴选了该领域的精品力作，有些领域也大大超过了 10 本的限制。现将相关书目附录如下，以飨读者。

蔡昉、万广华主编《中国转轨时期收入差距与贫困》，社会科学文献出版社，2006。

国务院扶贫开发领导小组办公室：《中国农村扶贫开发概要》，中国财政经济出版社，2006。

国务院贫困地区经济开发领导小组办公室：《中国贫困地区经济开发概要》，中国农业出版社，1989。

李培林、魏后凯主编《中国扶贫开发报告（2017）》，社会科学文献出版社，2017。

李培林、魏后凯主编《中国扶贫开发报告（2016）》，社会科学文献出版社，2016。

林毅夫、蔡昉、李周：《中国的奇迹：发展战略与经济改革》，上海三联书店、上海人民出版社，1995。

刘坚主编《新阶段扶贫开发的成就与挑战》，中国财政经济出版社，2006。

世界银行：《从贫困地区到贫困人群：中国扶贫议程的演进——中国贫困和不平等问题评估》，世界银行，2009 年 3 月。

中国发展研究基金会：《中国发展报告 2007——在发展中消除贫困》，中国发展出版社，2007。

索 引

（按音序排列）

后 记

改革开放 40 年来，中国的政治、经济、社会、文化、人民生活等多个方面都发生了历史性的重大变化。贫困人口大规模减少，可能是 40 年中国所发生的众多历史性变化中最具标志性意义的事件之一。对中国减贫取得的巨大成就，国内外持有不同意识形态、理论和方法的机构和学者，都具有高度的共识。但是，对于中国减贫的原因和驱动因素的讨论和解释，呈现较大的差异。而对中国减贫经验及其可复制性的研究，争议可能还要大。

对既定的历史事实进行解析，表面看起来好像应比预测历史发展趋势要容易。因为已知结果再去寻因，貌似比在众多不确定条件下从多因中求果来得容易。但是，要从纷繁复杂的诸因中找出生发某一结果的主要或关键的原因也同样不易。与可重复的自然实验不同，社会发展事件具有不可重复性。这就使得对社会发展现象的因果解释难以通过控制性实验进行重复和验证，而只能通过对与其相关的多种因果关系的分析和论证来完成。对社会事件解释的众多争议，或源自因果链的选择和各种因果关系在结果解析中所处地位的判定，或者来自支持因果关系判断的证据及其解读。对中国 40 年减贫成就成因理解上的争议，其原因也不外乎这几个方面。

中国 40 年的减贫，无论从结果和影响看，还是从过程来看，都是不能简单描述和解释的复杂事件，不可能在一种研究中穷尽其全部内容。从人类减贫和发展历史来考察，中国过去 40 年减贫的规模和影响的范围，无疑是近百年来罕有的，甚至是自工业化以来都少见的。这样一个重大历史进步事件，当然值得国内外学界广泛深入研究和讨论。

基于这样的考虑，当社会科学文献出版社副总编辑周丽女士约我牵头撰写《中国减贫与发展（1978~2018）》一书时，我虽内心十分忐忑但仍欣然接受。

全书框架和提纲由我提出，经与周丽女士商量后确定。现在的框架和结构，基本上沿袭我过去对研究中国减贫的一贯思路。就是说，中国减贫主要应该被作为中国发展的过程和阶段性结果来看待，通过发展减贫是中国减贫的基本特点和战略。在发展减贫的过程中，政府、市场和社会组织各自发挥了重要的作用。其中政府在中国减贫中无疑发挥了较其他国家更为重要的作用，尤其是通过开发式扶贫和精准扶贫确定了中国减贫的特质，同时通过政府干预影响了国家改革和发展的轨迹从而也对减贫施加了特殊的影响。显然，这些方面也是对中国减贫经验可复制性和可持续性产生争议的主要原因。我们不打算对中国减贫中政府的作用做价值判断，只是尽量客观地加以描述和分析。

参与此书撰写的作者，除我之外，主要是与我长期合作团队的成员或者是我的博士生。具体写作的分工按章节顺序如下："中国的开发式扶贫"（第四章），由中国农业科学院农业经济与发展研究所郭君平博士完成；"中国金融扶贫"（第六章）由我的同事孙同全教授负责；"中国产业扶贫"（第七章）由山西财经大学国际贸易学院教授、山西财经大学研究生院副院长郭建宇博士完成；"中国移民扶贫"（第八章）、"中国的社会保障减贫"（第九章）、"中国特色的社会扶贫"（第十章）分别由我的三位同事檀学文教授、杨穗博士和李静教授承担；剩余的 5 章由我自己撰写。全书最后由我负责统稿和定稿。

我在此要感谢参与此书撰写的同人的认真付出和配合。感谢社会科学文献出版社的领导和编辑为此书出版所做的贡献，尤其是要特别感谢周丽女士在策划阶段给予的建议和支持，感谢责任编辑高雁女士的帮助。

当然，现在出来的研究成果，还有许多不足和不尽如人意之处，我们将在今后的研究中不断加以完善。我也衷心期盼国内外更多的学者投入中国减贫的研究中来，大家共同努力，争取早日拿出让人满意的解释中国减贫经验的力作。

吴国宝

2018 年 12 月 7 日于北京

图书在版编目 (CIP)数据

中国减贫与发展：1978-2018 / 吴国宝等著. -- 北
京：社会科学文献出版社，2018.10
（改革开放研究丛书）
ISBN 978-7-5201-3554-2

Ⅰ. ①中… Ⅱ. ①吴… Ⅲ. ①扶贫-研究-中国-
1978-2018 Ⅳ. ①F126

中国版本图书馆CIP数据核字（2018）第220861号

·改革开放研究丛书·
中国减贫与发展（1978~2018）

丛书主编 / 蔡 昉 李培林 谢寿光
著 者 / 吴国宝 等

出 版 人 / 谢寿光
项目统筹 / 周 丽
责任编辑 / 高 雁 李 佳

出 版 / 社会科学文献出版社·经济与管理分社（010）59367226
地址：北京市北三环中路甲29号院华龙大厦 邮编：100029
网址：www.ssap.com.cn
发 行 / 市场营销中心（010）59367081 59367083
印 装 / 三河市东方印刷有限公司

规 格 / 开 本：787mm×1092mm 1/16
印 张：22 字 数：325千字
版 次 / 2018年10月第1版 2018年10月第1次印刷
书 号 / ISBN 978-7-5201-3554-2
定 价 / 128.00元